Max-Adolf Cramer

Die ersten
evangelischen Pfarrer
in Badisch und
Württembergisch Franken

Veröffentlichungen des Vereins für Kirchengeschichte
in der Evangelischen Landeskirche in Baden

Band XLI

Verlag Evangelischer Presseverband für Baden e.V. Karlsruhe
1990

Max-Adolf Cramer

Die ersten evangelischen Pfarrer in Badisch und Württembergisch Franken

Verlag Evangelischer Presseverband für Baden e.V. Karlsruhe

1990

CIP-Kurztitelaufnahme der Deutschen Bibliothek
Cramer, Max-Adolf:
Die ersten evangelischen Pfarrer in Badisch und Württembergisch Franken /
Max-Adolf Cramer. – Karlsruhe: Verl. Evang. Presseverb. für Baden, 1990
(Veröffentlichungen des Vereins für Kirchengeschichte
in der Evangelischen Landeskirche in Baden; Bd. 41)
ISBN 3-87210-326-1
NE: GT

ISBN 3-87210-326-1
© Evangelischer Presseverband für Baden e.V., Karlsruhe
Gesamtherstellung:
Heinrich Schneider KG, Offset- und Buchdruck, Karlsruhe

Vorwort

Die Reformationsgeschichte der ritterschaftlichen Besitzungen in den fränkischen Gebieten Baden-Württembergs ist bis jetzt, wenn man von den Hohenlohischen Grafschaften absieht, nur sporadisch oder für einzelne Orte oder Herrschaften erforscht und dargestellt worden. Die Arbeit an den fränkischen Bänden des Baden-Württembergischen Pfarrerbuchs (Württembergisch Franken und Kraichgau-Odenwald) hat viele neue Gesichtspunkte und Ergebnisse erbracht. So erscheint es angemessen, über die mehr allgemeinen Bemerkungen in der Einleitung zum Pfarrerbuch Kraichgau-Odenwald hinaus eine Gesamtdarstellung zu versuchen, die sich im wesentlichen auf die Lebensläufe der beteiligten Pfarrer stützt.

Die vorliegende Untersuchung erhebt nicht den Anspruch, eine ausführliche Reformationsgeschichte zu bieten. Durch die Aufbereitung und Zusammenstellung des erforschten Materials soll aber eine Übersicht über die bewegenden Personen und Kräfte des Reformationsprozesses in den ritterschaftlichen Gebieten gegeben werden. Dabei werden spätere Landeskirchengrenzen bewußt überschritten, wie es der Zusammengehörigkeit der betreffenden Gebiete im 16. Jahrhundert entspricht.

Dem Verein für Kirchengeschichte in der Evangelischen Landeskirche in Baden danke ich für die Aufnahme in die Reihe seiner Veröffentlichungen.

Mannheim, im Februar 1990   Max-Adolf Cramer

Inhaltsverzeichnis

Vorwort	5
1. Der Übergang aus dem katholischen Klerus in das evangelische Pfarramt	9
2. Die Bedeutung des Interim für die ritterschaftliche Reformation in Franken	27
3. Pfarrbesetzungen und Pfarrer in der Reformationszeit	34
3.1. Das württembergische Amt Möckmühl	35
3.2. Das wertheimische Amt Schweinberg	38
3.3. Die Herrschaft Grünsfeld der Landgrafen von Leuchtenberg	47
3.4. Die Rosenbergischen Herrschaften	54
3.4.1. Das ganerbschaftliche Gebiet unter ansbachischem Schutz	54
3.4.2. Die Herrschaft Haldenbergstetten (Niederstetten)	59
3.4.3. Die Herrschaften Boxberg und Schüpf	61
Exkurs: Die konfessionellen Folgen der Übergabe der Herrschaft Boxberg an die Kurpfalz	64
3.4.4. Die Herrschaft Rosenberg	73
Exkurs: Die Besetzung der Pfarrei Rosenberg nach dem Aussterben der Herren von Rosenberg	77
3.5. Die Dörfer der Herren Rüdt	81
3.6. Das Gebiet der Herren von Hardheim	100
3.7. Die Herrschaft Adelsheim	112
3.8. Die Besitzungen der Herren von Berlichingen	114
3.9. Der Besitz der Herren von Aschhausen	127
3.10. Künzelsau und die Herren von Stetten	129
3.11. Die adligen Besitzungen im Gebiet um Crailsheim	135
3.12. Das Dorf Archshofen	147
3.13. Das Gebiet der Herren Geyer von Giebelstadt	148
4. Ergebnisse und Folgerungen	151
4.1. Überblick	151
4.2. Der Reformationsprozeß in Franken	152
4.3. Die Bedeutung der Pfarrerforschung	155
Quellenverzeichnis	159
Literaturverzeichnis	160
Personenregister	166
Ortsregister	174

1. Der Übergang aus dem katholischen Klerus in das evangelische Pfarramt

In dem 1574 beginnenden Kirchenbuch von Honhardt findet sich bei den Bemerkungen über die früheren Pfarrer folgende Notiz: "Valentin Bernhardi, sacrifigulus Kuenigshovensis, revocirte das Papstum, ward anno 1540 alhero nacher Honhardt zu einem evangelischen Pfarrer angenommen, Dominica Palmarum präsentiert" (1). Selten ist die Aufnahme eines zuvor katholischen Pfarrers in den evangelischen Kirchendienst im Reformationsjahrhundert so kurz und einfach auf den Punkt gebracht worden wie hier. "Revocirte das Papstum": er widerrief seine unter dem Papsttum erfolgte Berufung. Die Loslösung vom Papsttum mit den ihm implizierten Ordnungen (Priesterweihe, Meßopfer) war eindeutiges Zeichen dafür, daß der Betreffende sich auf die Seite der Reformation stellte. Denn die andern "evangelischen Kennzeichen", Predigt, Priesterehe und Sakramentsausteilung in zweierlei Gestalt, wurden im 16. Jahrhundert weithin auch innerhalb der überkommenen katholischen Kirchenorganisation geübt.

Mit einer solchen Revokation verbunden war in fast allen Fällen die Anstellung als evangelischer Pfarrer in einem bereits evangelischen Territorium oder die Einführung der Reformation im Amtsort des bisher katholischen und jetzt evangelischen Pfarrers, wenn die politischen oder kirchenpolitischen Umstände dies zuließen. Ein Beispiel für letzteres: Andreas Henfling, der 1557 auf die Pfarrei Anhausen-Vellberg berufen wurde, war zuvor Pfarrer in dem hennebergischen Ort Hendungen/Unterfranken, der 1586 unter die Landeshoheit des Hochstifts Würzburg kam und danach rekatholisiert wurde. Dort wurde er 1549 als zunächst katholischer Pfarrer angenommen. "Unter diesem Pfarrer", so heißt es später, "trat die unheilschwangere Periode des Luthertums ein" (2).

Beide Beispiele zeigen die Herkunft erster evangelischer Pfarrer aus dem katholischen Klerus auf. Sie waren, wie nachzuweisen ist, keine Einzelfälle. Die bisherige For-

---

1) O.Haug, Pfarrerbuch Württembergisch Franken (im folgenden: PfB WFr) 2,194; M.-A.Cramer, Pfarrerbuch Kraichgau-Odenwald (im folgenden: PfB KrO) 2,247.
2) PfB WFr 2,939; PfB KrO 2,1322.

schung ging weithin davon aus, daß in Südwestdeutschland in der Reformationszeit nur eine Minderheit katholischer Pfarrer zur Reformation übertrat, wobei dies hinsichtlich verschiedener Herrschaftsgebiete unterschiedlich beurteilt wurde. So schreibt Emil Ballweg über die Grafschaft Wertheim: "Es muß überhaupt festgestellt werden, dass sich unter den lutherischen Geistlichen in der Grafschaft nach Einführung der Reformation kein einziger findet, der vor der Reformation von 1500 bis 1518 in der Grafschaft tätig war. Man kann also annehmen, dass die Geistlichkeit sich dem Befehl Graf Georgs, evangelisch zu predigen, nicht fügte und daher die Grafschaft verlassen mußte. Diese Tatsache würde nun dafür sprechen, daß die Geistlichen das 'neue Evangelium' hier nicht begrüßten, selbst dann nicht, als ihnen die Freiheit winkte, aus der Tyrranei (Zölibat) des Papsttums heraus zu kommen." (3) Und noch weitergreifender: "Im ganzen badischen Frankenland wirkten zu Beginn der Reformation über 200 Geistliche. Wir kennen aber bis jetzt höchstens 12 Namen von Geistlichen, die sich der Reformation anschlossen" (4). Speziell auf die ritterschaftlichen Gebiete im Bauland bezogen meint Helmut Neumaier feststellen zu können: "Ihre Pfarorer haben die Ritter überwiegend von 'außen' geholt. Es handelt sich meist also um schon durch ihr Studium im evangelischen Bekenntnis geformte Persönlichkeiten. Fälle, wo amtierende Priester beibehalten wurden, dürften seltener gewesen sein; sie sind von der Quellenlage her schwerer nachzuweisen" (5), weiter: "Zudem ist dem Adel die Anstellung neuer und qualifizierter Geistlicher gewiß eine Art Statussymbol gewesen." (6). Zu Württemberg endlich sagt Martin Brecht: "Hier kann man sich die Anfänge nicht schwierig genug vorstellen. Von den altgläubigen Klerikern ließ sich nur eine Minderheit für den Dienst in der neuen Kirche gewinnen, deren Motive dabei mindestens unterschiedlich und deren Eignung zur evangelischen Ver-

---

3) P.E.Ballweg, Einführung und Verlauf der Reformation im badischen Frankenland, Disseertation Freiburg i.B. 1944, masch.schr. (im folgenden: Ballweg), S.79.

4) Ballweg, a.a.O.

5) H.Neumaier, Reformation und Gegenreformation im Bauland (Forschungen aus Württembergisch Franken Bd. 13), Schw.Hall 1978. (im folgenden: Neumaier), S.172.

6) Neumaier S.92.

kündigung oft begrenzt war." (7) Anders bemerkt lediglich Gunther Franz für die Reformation in den hohenlohischen Grafschaften: "Da man bei dem herrschenden Mangel möglichst viele Pfarrer im Amt lassen mußte ..." " Man spürt aber auch das doppelte Anliegen, möglichst viele Pfarrer im Amt zu lassen und das Pfarrvolk möglichst gut zu versorgen." (8)

Unabhängig davon, ob die Feststellung von G.Franz auch für die der Grafschaft Hohenlohe benachbarten Gebiete zutreffen mag, sind vor allem die schon ältere Beurteilung von E.Ballweg ebenso wie die neuere und modifizierte von H.Neumaier aufgrund weiterer Forschungen zu berichtigen. Für die Grafschaft Wertheim hat bereits E.Langguth nachgewiesen, daß von den 18 Landpfarrern, die bei der Trauerfeier für Graf Georg II. am 24.4.1530 anwesend waren, zumindest die beiden Chorherren Johann Storch und Johann Selzam sowie die beiden Pfarrer Alban Höfer und Jakob Werndt (ebenfalls ehemaliger Chorherr) schon vor der offiziellen Reformationseinführung als Priester in der Grafschaft tätig waren (9). Außerdem gilt dies auch für Philipp Ruppert (Rupprecht), der schon 1521 Pfarrer in Billingshausen geworden war (10). Neben diesen fünf waren mindestens vier weitere zuvor katholische Priester oder Mönche, wenn auch außerhalb des Wertheimer Gebietes, gewesen: der Superintendent Johann Eberlin, dessen Nachfolger Andreas Hofrichter (11), der Niklashauser Pfarrer Leonhard Knetzel (12) und Peter Hünerbüchler in Marktei-

---

7) M.Brecht, Reformation zwischen Politik und Bekenntnis. Grundbedingungen der württembergischen Reformation, in: BWKG 1983/84, S.12.

8) G.Franz, Die Kirchenleitung in Hohenlohe in den Jahrzehnten nach der Reformation (Quellen und Forschungen zur Württembergischen Kirchengeschichte Bd. 3), Stuttgart 1971, S.23.

9) E.Langguth, Zur Reformationsgeschichte der Grafschaft, in: Main-Tauberpost 30.6.1956, 7.7.1956, 23.4.1957.

10) M.Simon, Ansbachisches Pfarrerbuch, Nürnberg 1957, 2498. - Simons Quelle konnte nicht mehr festgestellt werden. - PfB WFr 2197; PfB KrO 2950; G.Kuhr, Ritterschaftliches Pfarrerbuch Franken 2321.

11) E.Langguth, Einmütig in der neuen Lehre: Dr.Johann Eberlin - Graf Michael II. - Dr.Andreas Hofrichter. Der Wechsel im Wertheimer Pfarramt 1530, in: Wertheimer Jahrbuch 1983, Wertheim 1985, S.73 f.; M.Simon, a.a.O. 552; G.Kuhr, a.a.O. 1214; PfB KrO 583 u. 1489.

12) E.Langguth, Zur Reformationsgeschichte der Grafschaft, in: Main-Tauberpost 31.7.1956; PfB KrO 1865.

denfeld (13). In Würzburg geweihte Priester waren ebenfalls die vermutlichen Brüder Kilian und Wolfgang Fridel (in Waldenhausen bzw. Eichel 14). Auch wenn von den übrigen noch nichts Näheres über Herkunft und Ausbildung bekannt ist, kann doch als sicher gelten, daß wenigstens elf der insgesamt zwanzig im Jahr 1530 genannten Pfarrer aus dem katholischen Klerus in ein evangelisches Pfarramt kamen.

Ballwegs Schlußfolgerungen entbehren somit ihrer Schlüssigkeit. Sie treffen auch nicht zu für das Badische Frankenland, und - so fügen wir hinzu - sie können ebensowenig auf Württembergisch Franken bezogen werden. Hier bestätigen die Ergebnisse der Pfarrerforschung, was G.Franz für Hohenlohe angedeutet hat. Das Pfarrerbuch Württembergisch Franken führt in seinem Ortsteil 205 Pfarreien auf, die sich auf die politischen Territorien der Grafschaften Hohenlohe und Limpurg, eines Teils der Markgrafschaft Brandenburg-Ansbach, der Reichsstadt Schwäbisch Hall sowie einiger anderer reichsstädtischer und ritterschaftlicher Herrschaften verteilen. Dabei ist zu beachten, daß die offizielle Einführung der Reformation zu sehr verschiedenen Zeitpunkten erfolgt ist, so in Schwäbisch Hall schon ab 1522/23, in Hohenlohe dagegen - mit einigen Vorausnahmen - erst 1556. Entsprechend haben wir es bei Hohenlohe mit einer völlig neuen Generation von Pfarrern zu tun, gegenüber derjenigen, die bei Schwäbisch Hall (und etwa auch Ansbach) nach ihrem Bekenntnis gefragt war. Für unsere Betrachtung sind von den aufgeführten 205 Pfarreien die 15 abzuziehen, die offiziell immer katholisch blieben oder nur ganz kurzfristig, z.B. in der Schwedenzeit des Dreißigjährigen Krieges, evangelisch besetzt waren. Somit sind 190 Pfarreien in Württembergisch Franken zugrundezulegen, in denen früher oder später die Reformation eingeführt wurde.

Im Personenteil des Pfarrerbuchs Württembergisch Franken finden sich - läßt man die sicher oder sehr wahrscheinlich katholisch gebliebenen Amtsinhaber beiseite - 141 Pfarrer, die in diesen Pfarreien angestellt waren, nachweislich aber zuvor katholische Priester waren, 104 von

---

13) E.Langguth, a.a.O.; PfB KrO 1555.
14) E.Langguth, a.a.O. 30.6.1956; PfB KrO 893 u. 895.

ihnen vor 1530. Diese Liste reicht von dem Haller Reformator Johannes Brenz bis zu Johannes Thren, der zur Zeit der endgültigen Reformation Hohenlohes Stadtpfarrer in Öhringen war, umfaßt also beide Generationen. Aufgrund einer neugefundenen Quelle können außer diesen 141 Personen weitere 88 nachgewiesen werden, die in Würzburg eine oder mehrere der katholischen Weihen empfangen haben. Das Diözesanarchiv Würzburg besitzt eine Abschrift der Libri Ordinationum Würzburg 1520-1822, die der katholische Kirchenhistoriker August Amrhein angefertigt und mit einem Register versehen hat (15). Diese Weihe-Matrikel enthält neben den exakten Weihedaten auch gelegentliche Angaben über örtliche Herkunft und Anstellungsverhältnisse der Weihekandidaten und vermittelt so ein ziemlich genaues Bild des Klerikernachwuchses im Bistum Würzburg. Für uns sind die Angaben aus dem 16. Jahrhundert von Bedeutung, da sie im Vergleich mit den bekannten evangelischen Pfarrerlisten zeigen, daß ein erheblicher Prozentsatz der Geweihten über kurz oder lang zur Reformation überging. Die Liste der also insgesamt 229 evangelisch gewordenen Priester im Bereich von Württembergisch Franken kann hier nicht im einzelnen aufgeführt werden (16).

Fragt man daneben nach der örtlichen Herkunft der Pfarrer im Reformationsjahrhundert, so ergibt sich für Württembergisch Franken das folgende Bild: Bis zum Jahr 1580, in dem die Konsolidierung der Kirchen in den evangelisch gewordenen Herrschaften als abgeschlossen gelten kann, waren insgesamt 774 Pfarrer im Dienst. Von ihnen stammten

aus Badisch und Württembergisch Franken	242
aus anderen fränkischen Gebieten, darunter besonders aus den benachbarten Reichsstädten Rothenburg, Dinkelsbühl, Nördlingen	216
aus dem sonstigen Baden-Württemberg	54
von außerhalb	105
Herkunft unbekannt	157

(Tabelle 1)

---

15) Die Übereinstimmung der Daten in den Libri und im dortigen Register konnte nicht in allen Fällen nachgeprüft werden; in Einzelfällen ist ein Dissens möglich.

16) Die Weihedaten werden bei den Ergänzungen und Berichtigungen erscheinen, die in Teilband 3 (Registerband) des PfB WFr veröffentlicht werden sollen.

Man darf annehmen, daß sich die örtliche Herkunft der letzteren ähnlich auf die vorgenannten Bereiche verteilt. Die überwiegende Mehrheit, etwa zwei Drittel dieser Pfarrer, hat also Anstellung in heimatlichen oder benachbarten Gebieten gesucht und gefunden. Dies gilt gleichermaßen für die übernommenen, ursprünglich katholischen Priester wie für die anderen, die von Haus aus evangelisch waren.

Ähnliche Verhältnisse zeigen sich im benachbarten, später badischen Frankenland. In das Pfarrerbuch Kraichgau-Odenwald, das diesen Bereich abdeckt, konnten die Daten aus der Würzburger Weihe-Matrikel bereits eingearbeitet werden. Die Zahlenverhältnisse liegen hier insofern etwas anders, als einmal 118 katholisch gebliebene Pfarreien mitbehandelt sind, und zum andern die 53 Pfarreien des Ritterkantons Kraichgau, die 41 unter Landeshoheit des Hochstifts Speyer sowie die der beiden Reichsstädte Heilbronn und Wimpfen nicht zum Frankenland zählen. Außerdem konnte für die im Bereich des Pfarrerbuchs Kraichgau-Odenwald in der Reformationszeit ebenfalls zuständigen Diözesen Mainz, Worms und Speyer keine entsprechende Weihe-Matrikel ausgewertet werden. Doch ergibt sich aus dem Personalteil, daß bei 246 evangelischen Pfarreien immerhin 323 Pfarrer nachgewiesen werden, die zuvor dem katholischen Klerus angehörten. Deren Anzahl ist also auch bei Berücksichtigung der geschilderten andersartigen Struktur des Gesamtbereichs in Bezug auf das badische Frankenland wenigstens ebenso groß wie bei Württembergisch Franken.

Ein zeitlicher Überblick zeigt, daß die Weihe- (bzw. Anstellungs-) Daten dieser ursprünglich der alten Kirche angehörenden, dann aber evangelisch gewordenen Pfarrer in folgende Zeitabschnitte des Reformationsjahrhunderts fallen:

vor 1520:	120
1520 bis 1530:	61
1530 bis 1540:	25
1540 bis 1547:	29
1548 bis 1560:	58
nach 1560:	30

(Tabelle 2)

Nach örtlicher Herkunft aufgeschlüsselt stammten

aus Badisch und Württembergisch Franken	119
aus sonstigen fränkischen Gebieten	45
aus dem übrigen Baden-Württemberg	37
von außerhalb	67
Herkunft unbekannt	55

(Tabelle 3)

Nach den vorliegenden Forschungsergebnissen kann man also davon ausgehen, daß im Durchschnitt für jede evangelisch werdende Pfarrei in Badisch und Württembergisch Franken zur Zeit der offiziellen Einführung der Reformation ein zuvor katholischer Priester zur Verfügung stand, der entweder schon an anderem Ort evangelisch geworden war, oder der bereit war, jetzt die Reformation anzunehmen. Dies gilt gleichmäßig sowohl für die erste wie auch für die zweite Generation. Natürlich gab es damals erheblich mehr katholische Geistliche, die etwa an den Chorherrenstiften oder in Gemeinden als Kapläne oder Altaristen bepfründet waren. Aber deren Dienste wurden in der evangelischen Kirche nicht mehr benötigt. Jedenfalls waren die evangelischen Kirchenleitungen und Obrigkeiten in Franken bei der Besetzung von Pfarrstellen nur in verschwindenden Ausnahmefällen auf Nichttheologen angewiesen (17).

Unbestritten ist, daß die reformatorischen Erkenntnisse Martin Luthers eine Bewegung auslösten, die sehr schnell große Teile des Volkes ergriff. Neben den Flugschriften der Jahre um 1520 waren es vor allem die Studenten, die Luther selbst in diesen Jahren in Wittenberg (einige auch in Heidelberg) gehört hatten (18), welche nun diese evangelische Bewegung weiterverbreiteten. Aus unserem Gebiet waren es etwa 20, teils schon ältere, teils junge Leute,

---

17) Bekannt sind als solche der Dinkelsbühler Tuchmacher Kilian Greiß (PfB WFr 787; PfB KrO 1100), den der Ansbacher Pfarrer einen "pur lauter idiota" nannte, und der Pülfringer "Brodbäcker" Kaspar Schmid (PfB KrO 3156), der 1566 wegen Unfähigkeit abgesetzt wurde. Andere Nichttheologen, die ein Pfarramt erhielten, sind aus Franken bis jetzt nicht bekannt.

18) Wieweit Studenten, die mit Luther in Erfurt studiert oder ihn dort 1509-1511 gehört hatten, ihm auf dem reformatorischen Weg folgten, wäre besonders zu untersuchen.

die zwischen 1511 und 1525 in Wittenberg bzw. in den Jahren 1518 und folgende in Heidelberg studierten. Darunter waren neben Johannes Brenz und seinen Freunden auch Männer, die bereits Priester waren und ein Amt ausübten, wie die schon erwähnten Johann Eberlin und Andreas Hofrichter, der Pfitzinger Pfarrrer Ewald Reuß (19) und der Zisterziensermönch Jakob Ratz (20), aber auch weniger bekannte Studenten wie Nikolaus Schmid (21) oder Simon Starck (22). Bei ihnen allen kann die persönliche Bekanntschaft mit Luther, der sie auch theologisch überzeugte, ein wichtiges Motiv zur Abkehr vom Papsttum gebildet haben.

Man darf aber nicht verkennen, daß die reformatorischen Gedanken sehr schnell auch an anderen Universitäten in der Studentenschaft und teilweise auch bei Professoren Beachtung und Eingang fanden, ebenso in vielen Klöstern und in der Umgebung der Bischöfe, in der sich auch viele Adlige befanden. Die von Wittenberg ausgehende Volksbewegung beschränkte sich ja nicht auf das einfache Volk auf dem Lande. So trafen lange schon schwelende Forderungen der Bevölkerung mit theologischer Neubesinnung zusammen und veranlaßten viele Mönche und junge Theologen, sich zuerst der neuen Bewegung und danach, je nach gegebenen Möglichkeiten, der neuen Kirche anzuschließen.

Eines allein hätte nicht genügt. Die Hoffnungen der Bevölkerung auf bestimmte Reformen, z.B. häufigere und bessere Predigt, Abschaffung der Priesterkonkubinate, auch die Sakramentsausteilung in zweierlei Gestalt, waren - zwar mit einigen Schwierigkeiten - dennoch auch innerhalb der alten Kirche zu befriedigen. Wenn die Gemeinde Uissigheim schon im Jahr 1525 ihren Pfarrer Erasmus Liebler zwingt, seine "Dienerin" offiziell zu heiraten (23), so ist dies noch kein Zeichen evangelischer Gesinnung. Es

---

19) Ewald Reuß (PfB WFr 2084; PfB KrO 2816) hatte seit 1497 in Erfurt studiert, ehe er 1503 Pfarrer in Pfitzingen wurde. Doch erst nach seinem weiteren Studium 1518-1521 in Wittenberg begann er im Sinne der Reformation zu wirken.

20) Jakob Ratz, der schon 1515 in Mainz studiert hatte, kam bereits als ausgetretener und evangelisch gewordener Mönch 1525 nach Wittenberg (PfB WFr 2020; PfB KrO 2746).

21) PfB KrO 3162; s.u. S.39.

22) PfB KrO 3461; er hat 1524 in Heidelberg und ab 1525 in Wittenberg studiert; s.u. S.26.

23) A.L.Veit, Episoden aus dem Taubergrund zur Zeit des Bauernaufstandes in den Jahren 1525/26. I. Der Prozeß gegen den Pfarrer Erasmus

zeigt aber ebenso wie die ungeschickte Verteidigung des Pfarrers, als er dafür zur Rechenschaft gezogen wird, daß man die Priesterehe nicht nur nicht für unmöglich, sondern für wünschenswert gehalten hat. Sie hat sich dann auch im fränkischen Gebiet im 16. Jahrhundert bei vielen katholischen Priestern durchgesetzt. Als Beispiel sei nur der Pfarrer Leonhard Kraft in Walldürn erwähnt, der am 29.1.1560 erklärt: "Dieweil gemeine Sage gewesen, man werde Ihnen, den Geistlichen, sonderlich den Seelsorgern, legitimum matrimonium gestatten, habe er uff solche Zuversicht und Hoffnung hin nach Absterben seiner Mutter sich mit einer Frauen verpflichtet, seyen auch noch willig, solch Zusag zu halten, so sehr es unser gnedigster Erzbischof in Ihrer kurfürstlichen Landen Gebiet nit dulden mögen." (24) Kraft blieb bis zu seinem Tod im Jahr 1573 Pfarrer in Walldürn. Schließlich haben sich auch einige katholische Pfarrer einfach von evangelischen Kollegen trauen lassen. So etwa der Pfarrer von Tauberrettersheim Hieronymus Weiß, der seine aus Markelsheim, einer ebenfalls katholischen Gemeinde, stammende Braut 1564 zur Hochzeit in das evangelische Hohebach mitnahm. Er mußte dann ein Jahr später seine Pfarrstelle verlassen. Im Unterschied dazu konnte Johann Most aus Mulfingen, seit 1595 Pfarrer in Osterburken, sich (noch 1602) in Untersteinbach evangelisch trauen lassen - und sogar seine Schwiegereltern mit sich nach Osterburken nehmen, ohne deshalb sein Amt zu verlieren (25). Er blieb bis 1618 und war dann noch ein Jahr Pfarrer in Uissigheim, wo er starb. Diese Beispiele zeigen, daß die Flucht aus dem Zölibat jedenfalls kein motivierender Grund war, die Konfession zu wechseln.

Viel eher waren Gründe in der Wechselwirkung zu finden, die sich aus der mit reformatorischen Gedanken durchsetzten Predigt in ihrem Zusammentreffen mit Reformwünschen der Bevölkerung ergab, vor allem, wenn auch die Landes- oder Ortsherrschaft reform- oder gar reformationswillig war. Wo letzteres nicht der Fall war, besonders in den

---

Liebler von Uissigheim wegen seiner angeblichen Ehe, in: FDA 45, S. 196 f. Liebler sagte am Abend nach der Hochzeitszeremonie: "Mein Ee ist ein bezwungene Ee; ich weyß nit, ob ich sie schuldig bin zu halten oder nit" (S.202).

24) A.L.Veit, Kirche und Kirchenreform in der Erzdiözese Mainz im Zeitalter der Glaubensspaltung und der beginnenden tridentinischen Reformation (1517-1613). Erläuterungen und Ergänzungen zu Johannes Jansens Geschichte des deutschen Volkes, 10.Bd. 3. Heft, Freiburg 1928, S.40; auch zit. bei Neumaier S.222.
25) KB Untersteinbach; PfB KrO 2423; Neumaier S.168.225.

Gebieten geistlicher Fürsten (Mainz, Würzburg, Deutscher Ritterorden), spielte sich in vielen Gemeinden, in denen die evangelische Bewegung Eingang fand, eine sehr bewegte Geschichte ab, die im Zuge der Gegenreformation und katholischen Reform erst seit 1580 und später, z.T. erst im dreißigjährigen Krieg ihr Ende fand (26). Die meisten Pfarrer dieser Gemeinden stammten ebenfalls aus dem fränkischen Gebiet.

In den Gebieten weltlicher Herrschaften (Hohenlohe, Limpurg, Ansbach, Wertheim, Reichsstädte) geschah die Reformation meist durch obrigkeitliche Anordnung zu einem bestimmten Zeitpunkt. Die größeren Herrschaften führten zu diesem Zweck eine Generalvisitation durch (Ansbach 1528, Hohenlohe 1556). In der Regel wurden die zur Zeit der Visitation im Pfarramt befindlichen Geistlichen belassen. Nur diejenigen, die der Einführung der Reformation ausgesprochen ablehnend gegenüberstanden, und solche, die als völlig untauglich erfunden wurden, mußten ihre Stellen verlassen (27). Einzelne wurden auch in den folgenden Jahren noch entlassen, weil sie "vom Evangelio gen Papisten entwichen" (28). Die große Mehrzahl aber nahm den "neuen Glauben" widerspruchslos an, viele mit dem großen Teil ihrer Gemeinden aus innerer Überzeugung.

Die ritterschaftliche Reformation dagegen verlief in unterschiedlichen Prozessen. H.Neumaier hat dies für das Gebiet des Baulands im einzelnen untersucht und folgendermaßen zusammengefaßt: "Alles in allem gesehen ergibt sich als Quintessenz, daß die Reformation in bestimmten Rechtsverhältnissen vorgezeichnet war und die geschichtliche Entwicklung letztlich dieser rechtlichen Disposition entsprach." (29) Vom Ergebnis her, d.h. in welchen Orten eine offizielle Reformation gelang und wo das nicht der Fall war, ist diese Bewertung sicherlich richtig. Sie

---

26) Beispiele s.u.: Königshofen S.21 f.; Königheim S.43 f.; Tauberbischofsheim S.50 f.; Osterburken S.73 f.; Hemsbach S.74 f. Weiter sind besonders zu erwähnen Krautheim, das Neumaier S.237 f. ausführlich behandelt hat, sowie Lauda, das würzburgisch war, für dessen Pfarrei aber die Universität Heidelberg das Patronat besaß.
27) Beispiel bei G.Franz, a.a.O. S.24 f.
28) So wird von dem Pfarrer Veit Fabri in Hohebach berichtet (PfB WFr 565); G.Franz, a.a.O. S.25.
29) Neumaier S.172.

läßt aber die geistliche Disposition und Motivation der einzelnen Landes- bzw. Ortsherren wie auch der einzelnen Pfarrer außer acht. Für sie war um die Mitte des 16.Jahrhunderts nicht so sehr ein Rechtsakt wichtig, als vielmehr die Gewißheit, daß das Evangelium schriftgemäß gepredigt wurde und daß sich daraus bestimmte Folgerungen für die Ordnung in den Kirchen und Gemeinden ergaben. Das geschah aber nicht auf einmal, sondern in verschiedenen kleineren Schritten. Ein wesentlicher Punkt dabei war die Übereinstimmung in der Gesinnung zwischen Ortsherrschaft und Pfarrer. Letztere waren ja nicht einfach Befehlsempfänger ihrer jeweiligen Obrigkeit, sondern haben umgekehrt ihren geistlichen und theologischen Einfluß auf die Entscheidungen der Herrschaft ausgeübt (30). Das wird besonders bei der zweiten Generation deutlich, die bereitstand, als die ritterschaftliche Reformation in den fünfziger Jahren nach und nach auch rechtlich abgesichert wurde.

Hinsichtlich der Baulandritter meint Neumaier feststellen zu können: "Betrachtet man die Männer, die schließlich den Wechsel vollzogen, so sind es solche, die meist erst nach dem zweiten Decennium des Jahrhunderts geboren sind. der Baulandritter vor der Jahrhundertmitte Universitätsstudium nachweisen, während es in der zweiten Hälfte häufig wird." (31) Das ist aber nicht richtig. Außer dem von Neumaier angeführten Hans Israel Züllenhard zu Widdern haben nachweislich der Universitätsmatrikeln folgende Baulandritter oder solche, deren Einfluß ins Bauland

---

30) Gegen Neumaier, der vom Pfarrer als dem "Angestellten der Obrigkeit" spricht, der "jederzeit von der Herrschaft abhängig" war (S. 173 f.). Juristisch gesehen mag das richtig sein. Aber gerade das von Neumaier angeführte "offensichtliche Bestreben, qualifizierte Theologen, möglichst mit akademischem Grad zu gewinnen", weist darauf hin, daß die Ritter auch den theologischen Rat für ihre Entscheidungen von ihren Pfarrern erwarteten.

31) Neumaier S.92. Unverständlich ist, daß Neumaier vor allem die zahlreichen Heidelberger Immatrikulationen übersehen konnte. Ein weiterer Mangel in Neumaiers Arbeit besteht darin, das er die Matrikeln von Frankfurt/Oder und Ingolstadt außer acht gelassen hat. Gerade für das Bauland waren diese beiden Universitäten wichtig, da dort Stipendien für gebürtige Bauländer bestanden: in Frankfurt das Stipendium von Konrad Koch gen. Wimpina, in Ingolstadt das des aus Schlierstadt stammenden Dr. Georg Zingel, Domherr Eichstätt und Vizekanzler der Universität Ingolstadt. Außerdem hat die Lehrtätigkeit des aus Buchen gebürtigen Professors Christoph Korner in Frankfurt/Oder Studenten dorthin gezogen. Vgl. auch G.Schneider, Buchener Studenten im ausgehenden Mittelalter und zu Beginn der Neuzeit (1375-1648), in: FDA 91, 1971, S.81 f.

reichte, vor 1550 studiert (neben vielen anderen fränkischen Rittern):

Name:	Universität:	Immatrikulation:
Heinrich von Würtzburg	Frankfurt/Oder	1506
Petrus von Eyb	Wittenberg	18.9.1520
Eberhard Rüd v.Collenberg	Freiburg	22.12.1520
Gottfried v.Walderdorff	Tübingen	21.10.1523
"	Heidelberg	17.5.1525
Conrad v.Wirsberg	Heidelberg	7.11.1523
Reinhard und Eberhard Mosbach v.Lindenfels	Heidelberg	21.4.1527
Johann Zobel v.Giebelstadt	Heidelberg	5.3.1528
Johann Dieter Lochinger	Heidelberg	3.8.1529
Christoph v.Riedern	Wittenberg	11.8.1529
Georg v.Düren (aus Ripperg)	Heidelberg	30.10.1531
Wendelin v.Riedern	Heidelberg	1.9.1532
"	Freiburg	16.4.1537
Heinrich Rosenberger von Elz	Heidelberg	2.4.1533
Rudolf u.Günther v.Binau	Wittenberg	WS 1534/35
Pleickhard v.Gemmingen	Wittenberg	WS 1534/35
Johann Conrad v.Berlichingen	Heidelberg	29.10.1535
Balthasar Mosbach v.Lindenfels	Heidelberg	23.2.1537
Caspar Sützel	Heidelberg	15.5.1537
(Johann) Philipp u.Wolfgang (Reinhard) v.Hardheim	Heidelberg	29.8.1538
"	Ingolstadt	7.12.1542
"	Freiburg	13.7.1546
Veit v.Würtzburg	Heidelberg	28.10.1538
Johannes v.Wirsberg	Wittenberg	WS 1538/39
Gottfried v.Berlichingen	Heidelberg	26.7.1539
Sixtus Lochinger	Heidelberg	24.4.1540
Philipp v.Fechenbach	Heidelberg	4.11.1541
Franz v.Adelsheim	Heidelberg	20.6.1542
Stefan v.Adelsheim	Heidelberg	10.10.1542
Leonhard v.Gemmingen	Heidelberg	26.10.1549
Johann Bernhard Rosenberger	Heidelberg	24.8.1550
Johann Conrad v.Rosenberg	Ingolstadt	7.6.1551.

(Tabelle 4)

Außerdem hat auch Graf Michael v.Wertheim 1544 in Wittenberg und in Leipzig studiert. Es fällt auf, daß in dieser Liste alle wichtigen Ritternamen der Gegend vertreten sind; ferner, daß Gottfried v.Walderdorff und Wendelin v.Riedern an zwei, die beiden Hardheimer Brüder sogar an drei Universitäten studiert haben. So provinziell, wie Neumaier es sehen will, war der Baulandadel doch nicht. Von den Genannten war jedoch außer Wolf v. Hardheim, Stefan v.Adelsheim und - vermutlich - Christoph v.Riedern keiner an der Einführung der Reformation in den Orten der betreffenden Familien beteiligt. Das Studium hat die Ritter nur in Einzelfällen den reformatorischen Bestrebungen geneigt gemacht.

Diese Tatsache spricht nun gerade dafür, daß doch von vielen Pfarrern ein Anstoß ausging, der die politischen (und religiösen) Motive der ritterlichen Ortsherren zur Einführung der Reformation mindestens unterstützte. Solche Anstöße lassen sich auch in vielen Orten der geistlichen Gebiete nachweisen. Dort waren sie aber zum Scheitern verurteilt, weil keine geneigte Ortsherrschaft gegenüberstand. Ein Beispiel dafür bietet die Gemeinde Königshofen an der Tauber, der Heimatort des oben genannten Pfarrers Valentin Bernhardi. Königshofen gehörte zum Gebiet des Erzstifts Mainz, das Patronat für die Pfarrei hatten bis 1580 die Landgrafen von Leuchtenberg. Sie duldeten in der Zeit zwischen 1530 und 1580 - im Unterschied zum Landesherrn, dem Erzbischof von Mainz - reformatorische Bestrebungen, unterstützten sie sogar in ihrer benachbarten Herrschaft Grünsfeld (32). Etwa 1535 wurde Johann Nestel aus Heideck zum Pfarrer in Königshofen berufen. Er hatte seit 1526 in Ingolstadt studiert und war am 21.3.1534 in Würzburg zum Priester geweiht worden. 1542 wurde er evangelischer Pfarrer in Untermünkheim, muß also schon zuvor der Reformation zugeneigt haben (33). Valentin Bernhardi, der aus Königshofen stammte, hatte seit 1524 in Heidelberg studiert und am 17.3.1526 in Würzburg die Priesterweihe empfangen. Er war damals Benefiziat in

---

32) Siehe dazu u. S.32 f.; vgl. auch F.Lippert. Reformation und Gegenreformation in der Landgrafschaft Leuchtenberg, in: Beiträge zur Bayerischen Kirchengeschichte Bd.I, Erlangen 1902, S.131 f. u. 170 f.

33) PfB WFr 1854, das ihn noch für den am 8.2.1538 in Tübingen immatrikulierten Johann Netzely ex Nyrtingen hält. Dies ist wegen der Namensform ganz unwahrscheinlich, s. PfB KrO 2533.

Unterbalbach, das im gemeinsamen Besitz des Hochstifts Würzburg und der Herren Sützel von Mergentheim stand und für das ebenfalls die Landgrafen von Leuchtenberg das Patronat besaßen. Ein weiterer Pfarrer in Königshofen war der am 9.4.1558 in Würzburg geweihte Priester Petrus Schnurr aus Lauda. Von ihm wird berichtet: "soll cittiert werden, helt es catholischer Religion gar zuwider. Ille parochus exhibuit litteras testimoniales, quia a catholica religione deseruerit (ao.75)" (34). Er starb noch im gleichen Jahr, deshalb hatte diese Maßnahme keine Folgen mehr. Wenn nun mehrere Pfarrer aus dem gleichen Ort evangelisch wurden, muß also die evangelische Bewegung dort sehr stark gewesen sein. Dafür spricht auch, daß drei weitere evangelische Pfarrer dieser Zeit aus Königshofen stammten: Georg Meingas (35), am 19.12.1523 in Würzburg zum Priester geweiht, Kaplan B in Crailsheim 1541/1542, Pfarrer in Adolzhausen 1544, Stettberg 1552, Gastenfelden 1554-1563; sodann Petrus Jakob, der im WS 1562/63 in Basel studierte und 1565-1574 Kaplan in Lauda war, und endlich der bekanntere Schriftsteller Nikolaus Höniger, zuletzt Pfarrer in Haltingen/Baden (36). Schließlich gibt es für die Stärke der evangelischen Bewegung in der Pfarrei Königshofen noch ein weiteres Indiz: Als 1576 nach dem Tod des Petrus Schnurr mit Martin Wittich (der übrigens nur die niederen Weihen empfangen hatte) wieder ein guter Katholik nach Königshofen kam, berief Melchior Horneck von Hornberg den evangelischen Pfarrer Abraham Mörlin aus Nürtingen, bisher Pfarrer in Hagsfeld (Baden-Durlach), nach Beckstein. Damit trennte er das ihm als Lehen gehörende Filial von der Pfarrei Königshofen. Ohne einen Rückhalt in der Bevölkerung hätte er das nicht wagen können. Allerdings mußte er seinen Pfarrer schon 1579 unter dem Druck des Erzbischofs von Mainz wieder entlassen - Zeichen beginnender Gegenreformation in Franken. Spätfolge dieser sich wandelnden Verhältnisse war schließlich

---

34) PfB KrO 3194; H.Ehrensberger, Zur Geschichte der Landkapitel Buchen und Mergentheim (Lauda), in: FDA 31, Freiburg 1903, S.326; in der Liste der verstorbenen Mitglieder der Mergentheimer Kapitelsbruderschaft wird er nur mit Vornamen aufgeführt, siehe K.Rieder, Zur Geschichte des Landkapitel Mergentheim (Lauda) in vor- und nachreformatorischer Zeit, in: FDA 39, S.184.

35) PfB WFr 1698 b.

36) Petrus Jakob s. PfB KrO 1578; zu Höniger: A.Ludwig, Die evangelischen Pfarrer des badischen Oberlandes im 16. und 17. Jahrhundert (Veröffentlichungen des Vereins für Kirchengeschichte in der evang. Landeskirche Badens IX), Lahr 1934, S.48 f. u. 183.

1596 der Verkauf des Lehens an das Hochstift Würzburg. Damit endeten die über zwei Generationen dauernden Reformationsbestrebungen in Königshofen, weil sie rechtlich nicht abgesichert werden konnten. Ähnliches ist in den Landstädten Tauberbischofsheim, Lauda, Königheim, Krautheim, Osterburken festzustellen, ganz abgesehen von der halben Reformation in der Herrschaft Grünsfeld (dazu s.u. S. 47 ff.). Selbst Buchen, Sitz des katholischen Landkapitels Odenwald, und der Wallfahrtsort Walldürn blieben von dieser Bewegung nicht verschont. Darauf kann hier im einzelnen nicht eingegangen werden (37).

Wo den Rittern die rechtliche Sicherung gelang, war auch dies in der Regel erst der letzte Schritt einer Entwicklung, die mit den Reformbestrebungen der Bevölkerung begonnen und sich mit der religiösen Disposition von Pfarrern und Ortsherren und mit der Auslotung der rechtlichen Möglichkeiten fortgesetzt hatte. Anders wäre die plötzliche Bereitschaft vieler Priester, als evangelische Pfarrer zu amtieren, nicht zu erklären. Die folgende Liste führt auf, welche Priester als erste oder zweite evangelische Pfarrer in ritterschaftlichen Orten nachgewiesen werden können. Dabei steht T für Tonsur, Min. für niedere Weihe, SD für Subdiaconatsweihe, D für Diakonatsweihe. Daten ohne Zusatz bedeuten Priesterweihe. Die Jahreszahlen bei den Pfarreien geben das Jahr der Berufung oder des Stellenantritts an. Sind sie in Klammer gesetzt, so ist der früheste bekannte Zeitpunkt für die Stelle angegeben.

Name:	Weihe:	Pfarrei:	
Amerbacher, Georg	vor 1520	Neckarzimmern	1522
Ammerbach, Michael	21.2.1551	Eberstadt	1550

---

37) Vgl. Anm. 26. Neumaier vermißt in diesem Zusammenhang archivalische Nachweise für die evangelische Bewegung im Bauland in der frühen Reformationszeit. Ein Nachweis findet sich jedenfalls in der 1527 erlassenen neuen Städteordnung für das Erzstift Mainz. Darin heißt es - mit Blick auf die reformatorisch gesinnten Pfarrer - u.a.: "dass hinfürder dieselbigen Priester und Prediger an keinem Ort in den Städten Crautheim, Ballenberg, Bischofsheim, Miltenberg, Külsheim. Amorbach, Aschaffenburg und Seligenstadt zugelassen werden". S.auch F.Herrmann, Die evangelische Bewegung zu Mainz im Reformationszeitalter, Mainz 1907. Ein weiterer Hinweis sind die zahlreichen fränkischen Studenten an bereits evangelischen Universitäten. Auch einige der erhaltenen Kirchenbücher aus der zweiten Hälfte des 16. Jahrhunderts lassen den Einfluß einer evangelischen Bewegung erkennen.

Arnold, Stephan	24.9.1552	D	Olnhausen	1551
Balbach, Jodocus	unbekannt		Korb	(1563)
Bauer, Thomas	unbekannt		Baumerlenbach	(1536)
Beihel, Christoph	20.9.1544	D	Wachbach	1550
Bopp, Andreas	19.9.1556		Adelsheim	(1556)
Bulmann, Johann	13.4.1555	SD	Buch a.A.	(1555)
Burck, Kilian	8.4.1520		Baumerlenbach	(1542)
Diemer, Jodocus	unbekannt		Assumstadt	1534
			Eubigheim	(1554)
Dörzbach, Helias	17.9.1552	Min.	Uiffingen	(1552)
Figulus, Petrus	1.4.1553		Waldhausen	(1553)
Franz, Kaspar	4.6.1558		Waldhausen	1557
Friedrich, Johann	22.5.1529	T	Widdern	(1533)
Groller, Lorenz	21.2.1565	D	Hardheim	1564
Hartmann, Wolfgang	18.9.1568		Bieringen	1560
Held, Daniel	8.6.1555		Ruchsen	1551
Jäger, Philipp	15.6.1538		Gaggstatt	1544
Canzler, Johann	19.9.1551		Jagsthausen	1560
Canzler, Martin	24.9.1547	D	Bofsheim	1555
Karl, Martin	14.3.1551		Bieringen	(1551)
Kellermann, Johann	18.3.1553		Unterschüpf	1556
Kisser, Wilhelm	3.3.1520		Vorbachzimmern	1524
v.Klein, Christoph	6.6.1532	T	Pülfringen	1545
Knapp, Valentin	27.5.1564		Hollerbach	1563
Körner, Georg (Gregor)	20.4.1549		Pülfringen	1548
Körner, Kaspar	24.9.1552		Eberstadt	(1554)
Kolb, Johann	8.6.1555		Bödigheim	(1559)
			Bofsheim	1563
Kraft, Georg	20.9.1550		Kupprichhausen	1549
			Uiffingen	1555
Kremer, Martin	24.3.1520		Löwenstein	(1541)
Leikauf, Johann	20.9.1522		Dittigheim	vor 1550
Linck, Peter	5.6.1563		Waldhausen	1564
Merker, Samuel	17.12.1558	Min.	Archshofen	(1555)
Nickel, Sebastian	24.9.1552		Eberstadt, D	(1560)
Raup, Wilhelm	22.12.1554	SD	Schrozberg	(1558)
Reitheinz, Heinrich	vor 1520		Satteldorf	(1528)
Reuß, Ewald	vor 1520		Pfitzingen	1503
			Vorbachzimmern	1526
Rott, Veit	3.6.1542		Rinderfeld	1550
Scherer, Friedrich	25.2.1553		Höpfingen	1555
Scherer, Johann	19.9.1551		Eberstadt	1552
Schmidt, Balthasar	20.9.1550		Assumstadt	1554
Schmidt, Johann Caspar	23.9.1553		Gissigheim	1553
Schneider, Jörg	19.4.1522		Archshofen	1528

Schnurr, Balthasar	21.9.1521	Hengstfeld	1518/1521
Schragmüller, Valentin	24.9.1551	Waldmühlbach	1553
Schütz, Heinrich	17.12.1541 Min.	Vilchband	(1555)
		Grünsfeld	(1569)
Schwab, Bernhard	24.9.1547	Unterschüpf	1552
		Neunkirchen	(1556)
Som, Bartholomäus	21.12.1532	Ballenberg V	1532
		Roigheim	1535
Spitzig, Stefan	22.3.1539	Grünsfeld	(1556)
Stang, Konrad	21.12.1549 T	Rinderfeld	1554
Starck, Simon	15.3.1522	Grünsfeld	(1531)
Stolz, Leonhard	5.3.1547	Hainstadt	(1547)
		Bödigheim	1551
Weinlein, Johann	23.5.1551	Höpfingen	1551

(Tabelle 5)

Von diesen 53 Pfarrern stammten nur zwei nicht aus dem näheren oder weiteren Franken: Johann Bulmann aus Schleiz und Martin Kremer aus Marbach. Dazu kommt noch der erste evangelische Pfarrer von Hardheim, Sebastian Schönbrot aus Passau, der zuvor etwa ab 1552 Pfarrer in Widdern war und dann 1558 von Wolf von Hardheim berufen wurde. Von ihm ist nicht bekannt, ob er geweihter Priester war.

Damit ist zunächst einmal nachgewiesen, daß das Werden der ritterschaftlichen Reformation fast ausschließlich im Zusammenhang mit geweihten Priestern geschah, und daß diese - selbst in der Umgebung zuhause - weithin auch die ersten evangelischen Pfarrer waren. Die folgende Liste zeigt, daß mindestens 27 - also etwa die Hälfte - von den oben Aufgeführten auch an einer Universität studiert haben, 10 davon um oder vor 1520.

Name:	Herkunftsort:	Universität:	Immatrikulation:
Amerbacher, Georg	Würzburg	Basel	SS 1481
Arnold, Stephan	Widdern	Tübingen	16.4.1547
Bauer, Thomas	Öhringen	Heidelberg	10.6.1514
Bulmann, Johann	Schleiz	Wittenberg	30.9.1560
Burck, Kilian	Öhringen	Heidelberg	22.1.1520
Diemer, Jodocus	Heilbronn	Heidelberg	4.1.1519
Dörzbach, Helias	Boxberg	Leipzig	SS 1550
Figulus, Petrus	Mudau	Tübingen	20.2.1544

Friedrich, Johann	unbekannt	Heidelberg	nicht in Matrikel
		Tübingen	2.12.1531
Karl, Martin	Seligenstadt	Erfurt	WS 1547
Kellermann, Johann	Mergentheim	Köln	13.12.1546
v.Klein, Christoph	Öhringen	Heidelberg	16.4.1535
		Ingolstadt	24.5.1539
		Wittenberg	29.4.1545
Körner, Georg	Buchen	Frankfurt/O.	SS 1541
Körner, Kaspar	Buchen	Frankfurt/O.	SS 1570
Kolb, Johann	Steinbach	Wittenberg	14.7.1550
		Erfurt	1559
		Leipzig	WS 1559/60
Kremer, Martin	Marbach	Ingolstadt	3.11.1516
Leikauf, Johann	Herrnbergtheim	Erfurt	WS 1503
		Ingolstadt	4.5.1509
Linck, Peter	Buchen	Tübingen	6.9.1558
		Tübingen	18.8.1560
Merker, Samuel	Rothenburg	Wittenberg	8.3.1555
Reitheinz, Heinrich	Crailsheim	Leipzig	SS 1519
Reuß, Ewald	Igersheim	Erfurt	1497
		Wittenberg	6.1518
Scherer, Johann	Grünsfeld	Erfurt	WS 1541
Schmidt, Joh.Caspar	Mellrichstadt	Wittenberg	23.7.1540
		Wittenberg	21.11.1549
Schnurr, Balthasar	Winterhausen	Leipzig	SS 1512
Schütz, Heinrich	Lauda	Heidelberg	7.6.1539
Stang, Konrad	Ettleben	Wittenberg	24.11.1548
Starck, Simon	Grünsfeld	Wittenberg	4.6.1525

(Tabelle 6)

Beachtlich ist, daß 8 von den 27 in Wittenberg immatrikuliert waren, also jedenfalls von dort reformatorische Gedanken mitbrachten, 7 von ihnen in der zweiten Generation um 1550. Studium in Wittenberg und Priesterweihe wurden also nicht als einander ausschließend betrachtet, ebensowenig wie katholische Weihe und nachfolgendes evangelisches Pfarramt. Neumaiers Meinung, es habe sich bei den ersten Pfarrern der evangelisch gewordenen Ritter "um schon durch ihr Studium im evangelischen Bekenntnis geformte Persönlichkeiten" (38) gehandelt, findet bei die-

---

38) Neumaier S.172: auch Neumaiers Annahme: "Zudem ist dem Adel die Anstellung neuer und qualifizierter Geistlicher gewiß eine Art Sta-Statussymbol gewesen" (S.171) ist von daher in Frage zu stellen.

ser Sachlage keine Bestätigung. Die Vorgänge waren komplizierter. Auch bei evangelischem Studium mußte noch kein klares evangelisches Bekenntnis vorliegen. Aber diese Studenten brachten natürlich evangelische Lehre, zumindest reformatorisches Gedankengut mit, wenn sie ins Amt kamen.

2. Die Bedeutung des Interim für die ritterschaftliche Reformation in Franken

Es ist bemerkenswert, daß bei einer ganzen Reihe der oben genannten Pfarrer eine niedere oder höhere Weihe erst nach Antritt ihrer Pfarrstelle (ein bis mehrere Jahre später) erfolgte. An und für sich war dies bei katholischen Pfarrern im 16. Jahrhundert nicht außergewöhnlich. Wenn es aber bei solchen Personen der Fall war, die zuvor an einer damals evangelischen Universität studiert hatten und später nachweislich evangelisch amtierten, erscheint es zunächst doch merkwürdig. Will man die Betreffenden nicht dadurch diskreditieren, daß man sie einfach für opportunistisch hält - das könnte zwar im einen oder andern Fall zutreffen, aber nicht so durchgehend, wie die Daten zu ergeben scheinen -, dann muß dies andere Gründe haben.

Nun ergibt sich bei näherem Zusehen, daß bei ebenfalls etwa der Hälfte (27) die Weihe-Daten in die Zeit von 1547 bis 1556 fallen. Es war die Zeit zwischen der Niederlage des Schmalkaldischen Bundes und dem Augsburger Religionsfrieden, die Zeit des kaiserlichen Interims und seiner Nachwirkungen, zugleich die Zeit des Bischofs Melchior Zobel von Giebelstadt in Würzburg (1544-1558). Dieser hatte 1521 in Wittenberg und Leipzig studiert und "diese geistige Herkunft nie verleugnet" (39). Während seiner fürstbischöflichen Regierungszeit machte die evangelische Bewegung sowohl im Gebiet der Diözese wie des Hochstifts Würzburg erhebliche Fortschritte. Als aber 1547 die politische Lage für die bereits evangelischen Territorien im Reich kritisch wurde, konnte an eine offizielle Einführung der Reformation in den innerhalb der Diözese gelegenen weltlichen Gebieten zunächst nicht mehr gedacht werden. Die Entwicklung wurde dadurch aber nicht abgebrochen, sie wurde lediglich verzögert.

---

39) A.Wendehorst, Das Bistum Würzburg. Ein Überblick von den Anfängen bis zur Säkularisation, in: FDA 86, 1966, S.64.

Anders als in anderen Gebieten kam das Interim der evangelischen Sache im Frankenland eher entgegen. Vor allem die Tatsache, daß Bischof Melchior von Zobel selbst sich am 11.8.1548 zur Annahme des Interims bereit erklärte (40), läßt den Schluß zu, daß er zu Konzessionen gegenüber den evangelisch Gesinnten neigte, in der Hoffnung, das sich mehr und mehr auflösende Kirchenwesen wieder zu vereinheitlichen und zu stabilisieren.

Am 11.1.1549 nahm dann auch die Ritterschaft der sechs Orte in Franken das Interim an. Da die Interimsordnung - so schien es jedenfalls den evangelisch Gesinnten - das reformatorische Verständnis der Rechtfertigung, daneben auch die Priesterehe und Sakramentsausteilung in zweierlei Gestalt zuließ, war sie für die offiziell noch katholischen Ritter und ihre Pfarrer ein Schritt vorwärts (41). Hierarchie (bischöfliche Aufsicht und Gewalt) und Priesterweihe nahm man dafür in Kauf. Deshalb ist der Versuch, einzelne Adlige in diesen Jahren noch als katholisch oder schon als evangelisch zu bezeichnen, äußerst fragwürdig (42).

So erklärt sich aber auch die Tatsache, daß eine ganze Anzahl evangelisch gesinnter Pfarrer oder derer mit evangelischem Theologiestudium sich in Würzburg weihen ließen, danach aber zunächst in einer Mischform (evangelische Predigt neben der Messe), später dann ganz evangelisch amtierten. Der Pfarrer Bernhard Keßmann, der um diese Zeit in dem hohenlohischen Nassau evangelisch predigte und in dem Filial Bernsfelden (dem Deutschen Ritterorden gehörig) Messe las, gibt ein bekanntes Beispiel für die in der Interimszeit möglichen Mischformen. Besonders in Königheim, Ballenberg, Berolzheim, Krautheim und Osterburken, aber auch in Mergentheim und im Ritterstift Comburg, also Orten unter geistlicher Hoheit, können solche Mischformen nachgewiesen werden (43).

---

40) G.Bossert, Das Interim in Württemberg (Schriften des Vereins für Reformationsgeschichte Nr.46/47). Halle 1895, S.23.

41) Dies übersieht Neumaier, wenn er meint, auch das Interim habe sich so ausgewirkt, daß die Ritter der Neuerung kaum mehr zugeneigt gewesen seien als nach dem Bauernkrieg (S.91).

42) Neumaier denkt dabei allein in der rechtlichen Kategorie einer offiziellen Konfessionsänderung. Den vorausgehenden langwierigen Entwicklungsprozeß, an dessen Ende erst konfessionelle Eindeutigkeit erreicht wurde, scheint er nicht zu erkennen.

43) Zu Königheim s.u. S.43 f.; zu Berolzheim s.u. S.126; zu Krautheim u. Osterburken die Abschnitte bei Neumaier S.237 f. und 164 f., sowie für Osterburken s.u. S.73 f.

Auch das Protokoll der 1549 im mainzischen Landkapitel Taubergau durchgeführten Visitation weist in diese Richtung (44). Trotz des auch von ihnen angenommenen Interims (45) verwehrten die größeren Herrschaften (Wertheim, Rieneck und Leuchtenberg) dem erzbischöflichen Kommissar die Durchführung der Visitation in den ihnen gehörenden Gemeinden. Ging es dabei vorrangig um die Behauptung ihres landesherrlichen Kirchenregiments gegenüber dem Anspruch der bischöflichen Gewalt, so doch auch um das Durchhalten der bereits früher durchgeführten Reformation, soweit das eben unter Schutz und Ordnung des Interims möglich war.

Anders in den übrigen, teils in geistlichem, teils in ritterschaftlichem Besitz befindlichen Orten: hier stellten Pfarrer und Sendschöffen einander gegenseitig fast durchweg gute Zeugnisse aus. Von zwei Pfarrern (in Königheim und in Riedern) wird festgestellt, sie seien "aus dem Luthertum" zur Kirche zurückgekehrt. Andere werden betont als "gut katholisch" bezeichnet. Im Blick auf die evangelische Bewegung in deren Gemeinden vor und nach der Interimszeit lassen sich diese betonten Aussagen aber leicht als Schutzbehauptungen erkennen. Sie können unter den gegebenen Umständen, zumindest in der Mehrzahl der Fälle, nur bedeuten, daß Pfarrer und Gemeinden sich der Interimsordnung unterwarfen und damit einigermaßen zufrieden waren.

Ein weiteres Indiz für die Bedeutung, die das Interim für den Fortgang der evangelischen Bewegung im Frankenland hatte, ist die Anlehnung einiger Adliger (Berlichingen, Rosenberg, Rüdt) an die Ansbachische Interims-Kirchenordnung des Jahres 1548, das sogenannte Auctuarium (46). Wenn sie gerade diese Ordnung noch nach dem Ende des Interims ihren Ordnungen zugrundelegten, als sie in Ansbach

---

44) A.L.Veit, Eine Visitation der Pfarreien des Landkapitels Taubergau im Jahre 1549, in: FDA 45, 1917, S.179 f.

45) In Wertheim wurde das Interim am 2.12.1548 angenommen, s. Braunes Buch S.65: am Sonntag nach Andreas 1548 "hatt man das Interim oder neue Kirchenbuch hin angenommen", zit. nach F.Kobe, Die erste lutherische Kirchenordnung in der Grafschaft Wertheim (Veröffentlichungen des Vereins für Kirchengeschichte in der evang. Landeskirche Badens VIII), Lahr 1933, S.18.

46) Neumaier S.117 u. 177 f. Dabei ist aber zu beachten, daß in einigen ritterschaftlichen Gebieten, die an die Markgrafschaft Brandenburg-Ansbach angrenzten, vor 1548 die Ansbachische Kirchenordnung von 1533 bereits in Geltung stand.

selbst schon nicht mehr in Geltung stand, dann zeigt dies zum einen, welche grundlegende Bedeutung für den Übergang zur Reformation die Ritter ihm beilegten. Es weist aber zugleich darauf hin, daß diese Ritter den eigentlichen Beginn der Reformation ihrer Gebiete eben in der Interimszeit sahen, nicht erst in der rechtlichen Sicherung durch Erlaß ihrer verschiedenen Ordnungen nach 1555. Die evangelisch gesinnten Ritter und ihre gleichgesinnten Pfarrer nutzten die Möglichkeiten der Interims-Ordnung zumindest zu evangelischer Predigt. Insofern sind die späteren Behauptungen, es sei in den betreffenden Gemeinden schon vor dem Passauer Vertrag evangelisch gepredigt worden, doch sachlich begründet (47).

Der Erlaß eigener Ordnungen für die ritterschaftlichen Dörfer - bald nach dem Interim in Anlehnung an die Württembergische bzw. Hohenlohische Kirchenordnung verfaßt - bildete erst den letzten Schritt des Prozesses, der für die ritterschaftliche Reformation im Frankenland kennzeichnend ist. Auch in den Jahren dieser Erlasse waren meist noch die ersten evangelischen Pfarrer im Amt, die - wie oben gezeigt - zuvor als katholische Priester geweiht waren. Zum Teil trifft letzteres auch noch auf die Nachfolger zu (48). Erst in den Jahren nach 1560/70 traten an ihre Stelle solche, die als von Haus aus Evangelische auch an einer evangelischen Universiät studiert hatten und sich nicht mehr weihen ließen. Unter ihnen waren dann mehr und mehr auch solche, die "von außen", also von außerhalb des Frankenlandes stammten und hier, aus sehr verschiedenen Gründen, ein Amt suchten und fanden.

Zwei Beispiele aus Pfarrerfamilien können diesen langwierigen und wechselvollen Prozeß der fränkischen Reformation verdeutlichen:

---

47) Erklärung der Brüder Valentin Heinrich und Wolfgang Albrecht Rüdt im Jahr 1629; s. Neumaier S.119. Neumaier hält ihren Inhalt für unglaubwürdig. Vgl. auch G.A.Benrath, Reformation und Gegenreformation in den ehemals reichsritterschaftlichen Gemeinden der Freiherren Rüft von Collenberg, in: ZGO Bd.114, S.361 f. (Überarbeitete Fassung des 20. Kapitels "Die Reformation" der handschriftlichen Geschichte der Familie Rüdt von Collenberg, von Graf Ludwig Rüdt von Collenberg)-

48) Vgl. Tabelle 5, s.o. S.23 f.

Das erste betrifft den Pfarrer Wendel Ganser. Er stammte aus Tauberbischofsheim und war wohl ein Sohn des dort ansäßigen Friedrich Gans. Am 20.12.1522 empfing er in Würzburg die niedere Weihe und wurde daraufhin Altarist in seiner Heimatstadt. Vor oder spätestens um 1540 muß er evangelisch geworden sein - die evangelische Bewegung war in Tauberbischofsheim schon seit 1520 sehr stark -, denn 1542 wird er für kurze Zeit Pfarrer in Vorbachzimmern, wo die Herren von Finsterlohe schon 1524 reformiert hatten. Noch 1542 wechselte er nach Wachbach. Dort war er nach der örtlichen Überlieferung der erste evangelische Pfarrer. Als nun 1549 das Interim von der Ritterschaft angenommen war, suchte der dortige Ortsherr Stefan von Adelsheim am 26.5.1550 beim Bischof von Würzburg um Bestätigung des Wendel Ganser für die Pfarrei Wachbach nach (49). Offenbar erhielt er diese Bestätigung nicht, denn im selben Jahr wird Christoph Beihel von Mergentheim, 1544 zum Diacon geweiht, Pfarrer in Wachbach. Er war sicher auch evangelisch und später Pfarrer in Sandbach (Herrschaft Breuberg), Wertheim und Vorbachzimmern (50). Wendel Ganser aber ließ sich 1552 noch zum Subdiacon und Diacon weihen und wurde Frühmesser in Künzelsau. In dieser ganerbschaftlich regierten Stadt (51) war schon längst evangelisch gepredigt worden; doch stand die offizielle Reformationseinführung - wie in Hohenlohe und den ritterschaftlichen Orten - noch aus. Ein Sohn des Wendel Ganser, David Ganser (52), wird 1570 als Diaconus in Wachbach genannt und war von 1571-1579 Pfarrer in Adolzhausen. Er muß, den Heiratsdaten seiner Kinder entsprechend, spätestens 1562/3 geheiratet haben und in einem Dienst gestanden sein. Geweiht wurde er nicht mehr, war also von Anfang an evangelisch. Leider ist ein Studium von ihm nicht nachzuweisen. Möglicherweise ist der Würzburger Karthäusermönch Daniel Ganser, der am 20.12.1578 zum Priester

---

49) O.Schönhuth, Eine Präsentationsurkunde vom Jahr 1550, in: ZHVWFr 1854, S.87; Neumaier S.91 hält das Gesuch für einen Beweis,"daß der Adel des Baulandes in den Vierzigerjahren noch keine Konfessionsänderung vollzogen hatte". Er verkennt dabei einmal, daß Stefan von Adelsheim bereits evangelisch war und mit seinem Gesuch eben die Interimsordnung beachtete; zum andern, daß in Würzburg die evangelische Vergangenheit des Wendel Ganser gewiß bekannt war, und der Bischof ihn deshalb ablehnte. Ganser s. PfB WFr 674; PfB KrO 948.

50) PfB WFr 349 (Buel); PfB KrO 214.
51) Zu Künzelsau s.u. S.129 f.
52) PfB WFr 673; PfB KrO 947.

geweiht wird, ein anderer Sohn des Wendel. Wo er blieb, ist bisher nicht bekannt.

Auch an der Familie des Bartholomäus Som (53) läßt sich dieser Entwicklungsprozeß ablesen. Er stammte aus Korb bei Möckmühl, einem württembergischen Lehensort der Herren von Berlichingen, für dessen Pfarrei jedoch das Juliana-Stift Mosbach (in seiner Nachfolge später der Kurfürst von der Pfalz) das Patronat besaß. Die niederen Weihen erhielt er am 15.6.1527, die Subdiaconatsweihe am 21.12.1532 als Vikar von Ballenberg, das zum Gebiet des Erzstifts Mainz gehörte, dessen Pfarrei aber vom Domkapitel Würzburg zu besetzen war. Der Abt von Amorbach setzte ihn 1535 als Pfarrer nach Roigheim. Das Amt Möckmühl, zu dem Roigheim gehörte, war 1521 vom Kaiser dem Bischof von Würzburg übergeben worden und wurde erst 1542 von Herzog Ulrich wieder für Württemberg eingelöst. Als nun Württemberg das Amt reformierte, sollte Som, der bereits verheiratet war, evangelisch predigen. Gustav Bossert schreibt von ihm: "Aber der Verzicht auf die katholische Vergangenheit fiel ihm schwer. Er gehörte zu den Amphibien, die innerlich noch katholisch der evangelischen Kirche dienten, weil man sie duldete." (54). Ob diese Beurteilung ihm wirklich gerecht wird, kann doch bezweifelt werden, wenn man weiß, daß gerade seine erste Stelle Ballenberg zu den mainzischen Orten gehörte, in denen die evangelische Bewegung schon früh besonders stark war (55). Wie weit Som an der Entwicklung hin zur evangelischen Predigt und Überzeugung schon vor 1542 beteiligt war, kann wegen fehlender Quellen nicht festgestellt werden. Jedenfalls aber blieb er bis 1566 in Roigheim; wahrscheinlich ist er in diesem Jahr gestorben. Interessant ist nun, daß alle seine fünf Söhne evangelische Pfarrer wurden.

Die ersten drei von ihnen haben in und nach der Interimszeit noch katholische Weihen empfangen, davon die beiden älteren die Diaconatsweihe, der dritte nur noch die niederen Weihen. Der älteste, Philipp (Diaconatsweihe 17.12.

---

53) PfB KrO 3393.
54) G.Bossert, Johann Geyling. ein Lutherschüler und Brenzfreund, in: Aus dem Lande von Brenz und Bengel, Stuttgart 1946, S.60.
55) S.o. S.23 Anm.37.

1552) wurde schon 1555 Pfarrer in Vielbrunn (Herrschaft Breuberg). Er ist sicher identisch mit dem Philipp Jakob Som, der 1556/57 Pfarrer in Langenbeutingen wurde, 1560 nach Crispenhofen versetzt wurde und dort 1562 starb (56). Der zweite Sohn, nach dem Vater Bartholomäus benannt (Diaconats-Weihe 19.12.1556) wurde Vikar in Zaisenhausen und war von 1557 wohl bis 1599 Pfarrer in Dühren im Kraichgau. Um ihn muß es sich handeln, wenn berichtet wird (57): "Er (der Vater) läßt 1546 seinen Sohn in Würzburg weihen - er ist 16 oder 17 Jahre alt - und läßt ihn in Roigheim predigen, weil er ihn zum Nachfolger möchte. Daraus wird nichts. Der Sohn erklärt, sich an die Kirchenordnung des Herzogs zu halten." Die Jahreszahl 1546 ist sicher irrtümlich für 1556 gesetzt. Auch das angegebene Alter dürfte wohl zu nieder behauptet sein. Jedenfalls ist er aber bald nach der Weihe evangelischer Pfarrer. Dies gilt auch für den dritten Sohn Peter, der am 6.3.1563 die niederen Weihen empfangen hatte (58). Seine erste Stelle ist allerdings unbekannt. Dann war er in der lutherischen Zwischenzeit der Kurpfalz Pfarrer in Insheim, wo er 1581 die FC unterschrieb. Nachdem er 1587 als Lutheraner entlassen wurde, erschien er am 29.5.1587 als Bittsteller in Stuttgart. Württemberg konnte ihn nicht anstellen. Er fand aber in Massenbach noch einmal eine neue Pfarrei. Dort ist er wohl schon 1588 gestorben. Die beiden jüngsten Söhne des Roigheimer Pfarrers sollen in Heidelberg studiert haben, offenbar erst nach dem Tod des Vaters. In der Matrikel sind sie jedoch nicht zu finden. Paulus wurde Pfarrer im Dienst der Herren von Praunheim, dann Diaconus in Reichelsheim/Odenwald, ging nach Lothringen, wo er wegen seines evangelischen Glaubens vertrieben wurde, und war zuletzt Pfarrer in Kappeln/Rheingrafschaft (59). Der letzte, Matthias, wurde zuerst Pfarrer in Spachbrücken 1576, später nacheinander in Ilgesheim, Allenbach und Pferdsfeld im Hunsrück (60). Der langsame und in ver-

---

56) PfB WFr 2540; PfB KrO 3393 a.

57) BWKG 1906, S.172 f.; PfB KrO 3393 a.

58) PfB KrO 3393 c; G.Biundo, Die evangelischen Geistlichen der Pfalz seit der Reformation (Pfälzisches Pfarrerbuch), Neustadt/Aisch 1968 Nr.5131; G.Bossert, Die Liebestätigkeit der evangelischen Kirche Württembergs von der Zeit des Herzogs Christoph bis 1650, in: WJB 1905, II,114 b.

59) A.Rosenkranz, Das Evangelische Rheinland, ein rheinisches Gemeinde- und Pfarrerbuch, Bd. II: Die Pfarrer, Düsseldorf 1958, S.431.

60) A.a.O. S.430; PfB KrO 3393b.

schiedenen Schritten erfolgende Übergang von katholischen Traditionen zur bekenntnismäßig stabilisierten evangelischen Kirche wird am Schicksal dieser Familie besonders deutlich.

Das Interim schuf so in Franken einen Zwischenzustand, der nach vorne offen war. Er konnte, wo es die Umstände zuließen, zur Reformation hinführen. Er konnte aber auch, in den Orten unter geistlicher Herrschaft, andauern, bis dort die Gegenreformation in der Weise katholischer Reform einsetzte. Dabei war die Ausgangslage hinsichtlich der Pfarrerschaft in beiden Fällen gleich.

So kann zusammenfassend gesagt werden: Die Pfarrer katholisch gebliebener und evangelisch gewordener Gebiete stammten überwiegend aus dem gleichen Umfeld, ja sie waren teilweise untereinander verwandt (etwa die Körner aus Buchen, die Suffan aus Röttingen, die Gramlich aus der Gegend von Osterburken und Bofsheim, auch die Kellermann, Knapp, Leuser u.a.). Nach der Jahrhundertwende gab es infolge des erzwungenen Zölibats auf katholischer Seite keine solchen Pfarrerfamilien mehr. Dagegen entstanden auf evangelischer Seite neue Pfarrerdynastien, die teilweise für ein oder zwei Jahrhunderte die Geschicke ihrer Gemeinden und ihrer Territorialkirche mitbestimmten. In den größeren "Landeskirchen" (z.B. Ansbach und Hohenlohe) bildete sich so ein relativ geschlossener Pfarrstand. Innerhalb der ritterschaftlichen Pfarrerschaft sind ebenfalls verwandtschaftliche Beziehungen - wenn auch nicht in gleichem Ausmaß - feststellbar. Doch war auch der Wechsel von ritterschaftlichen Pfarreien auf solche in der Grafschaft Hohenlohe nicht ungewöhnlich; in Einzelfällen gab es auch den umgekehrten Weg.

3. Pfarrbesetzungen und Pfarrer in der Reformationszeit (61)

Pfarrerlisten und Personalien der Pfarrer sind zwar in den beiden Pfarrerbüchern Württembergisch Franken und Kraichgau-Odenwald zusammengestellt. Doch sollen die fol-

---

61) Vgl. zum Ganzen den Überblick über Geschichte und Gliederung in PfB KrO I, S.31 f.

genden Beispiele Zusammenhänge und Probleme im Bereich
der ritterschaftlichen Reformation aufzeigen. Dabei werden einige Randgebiete benachbarter größerer Territorien
in die Betrachtung einbezogen, weil sachliche und personelle Zusammenhänge bestehen.

3.1. Das württembergische Amt Möckmühl

Innerhalb der württembergischen Reformation bildete das
Amt Möckmühl einen Sonderfall, weil es im Jahr 1535 noch
an den Bischof von Würzburg verpfändet war und erst 1542
durch Herzog Ulrich wieder eingelöst wurde. So konnte
jetzt erst eine Reformation beginnen, mit deren Durchführung der Neuenstadter Superintendent Jakob Ratz (62)
beauftragt war. Württemberg übernahm die bisherigen, von
Würzburg bzw. dem Abt von Amorbach oder dem Stift Möckmühl eingesetzten Pfarrer, beließ sie in ihrem Amt und
machte sie damit zu evangelischen Pfarrern.

In Möckmühl selbst war dies Hans Reichard, der aus der
Stadt stammte und 1515 in Erfurt studiert hatte. Er ist
wohl vor 1520 geweiht worden. Daß er aus Überzeugung
evangelisch wurde, bezeugt das Konsistorialprotokoll: "Er
hat das Evangelium Jesu Christi lange Zeit, auch in größter Gefahr, laut und rein zu Möckmühl gepredigt." (63) Er
starb noch in der Interimszeit, in der er offiziell abgesetzt war, am Gründonnerstag 1551. Die Auswirkungen des
Interims zeigen sich darin, daß seine beiden Söhne Fabian
und Kilian sich in Würzburg tonsurieren ließen (6.8.1549
bzw. 4.6.1558), danach aber im württembergischen Kirchendienst waren: Fabian, der seit dem WS 1553/54 in Leipzig
studierte, als Präzeptor in Neuenstadt 1557-1578; Kilian,
der sich am 14.6.1560 in Tübingen immatrikulieren ließ
und am 11.6.1560 ins Stift aufgenommen wurde, als Collaborator in Göppingen 1564. Danach wurde er vermutlich
Pfarrer in dem ritterschaftlichen Heutingsheim. Hans Reicharts Witwe Anna hat wohl den Diaconus (1550-1552) und
späteren Stadtpfarrer (1555-1569) Melchior Herold (64)

---

62) PfB WFr 2020; PfB KrO 2746.
63) Zit. nach G.Bossert, Johann Geyling, a.a.O. S.60.
64) Von Dinkelsbühl, in Wittenberg am 27.4.1545 immatrikuliert. 1552-1555 war er Pfarrer in Knittlingen.

geheiratet, denn Catharina Reichartin wird 1563 als dessen Stieftochter erwähnt. 1570 heiratet Anna in dritter Ehe den Mosbacher Superintendenten Ulrich Becker (65). An Reicharts Stelle wurde noch 1551 der bisherige Wertheimer Diaconus Johann Schiltknecht (66) auf die Möckmühler Pfarrstelle berufen, dem 1555 der schon erwähnte Melchior Herold folgte (67). Als Diaconus folgte auf Herold 1552 der Ulmer Elias Nuber (68), 1554 Martin Ernst aus Hadamar (69), die beide ebenfalls in Wittenberg studiert hatten. Seit dem Ende des Interims ist also das Bemühen Württembergs spürbar, gut evangelische Männer einzusetzen, wobei man sich nicht scheute, diese "von außen" zu holen.

Auch die Chorherren des Stifts Möckmühl nahmen bis auf zwei (70) die Reformation an. In dem würzburgischen Dorf Mulfingen, in dem das Stift das Patronat besaß, wurde 1545 der Stiftsherr Stephan Binnicker (71) eingesetzt. Seine Tochter heiratete den dortigen Kaplan (72), worauf der Bischof als Ortsherr 1556 Pfarrer und Kaplan bestrafte und auswies. Binnicker kam ins Stift Möckmühl zurück und erhielt keine Pfarrstelle mehr. Bei der Aufhebung des Stifts wurde er 1558 mit einem Leibgeding abgefunden. Wahrscheinlich ist er mit dem Stephan Binnicker identisch, der seit 1560 Schultheiß in dem Möckmühler Filial Bittelbronn und der Vater des späteren Stadtschreibers Melchior Binnicker in Möckmühl war.

---

65) Zu ihm zuletzt A.Ernst, Die mittelalterlichen Kirchengeräte im kurpfälzischen Oberamt Mosbach nach einem Verzeichnis von 1565, in: Eberbacher Geschichtsblatt 1988, S.7 f.

66) PfB KrO 3077; nicht zu verwechseln mit dem gleichnamigen Pfarrer von Hirschhorn, der aus Rathenow stammte und 1560 in Wittenberg studiert hatte (PfB KrO 3078).

67) S.o. S.35 Anm.64.

68) Dessen Sohn ist der Pfarrer von Gerichtstetten (PfB KrO 2571).

69) Ernst hatte seit Sommer 1552 in Wittenberg studiert. Schon 1554 war er Pfarrer in Ruit und 1556 bis zu seinem Tod 1564 Diaconus in Esslingen.

70) K.Rothenhäusler, Die Abteien und Stifte des Herzogthums Württemberg im Zeitalter der Reformation, Stuttgart 1886, S.200.

71) A.a.O. S.201; PfB WFr 223; PfB KrO 290. Er war Vikar in Würzburg u. 1536 in Mosbach.

72) Wohl Daniel Held von Möckmühl, der 1551 Pfarrer in Ruchsen geworden war und als solcher die Weihen erhalten hatte (Priesterweihe 8.6.1555). In diesem Jahr 1555 wurde er Kaplan in Mulfingen.

Stephan und sein Bruder Johann Binnicker (73) waren wohl Söhne eines älteren Chorherrn Johann Binnicker. Der jüngere Johann war seit 1541 Frühmesser in Siglingen, damals noch Filial der Pfarrei Züttlingen. 1542, als Württemberg in Siglingen eine Pfarrei errichtete, wurde er dort erster Pfarrer. Etwa 1558/59 wechselte er nach Lampoldshausen, wo er 1586 starb. In Siglingen folgte ihm 1559 Nikolaus Zolt, der im Interim 1549 Stiftskantor in Stuttgart gewesen war (74). In Lampoldshausen war bis 1548 Johann Manderscheid Pfarrer gewesen, von dem nichts Näheres bekannt ist, der aber gewiß auch schon als katholischer Pfarrer dorthin gekommen war. 1549 konnte Württemberg dort mit Georg Weigenmaier (75) einen Mann einsetzen, der in Wittenberg studiert hatte. Doch schon 1550 mußte er nach Pfaffenhofen versetzt werden, wohl auch wegen des Interims.

Roigheim schließlich hatte den schon erwähnten Bartholomäus Sohm zum Pfarrer (76). Dort besaß der Abt von Amorbach das Patronat; Württemberg kaufte es erst 1687. So mußten die von Württemberg nominierten Pfarrer vom Abt präsentiert und bestätigt werden. Der erste dieser Pfarrer war 1566 Georg Dorn (77). Als er am 30. Juni 1569 als Nachfolger Valentin Bernhardis Pfarrer in Honhardt wurde - auch Honhardt war eine Patronatspfarrei des Stifts Möckmühl - wurde am 23. Juli der in Wimpfen abgesetzte Martin Vischer präsentiert (78). Seine Heimat war Aulendorf. In Heidelberg, Freiburg und Ingolstadt hatte er studiert und war Präzeptor des Grafen Wolfgang von Löwenstein-Scharffeneck gewesen, ehe er 1559 als katholischer Pfarrer in Wimpfen vom dortigen Rat angestellt wurde. 1566 erklärte er sich als evangelisch. Der Rat ließ ihn auf seiner Stelle, setzte aber mit Nikolaus Vietor einen neuen katholischen Pfarrer neben ihn. Andauernde Streitigkeiten veranlaßten den Rat, mit Dekret vom 19.11.1568

---

73) Niedere Weihe beider Brüder am 18.9.1535.

74) G.Bossert, Johann Geyling, S.60.

75) G.Bossert, Interim, S.113. Er stammte aus Nördlingen und war zuvor Pfarrer in Forheim bei Öttingen gewesen.

76) S.o. S.32.

77) PfB WFr 425.

78) PfB KrÖ 785.

beiden Pfarrern aufzukündigen. Vietor blieb trotzdem in Wimpfen, Vischer kam nach Roigheim. Dies wird auch bestätigt durch das Kanzleiprotokoll von Heilbronn, das am 16.8.1570 meldet: "Martin Vischer, pfarer zu Roigheim, hat den Kirchendienst allhie abgeschlagen." Der Heilbronner Rat wollte ihn also als 5. oder 4.Prediger, deren Stellen eben frei geworden waren, haben, aber er lehnte ab. Acht Jahre später jedoch, als Vischers Wimpfener Nachfolger Wilhelm Zimmermann dem Ruf nach Heidelberg gefolgt war, berief der Rat ihn wieder auf die Pfarrstelle in Wimpfen. Nach 12-jähriger Tätigkeit kam er mit seiner Frau 1590 dienstunfähig ins Spital, wo er um die Jahreswende 1592 auf 1593 starb. Für Roigheim war als sein Nachfolger M. Stephan Müller (Molitor 79) nominiert worden. Er wurde Petri Cathedra 1578 vom Abt von Amorbach in Würzburg präsentiert, ebenso wie 1588 der Nachfolger M. Georg Stecher, bisher in Lampoldshausen, mit dem er die Stelle tauschte (80). Stecher blieb bis zu seinem Tod im Jahr 1617 in Roigheim. Würzburg und Amorbach haben die württembergische Reformation uneingeschränkt anerkannt, da ihre Rechte dabei gewahrt blieben. Das gilt auch für die Patronatspfarrei Honhardt, wo das Stift und in seiner Nachfolge Württemberg die Ortsherrschaft mit den ebenfalls evangelischen Herren von Vellberg, der Reichsstadt Hall und der Markgrafschaft Brandenburg-Ansbach teilte. In Mulfingen dagegen konnte Württemberg sich nicht durchsetzen. 1568 wurde das dortige Patronat an das Domkapitel Würzburg abgetreten.

3.2. Das wertheimische Amt Schweinberg

Zu dieser südlichen Außenbesitzung der Grafschaft Wertheim gehörten neben Schweinberg selbst das Dorf Pülfringen sowie zwei Drittel an Königheim, ein Drittel an Hard-

---

79) BWKG 1906, S.178; er stammte aus Gültlingen (nicht Denklingen, wie Neumaier S.78 irrtümlich liest). Neumaier verwechselt die Reihenfolge und die Jahreszahlen der Präsentationen. Müller war vorher Diaconus in Leonberg und Pfarrer in Gebersheim gewesen.

80) BWKG 1906, S.178. Stecher (nicht Stecker, wie Neumaier liest) aus Weinsberg studierte in Tübingen (M. 30.7.1578), war 1580-1583 Präzeptor in Hirsau und 1583-1586 Diaconus in Weinsberg, ehe er nach Lampoldshausen kam.

heim und das Patronat in dem ritterschaftlichen Ort Gissigheim. Schweinberg war bis 1526 durch den Hardheimer Frühmesser versehen worden. Graf Georg von Wertheim konnte die Reformation, die er seit 1522 in der Grafschaft eingeleitet hatte, in Hardheim, wo er nur Mitbesitzer war und das Patronat nicht besaß, nicht durchführen. Deshalb errichtete er in Schweinberg eine eigene Pfarrei, indem er den bisherigen Wertheimer Prediger Hans Steinle (81) dorthin setzte. Es ist wahrscheinlich, daß dieser nicht Steinle, sondern Schmid hieß und schon kurz darauf starb, da dessen Witwe 1527 wieder heiratet (82). Sein Nachfolger 1527 war Johann Buhl, der wohl als Johannes Beuschlyn ex Wertheim am 8.6.1518 in Heidelberg immatrikuliert wurde, 1531 nach Laudenbach bei Karlstadt und von dort 1536 nach Niklashausen versetzt wurde. Zwischen 1531 und 1539 ist noch eine Lücke in der Liste der Pfarrer. 1539-1541 war Nikolaus Schmid von Haßfurt da, der zuvor, etwa ab 1535 in Reicholzheim und 1538-1539 in Freudenberg gewesen war (83). Im Jahr 1541 kam ein Pfarrer "von außen", Theobald Guth aus dem Kanton Basel-Land, der 1520 in Basel studiert hatte (84). Nach seinem Weggang oder Tod wird 1547 bis 1552 Johann Storch genannt. Von ihm heißt es: "Ist wieder gen Wertheim gezogen". Da er also von dort gekommen war, ist es wahrscheinlich, daß es sich bei ihm um den gleichnamigen Chorherrn handelt, der schon 1526-1528 Pfarrer in Dertingen war und 1530-1543 von Wertheim aus die Kreuzwertheimer Pfarrstelle versehen hatte. Wenn er, wie H.Ehmer vermutet (85), der Organist an der Wertheimer Stiftskirche 1499/1500 und 1514/1515 war, muß er am Ende seiner Tätigkeit schon hochbetagt gewesen sein (86). Auf ihn folgte Jakob Schwab aus Lindenau bei Heldburg, Wittenberger Student, der ein Jahr lang

---

81) PfB KrO 3481.

82) E.Langguth, Einmütig in der neuen Lehre, S.77 f.

83) PfB KrO 3162. Er ist in Wittenberg immatrikuliert am 5.6.1520 und erhielt in Würzburg die niederen Weihen am 22.5.1529.

84) PfB 1152; dort noch falsche Zeitangabe.

85) PfB KrO 3458; H.Ehmer, Die Reformation in der Grafschaft Wertheim und bei der Ritterschaft im Kraichgau und im Odenwald, in: Luther und die Reformation am Oberrhein (Ausstellungskatalog), Karlsruhe 1983, S.82; E.Langguth, Pfarrer, Vikarier, Altaristen, Chorherren. Zur Entwicklungs- und Personengeschichte von Pfarrei und Stift Wertheim im Mittelalter, in: Wertheimer Jahrbuch 1984/85, S.53.

86) Langguth a.a.O. meint, er müsse um 1547 gestorben sein. Wenn er jedoch noch in Schweinberg war, muß dies später gewesen sein.

Kaplan in Wertheim gewesen war. Er kam 1557 nach Sachsenhausen, wo er 1565 starb (87). Über Lorenz Mayus 1557-1577 in Schweinberg, ist nichts weiteres bekannt. Dagegen war auch der nächste Pfarrer ein Wittenberger Student: Pankratius Alemann aus Volkach (88). Er war zunächst Prädikant in dem noch nicht endgültig reformierten Kloster Bursfelde bei Göttingen gewesen, als er 1576 einen Ruf nach Wertheim (auf eine Kaplansstelle) erhielt. Diesen lehnte er ab, folgte jedoch einer erneuten Berufung nach Schweinberg 1577. Schon ein Jahr danach ging er aber nach Reicholzheim, wo er 10 Jahre wirkte. Am 5.7.1588 starb er in Wertheim.

An der fast lückenlosen Liste der Schweinberger Pfarrer seit 1526 wird deutlich, daß dieser Amtsort genau wie die anderen Wertheimer Pfarreien durch Graf Georg II. reformiert wurde. Daß der lutherische Gottesdienst in Schweinberg um 1530 mehr privaten Charakter gehabt haben sollte, wie Neumaier meint, ist ganz unwahrscheinlich (89). Dagegen spricht neben der bekannten Reformtätigkeit Graf Georgs II. auch, daß die Pfarrei unter Loslösung aus dem bisherigen Filialverband mit dem noch katholischen Hardheim neu errichtet wurde, und ebenso, daß vom ersten Prediger angefangen mehrfach Wertheimer Pfarrer oder Kapläne auf die Pfarrei Schweinberg gesetzt wurden.

In den übrigen Amtsorten war dies so nicht möglich, weil die Patronatsverhältnisse, z.T. auch die Hoheitsrechte anders lagen. In Hardheim, von dem nur ein Drittel wertheimisch war, und wo außerdem das Domkapitel Würzburg das Patronat besaß, bestand keine direkte Einflußmöglichkeit. In Pülfringen lag das Patronatsrecht beim Abt von Amorbach, der die Pfarrei vorwiegend mit Conventualen seines Klosters besetzte. So war schon vor dem Bauernkrieg der Benediktinermönch Johann Schoff aus Miltenberg Pfarrer in Pülfringen. Obwohl er vor den aufrührerischen Bauern hatte flüchten müssen, konnte er nach dem Krieg wieder zu-

---

87) PfB KrO 3280; H.Neu, Pfarrerbuch der evangelischen Kirche Badens, Lahr 1939, II.Teil (im folgenden: Neu), S.559. macht ihn zusammen mit seinem Bruder Caspar Schwab irrtümlich zu einer Person.
88) PfB KrO 28; immatrikuliert Wittenberg 30.4.1555. Neumeier S.99 hat für Schweinberg und für Reicholzheim falsche Jahreszahlen und gibt in Anm.2 Studiendaten seines gleichnamigen Sohnes an. Sogenanntes Nachstudium trifft auf Vater und Sohn nicht zu.
89) Neumaier S.99.

rückkehren und war sicher noch 1528 da (90). Ob er mit dem Johann Scheffel identisch ist, der bis 1539 als Pfarrer genannt wird, konnte noch nicht geklärt werden (91). Der 17-jährige Sohn des Kellers Heinrich von Wetz in Walldürn, den der Abt 1540 für Pülfringen präsentierte - um einem Eingriff Wertheims zuvorzukommen -, war Melchior von Wetz, der erst am 31.3.1548 zum Priester geweiht wurde. Er hat die Stelle sicher nicht selbst versehen, da er zu jung war. Er war später für kurze Zeit (1556-1557) Pfarrer in Hilsbach (92). 1544 präsentierte der Abt den Öhringer Chorherrn Christoph (von) Klein (93). Dieser hatte schon am 6.6.1532 die niedere Weihe empfangen und danach in Heidelberg (immatrikuliert 16.4.1535) und Ingolstadt (immatrikuliert 24.5.1539) studiert. Auch er scheint die Pfarrei nicht selber versehen zu haben, denn er ging 1545 zum weiteren Studium nach Wittenberg (imm. 29.4.1545). Später wird er Pfarrer in Württemberg (94). Der Abt hatte, wie man sieht, große Mühe, diese Pfarrei mit geeigneten katholischen Priestern zu besetzen, und konnte sich des reformatorischen Einflusses kaum erwehren. Als Nachfolger Kleins wurde Leonhard Fabri nach Pülfringen gesetzt. Er ist wohl der Bernhard Fabri aus Erbach, der am 21.2.1507 in Heidelberg immatrikuliert wurde. Die Priesterweihe erhielt er am 22.12.1526, nachdem er bereits ein Jahr lang Pfarrer in Waldstetten gewesen war. Als Canonicus des Aschaffenburger Chorherrenstifts wurde er 1533 Pfarrer in Werbach. Dieser Ort war Condominat von Mainz und Leuchtenberg; die Pfarrei wurde abwechselnd vom Erzbischof und vom Landgrafen von Leuchtenberg besetzt (95). Leuchtenberg und damit auch die Herrschaft Grünsfeld sind seit 1533 nach und nach zur Reformation übergegangen (s.u.S.47). So ist es wahrscheinlich, daß auch

---

90) PfB KrO 3210; er hatte seit Sommer 1500 in Erfurt studiert. R.Kaiser, Die Wiedererrichtung der katholischen Pfarrei Pülfringen im Jahre 1613 durch Fürstbischof Julius Echter von Mespelbrunn, in FDA 59, 1931, S.319 f.
91) PfB KrO 3044; Kaiser erwähnt ihn nicht.
92) PfB KrO 3829 b; F.Gehrig, Hilsbach. Chronik der höchstgelegenen Stadt im Kraichgau, Sinsheim 1979, S.70.
93) PfB WFr 1319; PfB KrO 1806.
94) 1553-1560 in Steinheim bei Heidenheim, 1560 bis zu seinem Tod 1579 in Schnaitheim.
95) Fabri: PfB KrO 712; zu Leuchtenberg s.u. S.47 f. Kaiser schreibt a. a.O. S.320, Fabri habe 1548 auf die Pfarrei Pülfringen verzichtet. Das ließe darauf schließen, daß er evangelisch geworden war und das Interim nicht annehmen wollte.

Fabri in Werbach evangelisch wurde und danach unter wertheimischen Einfluß nach Pülfringen kam. 1548 konnte jedoch der Abt aufgrund des Interims Fabri entlassen und mit Gregor (Georg) Körner aus Buchen noch einmal einen Priester nach Pülfringen setzen. Dieser hatte als Stiftsvikar im Würzburger Stift Haug 1538 die niedere Weihe empfangen und ging im Sommer 1541 zum Studium nach Frankfurt/Oder. Dort war inzwischen unter maßgeblicher Mitwirkung des ebenfalls aus Buchen stammenden Professors Christoph Korner (96) 1539 die Reformation durchgeführt worden. Gregor Körner hat also bei dem sicher mit ihm verwandten Professor die evangelische Theologie studiert. Gleichwohl ließ er sich nach seiner Berufung nach Pülfringen in Würzburg die höheren Weihen erteilen (97). Das war - wie oben gezeigt - eine Wirkung des Interims. Der Gottesdienst in Pülfringen war also lutherisch, der Pfarrer als geweihter Priester galt aber als katholisch. Als dem Abt von Amorbach deutlich wurde, daß Pülfringen inzwischen lutherisch geworden war, suchte er mittels verschiedener Beschwerden Körner zu entfernen, was ihm aber nicht gelang (98). Wertheim zog nun die Besetzung der Pfarrei an sich und setzte nach dem Tod Körners den Pülfringer "Brod-Bäcker" Kaspar Schmidt als Pfarrer ein (99). Auch als dieser 1566 wegen Unfähigkeit abgesetzt werden mußte, besetzte Wertheim die Pfarrei mit einem bis jetzt unbekannten lutherischen Pfarrer, der wohl bis 1591 da war. In diesem Jahr folgte der seit 1588 in Reicholzheim gewesene Caspar Heiner. Er war Mönch in Bronnbach gewesen und am 22.9.1582 zum Priester geweiht worden. Danach wurde er evangelisch und in den Wertheimer Kirchendienst aufgenommen. 1588 heiratete er die Tochter Barbara des Wertheimer Superintendenten Peter Streck (100). Heiner wurde im Verlauf der Wirren um den Besitz der Würzburgischen Lehen 1603 zunächst abgesetzt, konnte unter der Herrschaft der evangelischen Elisabeth von Kriechingen

---

96) C.G.Jöcher, Allgemeines Gelehrten-Lexicon (im folgenden: AGL), 1.T. Leipzig 1750, 2106; G.Schneider, Buchener Studenten, S.97 Nr.121.
97) PfB KrO 1911; Priesterweihe 20.4.1549.
98) Neumaier S.100; Kaiser a.a.O. S.320 meint, er sei auf Befehl des Abtes wieder katholisch geworden. Das stimmt sicher nicht, vgl. auch sein im Staatsarchiv Wertheim aufbewahrtes Bücherverzeichnis.
99) S.o. Anm.17.
100) Heiner: PfB KrO 1298; Streck: PfB KrO 3548.

(101) aber noch einmal zurückkehren. Nach deren Tod 1612 wurde er von Würzburg, das Pülfringen in Besitz nahm, endgültig entlassen und durch den katholischen Pfarrer Philipp Hoffmann ersetzt (102). Heiner tat noch bis zu seinem Tod aushilfsweise Dienst in Wenkheim. Am 27.4.1614 wurde er in Wertheim begraben.

Gissigheim und Brehmen, wo Wertheim das Patronat besaß, lagen bereits im ritterschaftlichen Herrschaftsbereich. Brehmen war nicht Pfarrei, sondern Filial von Pülfringen. Die rosenbergische Ortsherrschaft machte es um 1570 zum Filial von Buch am Ahorn, später von Unterschüpf und Bofsheim (103). Gissigheim, Besitz der Herren von Riedern, wurde bis 1553 von den Kaplänen in Königheim versehen. Deshalb ist die Reformationsgeschichte dieses Dorfes nur im Zusammenhang mit der Entwicklung in Königheim zu betrachten (104). Auch die Ortsherrschaft war nicht, wie Neumaier meint, eine "altgläubige, aber konfessionell offenbar doch recht indifferente", sondern mindestens seit Christoph von Riedern, der in Wittenberg (105) studiert hatte, evangelisch. Der letzte Angehörige der Familie, Alexander von Riedern, hat noch 1579 die evangelische Anna Maria von Crailsheim geheiratet (106).

Die beiden Königheimer Kapläne, die zugleich als Pfarrer von Gissigheim amtierten, waren Johannes Joann, geweiht 16.3.1521, bis zu seinem Tod 1538, und Johann Geiger 1538-1553, zuvor seit 1528 Pfarrer in Hettingen und als solcher am 18.12.1529 zum Priester geweiht (107). Nun war in dieser Zeit Johannes Hallis (Heiles) Pfarrverweser, seit 1539 Pfarrer in Königheim (108). Er amtierte als Lutheraner, denn bei der Mainzer Visitation 1549 heißt es von

---

101) PfB KrO 1, S.46; Kaiser a.a.O. S.321; Neumaier S.253 f.
102) Neumaier S.257 verwechselt hier den neu eingesetzten katholischen Pfarrer Philipp Hoffmann mit dem abgesetzten evangelischen Pfarrer. Richtig Kaiser a.a.O. S.322.
103) PfB KrO 1, Nr.47 S.100.
104) A.L.Veit, Eine Visitation ..., S.187; L.Rothermel, Königheim und Filiale Dienstadt, 1938.
105) S.o. S.20.
106) KB Tauberbischofsheim 17.11.1579.
107) PfB KrO 970 a; er stammte aus Erfeld und wurde am 24.12.1526 in Ingolstadt immatrikuliert.
108) PfB KrO 1205; aus Pforzheim, immatrikuliert Tübingen 7.5.1514, D-Weihe Würzburg 31.3.1526. Die überlieferte Herkunftsangabe "von Mosbach" geht wohl darauf zurück, daß er möglicherweise Chorherr

ihm, er sei "aus dem Luthertum zurückgekehrt" (109). Obwohl das Domkapitel Mainz Patronatsherr in Königheim war, konnte Wertheim seinen Einfluß zur Reformation hin geltend machen. Da der Pfarrer lutherisch wurde, bestand für Wertheim kein Grund zum Eingreifen. Daß auch die Gemeinde Königheim weit überwiegend evangelisch war, geht aus dem 1577 begonnenen Kirchenbuch hervor. Es zeigte sich aber auch, als im Verlauf der Gegenreformation 1605 die Anzahl der Lutheraner am Ort nach Mainz gemeldet werden mußte: es waren noch 164 (110). Deshalb ist es auch fraglich, ob die Beurteilung Johann Geigers bei der Visitation 1549 als "Anhänger der alten Religion" der Wirklichkeit voll entsprach. Dagegen spricht, daß Wertheim und die Herren von Riedern ihn in Königheim und Gissigheim ungestört amtieren ließen.

Nach Geigers Tod nahm Wertheim sein Patronatsrecht wieder selbst wahr und setzte mit Johann Caspar Schmidt (111) einen sicher evangelischen Pfarrer nach Gissigheim. Nach dessen Tod 1567 wurde Liborius Rübener Pfarrer in Gissigheim. Er selbst, sein Sohn und sein Enkel hatten unter dem Konfessionswechsel und der Gegenreformation besonders zu leiden. Nach Studium in Erfurt 1544 und in Wittenberg (immatrikuliert 14.5.1546) war Liborius Rübener aus Mülhausen / Thüringen zunächst Ludimagister in Ladenburg und wurde 1551 Diaconus in Heppenheim an der Bergstraße. Als Lutheraner mußte er spätestens 1566 der in der Kurpfalz durchgeführten Calvinisierung weichen und wandte sich nach Wertheim. Man nahm ihn auf und setzte ihn nach Gissigheim, von wo aus er auch die Evangelischen im benachbarten Tauberbischofsheim betreute. Im Jahr 1585 wurde er deswegen vom dortigen Mainzischen Amtmann vorübergehend gefangengesetzt. 1596 starb er. Sein Sohn Johann Georg studierte in der lutherischen Zwischenzeit der Kurpfalz in Heidelberg (immatrikuliert 26.4.1581) und war dann seit 1583 Vikar bei seinem Vater in Gissigheim, bis er

---

am Juliana-Stift Mosbach war.
109) A.L.Veit, Eine Visitation ..., S.187.
110) K.F.Vierordt, Geschichte deer evangelischen Kirche in dem Großherzogthum Baden, 2.Bd., Karlsruhe 1856, S.73; Ballweg S.33.
111) PfB KrO 3149; von Mellrichstadt, immatrikuliert Wittenberg 23.7.1540 u. 21.11.1549, niedere Weihen Würzburg 23.9.1553; nicht mit dem Pülfringer Bäcker Kaspar Schmidt zu verwechseln.

1596 dessen Nachfolge antreten konnte. Als Würzburg in den zurückgenommenen Wertheimischen Lehen 1612 die Rekatholisierung durchführte, geschah dies auch in Gissigheim, das nach dem Aussterben der Familie von Riedern an die Echter von Mespelbrunn, von Wichsenstein und von Herda gefallen war. Rübener wurde entlassen; Wertheim setzte ihn nach Wenkheim, wo er jedoch nur ein Vierteljahr amtieren konnte, weil er von Würzburg gefangengenommen und 15 Wochen festgehalten wurde. Nach seiner Freilassung wurde er von Wertheim 1614 nach Sachsenhausen gesetzt, wo er bis zu seinem Tod 1627 bleiben konnte. Sein Sohn Georg hat ab Sommer 1604 in Rostock studiert und wurde als Hofmeister in Öttingen 1610 ordiniert. 1611 wurde er Pfarrer in Wiedersbach, seit 1607 den Herren von Eyb gehörig. 1621 kam er nach Geckenheim, das den Herren von Hutten aus der Frankenberger Linie gehörte. Dort wurde er beim Versuch der Gegenreformation am 15.3.1631 vertrieben, konnte aber nach der schwedischen Besetzung im Herbst desselben Jahres zurückkehren. Im Mai 1633 ist er dort gestorben. Im Januar 1611 hatte er Katharina Jöcher, eine Bäckerstochter aus Schalkhausen, die Witwe des Crailsheimer und später Ansbacher Kaplans Johann Schneider, geheiratet (112).

In Königheim wurde nach dem Tod des Johann Hallis, der 1563 starb und im (noch evangelischen) Kloster Bronnbach begraben wurde, vom Domkapitel Mainz der ehemalige Ebracher Zisterziensermönch Johann Zorn als Pfarrer eingesetzt (113). Nachdem er 1565 von Mainz entlassen worden war, berief ihn das Domkapitel Würzburg 1566 an die katholische Pfarrkirche in Hardheim. Von ihm schrieb damals, am 28.9.1566, der Gissigheimer Pfarrer Johann Caspar Schmidt an den evangelischen Pfarrer von Hardheim, Philipp Knetzel: "Es sei die Sage gegangen, er sei more papistico absolviert worden und habe seinem Weibe Geld angeboten, es würden noch allerlei Bubenstücke über ihn er-

---

112) PfB KrO 2917, 2918 u. 2919.
113) PfB KrO 4038. Er ist nicht identisch mit dem gleichnamigen Pfarrer in Wertheim, der aus Heidingsfeld stammte, in Wittenberg am 4.7.1549 immatrikuliert wurde und 1551/52-1559 Pfarrer in Remlingen, dann 1559 bis zu seinem Tod am 12.8.1564 Pfarrer in Wertheim war.

zählt, ob sie wahr seien, wisse er nicht." (114) Daraus geht hervor, daß er jedenfalls in Königheim als evangelisch angesehen wurde, ehe er - unter Trennung von seiner Frau - zum Katholizismus zurückkehrte. Für kurze Zeit folgte ihm in Königheim Elias Gramlich, der Bruder des Abts Theobald Gramlich in Amorbach. Er starb jedoch schon im Oktober 1566. Erst zwei Jahre später wurde wieder ein Priester für Königheim gefunden: der ehemalige Würzburger Dominikanermönch Bartholomäus Brand (115). Er ist vielleicht identisch mit dem Bartholomäus Brandner, der im Jahr 1577 Pfarrer in Hahnbach in der Oberpfalz ist (116). Wenn dies stimmt, wäre er in Königheim evangelisch geworden. Auch bei den beiden nächsten Königheimer Pfarrern, Nikolaus Meder, der aus dem Königheimer Filial Weikerstetten stammte (1575-1576), und Michael Götz, der 1577 das Kirchenbuch begann, ist es fraglich, ob sie als gute Katholiken anzusehen sind. Dies gilt ebenso für den Pfarrer Nikolaus Ulinus (1589-1598). Er ist wohl der Nikolaus Ulner, der als plebanus in Gerolzhofen am 3.6.1542 in Würzburg zum Priester geweiht wird. Damals war in Gerolzhofen eine starke evangelische Gemeinde unter Führung des dortigen Kaplans Jakob Pfeffer (117). Es ist zu vermuten, daß Ulinus davon nicht unbeeinflußt blieb. Denn in der evangelischen Zeit der Herrschaft Grünsfeld wurde er Pfarrer in Ilmspan und von dort 1568 auf die Prädikatur Grünsfeld berufen (118). Als er 1589 nach Königheim kam, war er verheiratet und hatte eine erwachsene Tochter, die in Königheim heiratete. 1598 kam er nach Messelhausen, einer ritterschaftlichen Pfarrei der Zobel von Giebelstadt. Wahrscheinlich hat die verwitwete, evangelische Amalie Zobel geb. Löblin, die im Jahr 1601 die Pfarrei Herchsheim-Giebelstadt reformierte, auch bei seiner Berufung die Hand im Spiel gehabt. 1606 ist er in Messelhausen gestorben. Erst mit dem Pfarrer M. Adam Kern, der als Mainzer Alumnus in Würzburg studiert hatte, setzte 1598

---

114) J.A.Prailes, Die Einführung der Reformation in Hardheim (Amt Buchen) in: FDA 33, 1905, S.258 f.; Zit. S.278; fehlt bei Neumaier.
115) Priesterweihe Würzburg 21.3.1556; vielleicht stammter er aus Landshut und studierte 1562 in Leipzig. PfB KrO 357.
116) Weigel-Wopper-Ammon, Ambergisches Pfarrerbuch, Kallmünz 1967, Nr.91.
117) G.Kuhr, Ritterschaftliches Pfarrerbuch Franken 2046 u. S.412.
118) S.u. S.44; PfB KrO 3652.

die Rekatholisierung in Königheim ein. Der Kaplan Kaspar Dirlein, seit 1565 in Königheim, wurde 1605 noch von "den Ältesten" zu Grabe getragen, also evangelisch beerdigt, während Adam Kern 1619 im Beisein "zwölf geistlicher Priester", also wieder katholisch beerdigt wurde (119).

Man kann zusammenfassend feststellen, daß die Grafen von Wertheim im Amt Schweinberg mit seinen komplizierten Hoheits- und Patronatsverhältnissen die Reformation genau so eingeführt bzw. unterstützt haben wie in ihren übrigen Besitzungen. (120)

Anhangsweise sei noch auf die parallele Entwicklung in dem Dorf Riedern (zwischen Hardheim und Miltenberg gelegen) hingewiesen. Hier hat zweifellos der evangelisch gewordene Christoph von Riedern, der in Wittenberg studiert hatte (s.o. S. 20, Tabelle 4), reformiert. Das geht auch daraus hervor, daß bei der Mainzer Visitation 1549 neben dem Königheimer Pfarrer Johann Hallis der Pfarrer von Riedern als "aus dem Luthertum zurückgekehrt" gekennzeichnet wird. Dies muß wohl Johann Stolz gewesen sein, der von 1541-1543 Pfarrer in dem Wertheim-Breubergischen Vielbrunn war, danach in Riedern. Als er sich am 19.9.1551 zum Subdiaconus und am 24.9.1552 zum Priester weihen ließ, war er Pfarrer in Hettigenbeuern, sicher als Interimist; ebenso 1566 in Erlenbach bei Miltenberg. 1571 war er jedoch wieder evangelischer Pfarrer in Kirchbrombach. (121)

3.3. Die Herrschaft Grünsfeld der Landgrafen von Leuchtenberg

Neben dem Amtsort Grünsfeld gehörten in der Reformationszeit zu der gleichnamigen Herrschaft im Besitz der Landgrafen von Leuchtenberg die Pfarrorte Dittigheim, Gerchsheim, Ilmspan, Impfingen, Krensheim, Unterwittighausen, Vilchband, Werbach und Zimmern. Aus älteren Rechten rührten die Patronate der Pfarreien Altheim, Königshofen,

---

119) KB Königheim; PfB KrO 517 u. 1733.
120) Gegen Neumaier S.99 u. 101.
121) PfB KrO 3525 u. 3526; Die Grafen von Wertheim und die Reformation der Herrschaft Breuberg, S.28 u. 35.

Poppenhausen und Unterbalbach her (122). Die Quellen für die Vorgänge in der Reformationszeit sind sehr spärlich. Soviel läßt sich jedoch feststellen: Ebenso wie in der eigentlichen Landgrafschaft Leuchtenberg in der Oberpfalz entwickelte sich die evangelische Bewegung zwischen 1530 und 1550 zu einer Art konservativer Reformation. Obwohl nie offiziell eingeführt, war sie so durchgreifend, daß um 1550 und bis in die Jahre 1570-1580 nahezu die gesamte Bevölkerung evangelisch war. Landgraf Georg III. hatte 1528 Barbara von Brandenburg-Ansbach, die Schwester des Markgrafen Georg, geheiratet. So darf bei der Religionspolitik des Landgrafen und seiner Berater Ansbachischer Einfluß vermutet werden. Wenn auch einzelne Maßnahmen nicht nachgewiesen werden können, so wird dies doch an drei Punkten deutlich: 1. Landgraf Georg verweigerte ebenso wie seine längst evangelischen Verwandten, die Grafen von Wertheim und von Rieneck (123), die Durchführung der Mainzer Visitation 1549 in den Gemeinden seiner Herrschaft. 2. 1559 waren in Grünsfeld der Schultheiß Wolf Göbel (124), der Bürgermeister Matthias Flurer und der Stadtschreiber Philipp Unger evangelisch. 3. Folgende Studenten aus Stadt oder Herrschaft Grünsfeld haben an evangelischen Universitäten studiert:

Name:	Universität:	Immatrikulation:
Nartin Klein	Heidelberg	12.9.1522
Simon Starck	Heidelberg	26.4.1524
	Wittenberg	4.6.1525
Wolfgang Göbel (s.o.)	Heidelberg	10.6.1537
Konrad Kleinmann	Heidelberg	16.8.1537
Johannes Clauser	Heidelberg	27.11.1537
Johannes Coci (Koch)	Heidelberg	31.3.1539
Valentin Fabri	Heidelberg	25.8.1541

---

122) I.Wagner, Geschichte der Landgrafen von Leuchtenberg IV. T., Kallmünz 1953; V. T., Kallmünz 1956; Stadtarchiv Grünsfeld; s. auch o. S.21 Anm.32.

123) Graf Philipp von Rieneck hatte die Herrschaft Grünsfeld seiner Tochter Dorothea übergeben, die seit 1467 mit dem Landgrafen Friedrich V. von Leuchtenberg und nach dessen Tod seit 1489 mit Graf Asmus von Wertheim verheiratet war. Georg III. von Leuchtenberg war ihr Enkel.

124) Wolf Göbel hatte in Heidelberg studiert. Sein gleichnamiger Sohn, 1570 Student in Jena, war 1578-1579 Präzeptor in Mosbach und anschließend Pfarrer in der Superintendentur Germersheim (Ort bis jetzt nicht bekannt).

Johannes Heinricus	Wittenberg	18.4.1545
Johannes Leikauf	Tübingen	24.4.1554
Thomas Flurer	Wittenberg	18.9.1554
Andreas Felsheim	Jena	1555
	Wittenberg	3.3.1558
	Heidelberg	12.5.1559
Georg Flurer	Jena	1557
Johannes Adam	Heidelberg	7.9.1563
Wolfgang Göbel	Jena	1570
Johannes Lösch	Jena	1572
	Leipzig	SS 1579

(Tabelle 7)

Einige von ihnen sind später evangelische Pfarrer (Heinricus, Leikauf, beide Flurer und Göbel).

Ob schon der Grünsfelder Caspar Engel, der 1515 in Erfurt studiert hatte und 1521 Kaplan in seiner Heimatstadt wurde (er ist noch 1530 da), reformatorische Gedanken verbreitete, ist nicht klar. Sicher tat dies der 1531 erwähnte Kaplan Simon Starck, der am 15.3.1522 in Würzburg die niedere Weihe erhalten hatte, danach in Heidelberg und Wittenberg studierte, aber auf weitere Weihen verzichtete. Der Pfarrer (Inhaber der Pastoria) Georg Leuchtenberger, ein natürlicher Sohn Landgraf Johanns IV. und Halbbruder des regierenden Landgrafen Georg III., setzte dem offensichtlich keinen Widerstand entgegen. Er war zuerst Pfarrer in Windisch-Eschenbach gewesen und 1526 von seinem Vater nach Grünsfeld berufen worden. Zusammen mit Simon Starck werden als weitere Kapläne genannt: Hans Weidner, Conrad Engelhardt und Stephan Hack. Über sie ist nichts weiteres bekannt, außer daß letzterer 1547 die Pfarrei erhielt. Johann Mumbrecht aus Grünsfeld empfing am 3.7.1531 die niedere Weihe in Würzburg, wo es bezeichnenderweise in der Weihematrikel heißt: "ordinatus". Er wurde dann ebenfalls in seiner Heimatstadt Kaplan (dort findet sich auch die Lesart "Gumbrech"). Auch für die folgenden Kapläne - neben der Pfarrei bestanden fünf Altarbenefizien in der Pfarrkirche und eine im landgräflichen Schloß - können keine genauen Amtszeiten festgestellt werden: 1533 wird Caspar Rugh erwähnt, 1535 Johann Weydmann (wohl Johann Widmann, der am 18.2.1524 in Würzburg die niedere Weihe erhalten hatte), 1545 (noch 1557) Martin Busch, 1546 Herr Balthasar und 1547 Herr Hans, und schließlich 1557 Herr Bernhard (alle ohne Nachnamen genannt). Letzterer ist vielleicht mit dem oben (S. 41) erwähnten Bernhard bzw. Leonhard Fabri identisch, der vielleicht von Pülfringen nach Grünsfeld kam. Bei dem Herrn Hans handelt es sich möglicherweise um denselben, der 1533 als Pfarrer in Krensheim "ein her verlauffener Münch" genannt wird. Dies legt die Vermutung nahe, daß damit Johannes Leikauf (der ältere) gemeint ist. Dieser stammte aus Herrnbergtheim und hatte seit 1503 in Erfurt und dann ab 4.5.1509 in Ingolstadt studiert. Er war Augustinermönch in Würzburg und wurde als solcher am 20.9.1522 zum Priester geweiht. 1550 war er Pfarrer in Dittigheim, wohl zugleich als Inhaber einer Grünsfelder Kaplanei, denn in diesem Jahr bewirbt er sich von Dittigheim aus - vergeblich - um die Prädikatur in Ochsenfurt. Da Dittigheim ebenso wie Grünsfeld, Krensheim und Werbach zum mainzischen Landkapitel Taubergau und zum Tauberbischofsheimer Send gehörte, hatte Leikauf natürlich auch mit den dortigen Geistlichen zu tun. So wurde er 1554 für die Prädikatur in Tauberbischofsheim vorgeschlagen und dabei von dem Amtmann Sebastian Rüdt von Collenberg unterstützt. H. Ehrensberger (125) gibt Auszüge aus dem diesbezüglichen Briefwechsel zwischen Erzbischof Sebastian von Heusenstamm in Mainz und dem Amtmann: Durch den Kommissar Peter Wanck sei berichtet worden, Johann Leikauf und die anderen Altaristen zu Bischofsheim haben in die Ehe gegriffen. Leikauf könne deshalb nicht präsentiert werden. Der Amtmann antwortet u.a.: Leikauf sei vor wenig Jahren vom Kommissar zur Vorbereitung des Sends gebraucht worden, worauf ihm Aussicht auf die Pfründe gemacht worden sei. Das Einkommen habe er aber nie bezogen und auch keine kirchliche Ministration getan. "Daß aber gemellter Leykauff ein priester geschlagen, uff beschehene Citation ungehorsamlich außenblieben, hab ich nie khein Wissens daruon gehabt. So ist mir auch unwissent, daß er ein Religios oder aber offentlich zu der ehe gegrieffen oder nit, dan er eine bey ime hatt, mit welcher er Kinder erzeugt, ob aber solches ehelicher oder unehelicher weis gescheh, ist mir verporgen. Dan andere priester mehr im Mainzer pistumbs, daß der Dechant zue werbach, so ein Re-

---

125) H.Ehrensberger, Zur Geschichte der Beneficien in Tauberbischofsheim, in: FDA 23, S.121 f. Neumaier S.97 greift hier einmal über sein Untersuchungsgebiet hinaus und zitiert das von Ehrensberger gegebene Beispiel, beschränkt sich aber auf das Motiv der Priesterehe bei Leikauf, während es bei Ehrensberger eigentlich um die Berufung auf die Prädikatur Tauberbischofsheim geht.

ligios unnd ein Religiosin bey ime hatt, mit deren er Kindter erzeugtt. Daß mir in dießem fhall solche heimlichkeitt, wie sie es darmitt gemaynen, unentdeckt ist, darpey ichs also berueh und pleiben laß." (126) Der Amtmann, der sich in seinem Schreiben so unwissend stellt, wußte natürlich genau, was sowohl in Tauberbischofsheim wie in der benachbarten Grünsfelder Herrschaft vor sich ging. Paulus Jörg, der Pfarrer von Tauberbischofsheim 1553-1555, hatte vermutlich selbst seinen Kaplan Balthasar Geiger (127) getraut. Beide mußten die Stadt und ihr Amt 1555 verlassen. Grünsfeld war inzwischen fast ganz evangelisch. Auch der Mainzer Kommissar muß davon etwas gemerkt haben. Daher steckt hinter der Ablehnung Leikaufs durch Mainz und seiner Unstützung durch den Amtmann doch mehr als nur die Frage der Priesterehe (128). Der Amtmann Sebastian Rüdt von Collenberg, der die alte Kirche bis zu seinem Tod nicht verlassen hat, stand dennoch den Reformationsbestrebungen mit Sympathie gegenüber, sonst wäre er in seinem Einflußbereich anders vorgegangen. Während Balthasar Geiger nach seiner Entlassung in die Grafschaft Hohenlohe ging - er wurde Diaconus in Öhringen (129) -, wandte sich Johann Leikauf in die Grafschaft Wertheim. 1558 wurde er Pfarrer in Marktheidenfeld, wo er 1570 in hohem Alter starb. Sein Sohn, der jüngere Johann Leikauf, wurde 1555 Schulmeister an der Lateinschule in Mergentheim und folgte 1559 seinem Vater in die Grafschaft Wertheim. Von 1559-1601 war er Pfarrer in Freudenberg (130).

In Grünsfeld war inzwischen 1554 Stefan Spitzig Pfarrer geworden. Er stammte aus dem benachbarten Königheim. Als Amorbacher Benediktinermönch hatte er 1536-1539 in Würzburg die Weihen empfangen (Priesterweihe 22.3.1539) und war seit 1547 Altarist der Engelmesse in Grünsfeld gewesen. Auch er war verheiratet und hatte mehrere Kinder,

---

126) H.Ehrensberger, a.a.O. S.172 f.
127) Nach dem Schreiben des Amtmanns hat die Einsegnung aber in einer anderen Herrschaft stattgefunden.
128) Anders Neumaier, der die Vorgänge nicht ganz richtig interpretiert. Außerdem gibt er S.97 Anm.55 nicht die Daten des gemeinten Leikauf, sondern die seines gleichnamigen Sohnes an, s. PfB KrO 2105/2106.
129) PfB WFr 689; PfB KrO 967.
130) Wie Anm.128.

die später wieder in Königheim wohnen (131). Zweifellos hat er evangelisch amtiert, sich aber bei Einsetzen der Rekatholisierung unter Landgraf Georg Ludwig seit 1570 wieder akkommodiert. Er ist am 27.6.1586 als Katholik in Grünsfeld gestorben. Ähnlich hat sich Nikolaus Ulinus, der im März 1568 auf die Prädikatur Grünsfeld berufen wurde - zuvor war er Pfarrer in Ilmspan -, zur Rückkehr zum vollen Katholizismus bewegen lassen. Im Jahr 1589 ging er als Pfarrer nach Königheim (s.o.S.46) und war zuletzt Pfarrer in Messelhausen 1598-1606 (132). Als letzter Kaplan der evangelischen Zeit in Grünsfeld ist Heinrich Schütz aus Lauda zu nennen. Er hatte 1539 in Heidelberg studiert und 1541 in Würzburg die niederen Weihen empfangen. Danach war er jahrelang Pfarrer in Vilchband, war verheiratet und hatte mehrere Kinder. Der Collator der Leuchtenbergischen Pfarrei Vilchband, der Abt von St. Stephan in Würzburg, kündigte ihm deswegen 1562 die Pfarrei auf. Landgraf Ludwig Heinrich (1555-1567), der selbst evangelisch war, aber eine katholische Frau hatte (133), will ihn belassen, "da er sonst ein guter katholischer Priester" sei (134). 1569 ist er als Grünsfelder Kaplan erwähnt. Sein Sohn Johann ist 1580 Frühmesser in Mulfingen, empfing aber erst 1586 die niederen Weihen.

Für die Orte der Herrschaft sind die Überlieferungen noch spärlicher. So ist der Nachfolger Johann Leikaufs in Dittigheim nicht bekannt, auch nicht die Pfarrer von Gerchsheim. Krensheim wurde schon oben erwähnt. Dorthin kam 1558 Georg Holzhauser, der zuvor Frühmesser in Luhe im Oberpfälzer Leuchtenbergischen Gebiet gewesen war. Möglicherweise sind noch andere Pfarrer von dort in die Herrschaft Grünsfeld versetzt worden. Von 1574-1594 war in Krensheim Georg Kapler aus Bronnbach, (Diaconatsweihe 6.3.1574). Auch er war verheiratet und hatte mehrere Kinder. Doch war er bereits wieder gut katholisch. 1594 wechselte er nach Riedern, das nach dem Aussterben der Ortsherren an Mainz zurückfiel und sofort rekatholisiert wurde (135).

---

131) PfB KrO 3428; KB Königheim, das 1577 beginnt.
132) S.o. S.46 Anm.118.
133) Mechtild von Mark und Arensberg.
134) I.Wagner, a.a.O. IV, S.270; PfB KrO 3255.
135) G.Holzhauser: PfB KrO 1506; I.Wagner, a.a.O. IV, S.280. Zur Pfarrei Luhe: F.Lippert, a.a.O. S.171 u. 177 f.; G.Kapler: PfB KrO 1669; KB Königheim

Auch Werbach wurde bereits genannt. Dort wechselte die Collatur zwischen den Landgrafen und dem Erzbischof von Mainz. Nachfolger Bernhard Fabris war dort Georg (oder Gregor) Hermann. Dieser war der verheiratete Dechant des Landkapitels Taubergau, den der Amtmann Sebastian Rüdt in seinem Schreiben an den Erzbischof ohne Namensangabe erwähnt. Als er 1554 (also im Jahr jenes Briefwechsels) starb, wurde Johann Andreas Mosbach von Lindenfels sein Nachfolger. Dieser war aber nur zwei Jahre da. 1561 ist er Domdekan in Mainz, residiert aber nicht und ist der Ketzerei verdächtig (136). 1556 erhielt Jakob Miltenberger die Pfarrei. 1580, nach der Rekatholisierung, die er angenommen hat, wurde er probeweise für ein Jahr auf die mainzische Pfarrei Böttigheim befördert. Dabei wird berichtet, er kenne die Absolutionsformel nicht, besitze kein Brevier und habe nie eine letzte Ölung gespendet (137). Daher mußte er nach Werbach zurück, wurde aber dennoch zum Kapitelsdekan gewählt und blieb dies bis zu seinem Tode am 28.3.1589. Natürlich war auch er verheiratet. Sein Sohn Georg war 1570-1605 Pfarrer in Mudau, sein zweiter Sohn Johann wurde 1585 Pfarrer in Wenkheim. Von diesem ist auch die Heirat bekannt: am 16.5.1585 wurde er in Grünsfeld durch den dortigen Kaplan Joachim Schmid mit der Witwe seines Wenkheimer Vorgängers Johann Strahl getraut. Für Zimmern bei Grünsfeld wird 1556 Georg Mayerbeck aus Holnstein genannt, der wohl auch aus der Oberpfalz hierher versetzt wurde. Aus den Patronatspfarreien Altheim und Poppenhausen liegen keine Nachrichten über die evangelische Zeit vor. Königshofen wurde oben schon ausführlich besprochen. In Unterbalbach starb (wohl 1566) der Pfarrer Wolfgang Trösch, über den sonst nichts bekannt ist. Landgraf Ludwig Heinrich berief den bisherigen Pfarrer von Altenstadt bei Vohenstrauß, Erhard Dürr, der schon mehrere evangelische Pfarreien im Pfalz-Neuburgischen und Nürnbergischen Gebiet gehabt hatte. Schon 1567, nach dem Tod des Landgrafen, kehrte er aber ins Neuburgische zurück und war bis 1570 Pfarrer in Klapfenberg. Dort entlassen, wurde er 1570 als Pfälzer Exulant in Stuttgart unterstützt (138).

---

136) PfB KrO 2421; I.Wagner, a.a.O. IV, S.281; F.Herrmann, a.a.O. S.188.
137) Pfarrarchiv Tauberbischofsheim; PfB KrO 2370.
138) PfB KrO 565; Weigel-Wopper-Ammon, Neuburgisches Pfarrerbuch, Kallmünz 1967; Nr.192; G.Bossert, Die Liebestätigkeit ..., II,113.

1567 starb der evangelische Landgraf Ludwig Heinrich. Seine katholisch gesinnte Witwe Mechtild ließ ihren siebenjährigen Sohn am Hof des Herzogs Albrecht von Bayern in München erziehen, zusammen mit dem jungen Markgrafen Philipp von Baden-Baden. 1583 heiratete Georg Ludwig dessen Schwester und übernahm die Regierung in seinen Herrschaften. Damit war die Gegenreformation, die schon unter der vormundschaftlichen Regentschaft seiner Mutter begonnen hatte, besiegelt (139).

3.4. Die Rosenbergischen Herrschaften

Die Herren von Rosenberg erwarben im Spätmittelalter einige Herrschaftsgebiete oder Anteile an solchen im fränkischen Raum. Dies waren vier in sich nahezu geschlossene Gebiete, deren räumliche Zusammenfassung erstrebt wurde, aber nicht gelang.

3.4.1. Das ganerbschaftliche Gebiet unter Ansbachischem Schutz

Das erste, außerhalb Baden-Württembergs liegende Gebiet umfaßte Anteile an den vom Ritterstift St.Burkard in Würzburg herrührenden und mit diesem und den Truchsessen von Baldersheim gemeinsamen Orten Aub, Gollachostheim, Gülchsheim, Hemmersheim, Lipprichhausen, Pfahlenheim und Rodheim. Im Norden war Gnötzheim ganz rosenbergisch. Der südliche Rand ragte mit dem Dorf Waldmannshofen (gemeinsam nur mit den Truchsessen und nach deren Aussterben seit 1602 ganz rosenbergisch) nach Württembergisch Franken herein. Diese Orte standen (mit Ausnahme von Aub) unter Schutzherrschaft der Markgrafschaft Brandenburg-Ansbach, durch deren Einfluß die Reformation schon zwischen 1530 und 1540 überall (wieder mit Ausnahme von Aub) Eingang fand.

Mit Konrad Most aus Neckarsulm, der 1509 in Leipzig und ab Sommer 1510 in Wittenberg studiert hatte, beginnt vor 1528 in Lipprichhausen und 1528-1530 in Gollachostheim die Liste der evangelischen Pfarrer. Von ihm heißt es 1528, er wolle gern zur Visitation erscheinen, "wenn es

---

139) F.Lippert, a.a.O. S.139 u. 170 f.

die Gemeinde und der Fiskal von Würzburg zuließen" (140). In Gollachostheim folgte ihm für kurze Zeit Nikolaus Braun, der 1531 Kaplan in Creglingen und 1535 Pfarrer in Rinderfeld wurde, "ein frommer, gelehrter, aber armer Priester, in Creglingen schon ein älterer Mann" (141). Gollachostheim scheint danach von Lipprichhausen aus versehen worden zu sein, bis es 1556 mit Salomo Grönninger und im gleichen Jahr mit Johann Streit wieder besetzt wurde (142).

In Lipprichhausen ist vor 1546 (bis 1550) Georg Kießling, lutherisch, der auch Pfahlenheim und als Pfarrverweser Hemmersheim zu versehen hat (143). 1550 folgt ihm Johannes Holzmann aus Öllingen, der 1559 nach Sugenheim geht (144). Adam Werndt versieht die Pfarrei bis 1564 von Gülchsheim aus und kommt dann von dort ganz nach Lipprichhausen (145). 1571 folgt Balthasar Krafft, zuvor in Waldmannshofen und Ippesheim (s.u.).

In Rodheim war seit 1532 Balthasar Rücker, der am 5.4.1522 die Diaconatsweihe empfangen hatte. Er hat wohl noch als Katholik amtiert. Das geht daraus hervor, daß er 1542/43 an der Landkapitelsversammlung des Landkapitels Iphofen teilnimmt und auch der Uffenheimer Priesterbruderschaft angehört, deren letztes übriggebliebenes Mitglied er 1565 ist (146). Andererseits hatte er längst seine Haushälterin geheiratet. Ansbach und Rosenberg sahen keine Veranlassung, ihn abzulösen. Sein Sohn Kilian Rücker wurde evangelischer Pfarrer. Als der Vater nach 40 Jahren 1572 starb, wollte die Gemeinde diesen Sohn, bisher Pfarrer in Gnötzheim, als Nachfolger haben, konnte aber keine Bestätigung erreichen. Offenbar traute man seitens der Kirchenleitung dem Sohn des letzten katholisch gewesenen Pfarrers doch nicht ganz und fürchtete das Fortschleppen katholischer Traditionen, wenn er die Stelle erhielte.

---

140) G.Kuhr, Ritterschaftliches Pfarrerbuch Franken 1851.
141) PfB WFr 300; PfB KrO 361.
142) M.Simon, Ansbachisches Pfarrerbuch 963 u. 2980.
143) G.Kuhr, a.a.O., 1374.
144) G.Kuhr, a.a.O., 1227.
145) G.Kuhr, a.a.O., 3058.
146) G.Kuhr, a.a.O., 2308; L.Remling, Bruderschaften in Franken (Quellen und Forschungen zur Geschichte des Bistums und Hochstifts Würzburg Bd.XXXV), Würzburg 1986, S.149 f.

Ernannt wurde Georg Wunderer aus Rothenburg, der in Leipzig und Wittenberg studiert und schon mehrere Stellen im Gebiet seiner Heimatstadt bekleidet hatte. Als nach dem Aussterben der Truchsessen von Baldersheim 1602 deren Anteile an den genannten Gemeinden an Würzburg heimfielen, versuchte Bischof Julius Echter eine Rekatholisierung. Sie gelang nur in Rodheim, wo Georg Wunderer am 24.2.1604 entlassen und ausgewiesen wurde (147).

In Gnötzheim, das ebenfalls seit spätestens 1540 evangelisch war, ist der erste evangelische Pfarrer nicht bekannt. 1562-1573 war der schon erwähnte Kilian Rücker dort. Er kam, nachdem er die Nachfolge seines Vaters in Rodheim nicht antreten konnte, 1573 nach Mönchsondheim. Nach Gnötzheim kam Daniel Jäger. Er war seit 1565 Pfarrer in Vorbachzimmern gewesen, der letzte der von den Herren von Finsterlohe eingesetzten Pfarrer (148). 1590 soll er in Gnötzheim gestorben sein. Bis 1596 ist dann eine Lücke. 1596 wird Albert Happach Pfarrer in Gnötzheim. Von ihm ist später zu reden (s.S.72).

Interessant ist die Besetzung bzw. Versehung der Pfarrei Gülchsheim (149). Letzter katholischer Pfarrer war Johann Mochel 1519 bis 1531. Ob er oder erst sein Nachfolger Friedrich Eichbüchler (1531-1548) evangelisch wurden, ist nicht deutlich. 1548 wird Sigel Ebner von Ochsenfurt genannt mit dem Zusatz "Die Pfarr war lutherisch". Ob das der Schwarzacher Benediktinermönch Sigmund Elner (oder Eldner) ist, der am 14.3.1551 die niederen Weihen und am 24.9.1552 die Subdiaconatsweihe erhielt, und danach bis zur Visitation 1556 Pfarrer in Mainhardt war? 1550-1555 ist Friedrich Fischer (oder Fleischer) da, der auch Hemmersheim versieht, ebenfalls mit dem Zusatz: lutherisch. Er war am 1.3.1539 zum Subdiaconus geweiht worden. Danach heißt es: "Herr Cunrad, ein starcker Mann, so bis 1555 Bernhard hier, das Weib ist früher verstorben - luthe-

---

147) G.Kuhr, a.a.O., 3165.
148) PfB WFr 1181; PfB KrO 1584; G.Kuhr, a.a.O., 1275.
149) Akten im Hohenlohe-Zentral-Archiv Neuenstein, Bd.94, Rosenberg-Hatzfeld´sche Herrschaften, betr. Gülchsheim und Hemmersheim. Die Pfarrerliste bei M.Simon, Ansbachisches Pfarrerbuch S.630 beginnt erst mit Konrad Kreß.

risch." Es handelt sich um Konrad Kreß (150), der Anfang 1555 nach Gollachostheim gesetzt, aber von Ansbach nicht anerkannt wurde, deshalb im Herbst weichen mußte und in Gülchsheim seine neue Stelle fand. 1558 wurde er Schloßprediger in Ingolstadt/Unterfranken und war 1559-1560 noch Pfarrer in Unteraltenbernheim. Nach ihm: "Herr NN hat die Pfarr von Enheim aus versehen - lutherisch". Es muß sich um Adam Weigand handeln, der 1551-1562 in Enheim war und dort starb (151). Der nächste ist "Herr NN einer von Hopferstadt, so hier coenam in zweyerlei Gestalt gereicht, licet catholicus". Möglicherweise war dies Sebastian Rücker, ein Bruder des o.g. Balthasar Rücker. Danach ist "Herr Georg von Spielbach, der viel Kinder gehabt" der Georg Lautenbach, der 1543 in Wallhausen und 1545-1563 in Gattenhofen war, 1563 nach Spielbach kam, dort aber im gleichen Jahr wegen "ärgerlichen Wandels und katholischer Lehre" entlassen wurde. Konrad von Rosenberg in Waldmannshofen schickte ihn nach Gülchsheim und schrieb am 26.8.1564 seinetwegen an das Kapitel des Ritterstifts St.Burkard in Würzburg: "dieweil der stift collator, das man gegenwertigen ...Georgen Lautenbach admittirn wollte". Das Kapitel antwortete, weil so lang kein Pfarrer da gewesen sei, solle Lautenbach beim Fiskal ansuchen. Wäre er qualifiziert, so würde er zugelassen werden (152). Das war offensichtlich nicht der Fall, denn nach kurzer Versehung durch einen Herrn Hanß erhielt noch 1564 Paul Müller die Pfarrei, der wohl von Ansbach dorthin gesetzt wurde. Lautenbach wird 1570 als Pfarrer von Deutenheim erwähnt. Paul Müller starb am 25.2.1588, und sofort versuchte der Bischof von Würzburg das Ritterstift zu veranlassen, die Pfarrei wieder mit einem katholischen Pfarrer zu besetzen. Ansbach kam jedoch zuvor und schickte mit Georg Fischer einen gebürtigen Ansbacher, der in Wittenberg und Leipzig studiert hatte (153), ebenso nach dessen Tod 1606 Peter Alberti aus Uffenheim, der schon

---

150) G.Kuhr, a.a.O., 354. In PfB KrO ist Kreß (Nr.1999) versehentlich weggelassen.

151) M.Simon, Ansbachisches Pfarrerbuch 3220.

152) PfB WFr 1512, wo aber die Angabe für Gülchsheim fehlt. D.M.Feineis, Das Ritterstift St.Burkard zu Würzburg unter der Regierung von Fürstbischof Julius Echter von Mespelbrunn (1573-1617), (Quellen und Forschungen zur Geschichte des Bistums und Hochstift Würzburg, Bd.XXXVI), Würzburg 1986, S.322.

153) M.Simon, Ansbachisches Pfarrerbuch 738.

nach 6 Wochen starb, und nach ihm Abraham Dinkel aus Kitzingen, beide ebenfalls Wittenberger Studenten (154).

Hemmersheim, das bis 1550 von Lipprichhausen aus, danach bis 1555 von Friedrich Fischer in Gülchsheim versehen worden war, wurde dann mit Waldmannshofen kombiniert. In den Akten heißt es: "Herr Balthasar von Waldtann, der alle Sonntag hergeritten". Waldtann ist sicher verschrieben für Waldmannshofen. Der Pfarrer von Waldtann hätte nicht jeden Sonntag hin- und herreiten können. Der genannte Balthasar ist Balthasar Krafft aus Möttingen bei Nördlingen. Er hatte in Tübingen und Wittenberg studiert und war zuerst Pfarrer in Adelhofen bei Rothenburg, danach Feldprediger in Ungarn gewesen, ehe er 1554 nach Waldmannshofen kam. Dort war er bis 1568 - seit 1564 wurde Hemmersheim jedoch wieder von Gülchsheim aus versehen. Krafft war nach kurzen Dienstzeiten in Ippesheim und Ulsenheim seit 1571 bis zu seinem Tod 1593 Pfarrer in Lipprichhausen (155).

Waldmannshofen hatte in dem Augustinermönch Friedrich Süß schon vor 1525 einen evangelisch gesinnten Pfarrer. Er nahm am Bauernkrieg teil, wurde dann Pfarrer in Markt Nordheim und schloß sich den Wiedertäufern an. 1528 wurde er deshalb vom Würzburger Bischof gefangen genommen und am 14.4.1528 in Würzburg auf dem Scheiterhaufen verbrannt (156). Die nachfolgenden Pfarrer in Waldmannshofen bis zu Balthasar Krafft sind nicht bekannt. Nach diesem wurde 1568 Oswald Suffan berufen, ehemaliger Benediktinermönch im Kloster Schwarzach, der zwischen seiner Subdiaconatsweihe am 21.3.1556 und der Diaconatsweihe am 18.9.1557 ein Studium in Jena absolviert hatte. Seine Witwe Walpurgis geb. Düll - er starb Anfang 1576 - heiratete seinen Nachfolger Egidius Rueger, der in Leipzig studiert hatte und bis zu seinem Tod 1610 in Waldmannshofen blieb (157).

---

154) Alberti: G.Kuhr, a.a.O., 13; Dinkel: M.Simon, a.a.O., 476.
155) PfB WFr 1411; PfB KrO 1949.
165) PfB WFr 2670; PfB KrO 3576.
157) Suffan: PfB WFr 2672; PfB KrO 3580; Rueger: PfB WFr 2182; PfB KrO 2929.

In diesem von Ansbach als Schutzherrn beanspruchten und beeinflußten Gebiet war demnach längst vor dem Interim die Reformation durchgeführt worden. Neben den Truchsessen von Baldersheim war also auch die dortige Linie der Herren von Rosenberg evangelisch geworden. Das blieb auch nicht ohne Wirkung auf die Rosenbergischen Vettern in Niederstetten und Boxberg-Schüpf.

3.4.2. Die Herrschaft Haldenbergstetten (Niederstetten)

So ist sicher, daß der Besitzer dieser Herrschaft, Zeisolph von Rosenberg, der als Crailsheimischer Amtmann 1543 starb, ebenfalls evangelisch war. Sein gleichnamiger Sohn führte die Reformation hier auch offiziell ein. Der Einfluß der benachbarten Markgrafschaft Brandenburg-Ansbach war vor allem in Rinderfeld deutlich, wo Ansbach die Kirchenhoheit und die Collatur besaß. Dort ist mit Bernhard Müller schon 1528 der erste evangelische Pfarrer nachweisbar (158). Ihm folgten die oben genannten Nikolaus Braun 1535 (159), Philipp Ruppert 1538 (160), Veit Rott 1550 (161) und Konrad Stang 1554 (162).

Die Herrschaft Haldenbergstetten grenzte jedoch nicht nur an das ansbachische Gebiet, sondern auch an die Reichsstadt Rothenburg und die Grafschaft Hohenlohe-Weikersheim. Beim Regenten der letzteren, dem Grafen Wolfgang, ist seit 1535/1540 evangelische Gesinnung spürbar, die sich auch bei der Besetzung erledigter Pfarrstellen auswirkte (163). Rothenburg führte die Reformation 1544 durch Ratsbeschluß amtlich ein, nachdem auch hier eine evangelische Bewegung bereits vorausgegangen war (164). So kann man eine zeitliche Parallelität in den Reformationsbestrebungen der drei benachbarten Gebiete feststellen. Außerdem waren die beiden Pfarreien Laudenbach und Vorbachzimmern,

---

158) PfB WfR 1790; PfB KrO 2439.
159) S.o. S.55 Anm.141.
160) S.o. S.11 Anm.10.
161) PfB WFr 2160; PfB KrO 2905.
162) PfB WFr 2576; PfB KrO 3456; Neumaier S.104.
163) Zuletzt G.Franz, Die Reformation im Tauberland, in: BWKG 1988,91 f.
164) P.Schattenmann, Die Einführung der Reformation in der ehemaligen Reichsstadt Rothenburg ob der Tauber (Einzelarbeiten aus der Kirchengeschichte Bayerns VII.Bd.), München 1928; W.Dannheimer, Verzeichnis der im Gebiete der freien Reichsstadt Rothenburg o.T. von 1544 bis 1803 wirkenden ev.-luth. Geistlichen (Einzelarbeiten aus

die ganz bzw. teilweise im Besitz der Herren von Finsterlohe waren, bereits vor 1530 evangelisch geworden. Auch wenn die Besetzung der rosenbergischen Pfarreien zwischen 1530 und 1550 noch nicht vollständig geklärt ist, war doch die Reformation schon vor dem Interim im Gang.

In Neubronn wird 1537 Leonhard Wagner erwähnt. Er stammte aus Feuchtwangen, hatte 1510 in Ingolstadt studiert und 1522 in Freystadt seine Primiz gefeiert. Ob er schon evangelisch amtierte und wie lange er in Neubronn war, konnte noch nicht festgestellt werden. Erst 1571 ist der nächste Pfarrer bekannt. In Niederstetten, dem Mittelpunkt der Herrschaft, wurde 1551, also noch in der Interimszeit, mit Georg Grünewald der erste bekannte Pfarrer eingesetzt. Ob er der ist, der am 19.11.1557 in Würzburg tonsuriert wird? Der mit Hohenlohe gemeinsame Ort Münster hatte 1521-1526 in Michael Beck schon einen evangelisch gesinnten Priester gehabt. 1541 wurde Veit Kestner aus Weikersheim eingesetzt. Er hatte 1514 in Erfurt studiert und war Inhaber der St.Georgs-Vikarie in Weikersheim gewesen, ehe er 1533 Schulmeister und 1534 Oberkaplan in Creglingen wurde. Sein Neffe Johann Kestner, im Sommer 1544 in Leipzig immatrikuliert, wurde 1548 Pfarrer in Wermutshausen und wechselte 1558 in das hohenlohische Hohebach (165).

Die schrittweise Reformation in der Herrschaft Haldenbergstetten war also spätestens in den Jahren des Interims abgeschlossen und hatte als Ergebnis ein zwar kleines, aber geschlossenes evangelisches Kirchengebiet, umschlossen und gestützt durch die mächtigeren Nachbarn Ansbach, Rothenburg und Hohenlohe. Es war insofern nur logisch, daß nach dem Aussterben der rosenbergischen Familie (1632) und der Übernahme ihrer Herrschaften durch die Grafen von Hatzfeld auch der Dekanatssitz für die evangelisch gebliebenen Pfarreien in Niederstetten etabliert wurde.

---

     der Kirchengeschichte Bayerns XXVII.Bd.), Nürnberg 1952, S.5.

165) Grünewald: PfB WFr 812; PfB KrO 1124; Veit Kestner: PfB WFr 1292; PfB KrO 1756; K.Rieder, a.a.O. S.160; Johann Kestner: PfB WFr 1290; PfB KrO 1755; Michael Beck: PfB WFr 155; PfB KrO 187; K. Rieder, a.a.O. S.158.

3.4.3. Die Herrschaften Boxberg und Schüpf

Infolge der verwickelten Besitzverhältnisse gestaltete sich die Durchführung der Reformation in den Herrschaften Boxberg und Schüpf wesentlich schwieriger. Stadt und Amt Boxberg waren erst 1546 an Albrecht von Rosenberg zurückgegeben worden. Nach längeren Verhandlungen mußte er 1561 diesen Teil seines Besitzes wieder an die Kurpfalz abtreten. In die Zwischenzeit fällt die Einführung der Reformation. C.W.F.L.Stocker, H.Ehrensberger, K.Hofmann und O.Friedlein nahmen als Zeitpunkt dafür das Jahr 1558 an. Neumaier übernahm diese Datierung aus anderen Gründen. Dies kann jedoch nur dann gelten, wenn man die Durchführung der Reformation aus der Berufung Konrad Hochmuths als "eines geeigneten Beraters" durch Albrecht von Rosenberg folgert (166). Es läßt sich zeigen, daß das erst ein zweiter Schritt war. Erste reformatorische Maßnahmen sind 1552 erfolgt, als Georg Kraft, Pfarrer in Kupprichhausen, sich als evangelisch erklärte, und der gebürtige Boxberger Helias Dörzbach als Pfarrer in Uiffingen eingesetzt wurde. Kraft war Mönch in Bronnbach gewesen und schon seit 1549 als Kaplan angestellt (167). Dörzbach hatte seit 1550 in Leipzig studiert und am 17.9.1552 in Würzburg die niedere Weihe empfangen. Schon 1555 starb er, worauf Kraft nach Uiffingen wechselte. Er kehrte aber 1562 nach Kupprichhausen zurück, wo er bis zu seinem Tod 1591 blieb. In Kupprichhausen war zwischen den beiden Amtszeiten von Kraft der Lutheraner Paul Wacker, der 1562 nach Bobstadt ging und 1572 nach Oberbalbach wechselte. Zuletzt war er 1592 bis wohl 1611 in Neunkirchen bei Mergentheim (168). Ebenfalls 1552 hatte Graf Ludwig Casimir von Hohenlohe in Unterschüpf den ehemaligen Ebracher Zisterziensermönch Bernhard Schwab eingesetzt (169), der 1556 nach Neunkirchen bei Mergentheim ging, wo Sebastian Geyer von Giebelstadt eine Hälfte des Dorfes und das Patronat 1550 von den Sützel erworben hatte und reformierte. Auch in Wölchingen und Schweigern war die Reformation bereits auf dem Wege. In Wölchingen amtierte der alte Pfarrer Melchior Metzler, der am 5.4.1522 zum Priester ge-

---

166) Neumaier S.103.
167) PfB KrO 1951; Neumaier S.105 f.; Dörzbach: PfB KrO 531.
168) PfB WFr 2773; PfB KrO 3675; Neumaier S.106.
169) PfB WFr 2434; PfB KrO 3279; Neumaier S.107 Anm.48.

weiht worden war. 1557 wurde er entlassen oder zur Ruhe gesetzt. 1562 veranlaßt seine Witwe zusammen mit ihren Kindern einen Erbvertrag (170). Er war also verheiratet, ebenso wie der Schweigerner Pfarrer Wolfgang Sprenger (s. u.S.44). Im Februar 1557 kam Konrad Stang, zuvor in Rinderfeld (s.o.S..59), nach Wölchingen. Hier hat Albrecht von Rosenberg also einen Pfarrer aus dem Gebiet seines Vetters Zeisolf von Rosenberg erbeten und erhalten. Er hat ihn dann bei der Übergabe der Herrschaft Boxberg an die Kurpfalz 1561 auch in die ihm verbleibende Herrschaft Schüpf mitgenommen und nach Uiffingen gesetzt (Februar 1562), während Georg Kraft von dort wieder nach Kupprichhausen zurückversetzt wurde. Stang wurde 1572 Konrad Hochmuths Nachfolger in Unterschüpf, wo er 1589 starb.

Wolfgang Sprenger war seit 1517 Pfarrer in Schweigern. Um 1530 muß er geheiratet haben, denn sein Sohn Johannes wurde am 18.4.1548 in Heidelberg immatrikuliert. Nun ist seine Heirat sicher kein Beweis evangelischer Konfession. Eher ist seine Hinneigung zur Reformation aus der Tatsache zu ersehen, daß er 1517 bis 1529 regelmäßig bei den Testamentsvollstreckern der Priester des Landkapitels Mergentheim genannt wird, seit 1530 jedoch nicht mehr (171). Derselbe Befund ist bei dem späteren Wertheimer Superintendenten Peter Knobloch, dem Pfarrer von Lauda, Lorenz Kuchenbrot, und dem Pfitzinger Pfarrer Ewald Reuß festzustellen, die alle evangelisch wurden. Tobias Springer, der spätere Wachbacher Pfarrer, ist wohl auch ein Sohn des Wolfgang Sprenger gewesen. Im Dezember 1566 heiratet in Schweigern Engel, "des alt pfarrherrn Tochter"; ihre Mutter lebt noch (172). Diese Nachrichten sprechen jedenfalls dafür, daß Wolfgang Sprenger in seiner späteren Zeit evangelisch war. Auch das Schreiben, in dem Albrecht von Rosenberg am 10.10.1561 den Grafen Ludwig Casimir von Hohenlohe um die Verleihung des Patronats über die Pfarrei und die Frühmesse in Schweigern bittet und zugleich die "späne und irrungen" wegen einiger Güter in

---

170) GLA Karlsruhe 229/3, Boxberger Stadtbuch; Neumaier S.104.

171) Neumaier S.107; K.Rieder, a.a.O. S.159-162.

172) KB Schweigern. Neumaier ist auch bei der Einsichtnahme in Kirchenbücher recht willkürlich verfahren. Er hat die in Schweigern, beginnend 1568, in Uiffingen, beginnend 1578, in Königheim, beginnend 1577, und in Tauberbischofsheim, beginnend 1579, nicht eingesehen; nicht einmal die in Buchen, beginnend 1598, und Walldürn, beginnend 1586 (S.20 u. 348).

Epplingen erwähnt, besagt nicht, daß Wolfgang Sprenger katholischer Pfarrer und als solcher noch am Leben sei. Frau und Kinder lebten noch in Schweigern; Sprenger selbst dürfte 1553, spätestens 1556 gestorben sein. Ludwig Casimir setzte in diesen Jahren den sicher evangelischen Paul Staudacher als Pfarrer nach Schweigern (173). Er war der Sohn des Sigismund Staudacher, Pfarrer in Zahna bei Wittenberg, der 1544 auf Empfehlung Melanchthons zum Prediger an St.Jakob in Rothenburg berufen worden war. In Wittenberg war Paul Staudacher am 8.8.1548 immatrikuliert worden. Er (nicht Sprenger) ist der Pfarrer, der 1562 entlassen wurde (174). Ebenso war der zugleich mit ihm entlassene Frühmesser Johann Bulmann (Bölmann, Pullmann) lutherisch. Dieser stammte aus Schleiz, war am 13.4.1555 in Würzburg zum Subdiakon geweiht und vom Abt von Amorbach als Pfarrer in Buch am Ahorn eingesetzt worden. 1557 wurde er entlassen, als Albrecht von Rosenberg das Patronat von Buch am Ahorn gegen das von Assamstadt eintauschte und den dortigen Pfarrer nach Buch setzte. Nun aber wurde Bulmann evangelisch: am 30.9.1560 ließ er sich in Wittenberg immatrikulieren. Graf Ludwig Casimir setzte ihn 1561 auf die Frühmeßkaplanei in Schweigern. Später war er Pfarrer in der Oberpfalz (1596 in Thannstein erwähnt 175).

Der 1560 in Bobstadt gennante Bartholomäus ist wohl der Johann Bartholomäus aus Gunzenhausen, der 1552 in Ingolstadt studiert hatte und 1553-1558 Pfarrer in Oberdachstetten, 1558-1559 kurze Zeit in Walxheim (bei Öttingen) war. Er wird also 1559 nach Bobstadt gekommen sein und wurde 1562 durch den bisherigen Kupprichhauser Pfarrer Paul Wacker ersetzt (176).

Boxberg selbst hatte nur eine zu Wölchingen gehörende Frühmeßkaplanei. Albrecht von Rosenberg erhob sie zur Pfarrei, als er 1559 den Rothenburger Pfarrer Konrad

---

173) PfB WFr 2581.

174) Neumaier S.107 meint, Albrecht von Rosenberg habe die beiden noch katholischen Priester entlassen und durch den Lutheraner (!) Peter Schultheiß (Scholz) ersetzt. Dies ist eine irrige Interpretation, s. im folgenden Exkurs S.65 f.

175) PfB KrO, Nachträge S.977 Nr.419 a; Weigel-Wopper-Ammon, Ambergisches Pfarrerbuch 759.

176) In Walxheim wurde er wegen eines Streites der beiden Öttingischen Patronatslinien entlassen; PfB WFr 100 (die Bobstadter Stelle da nicht genannt).

Hochmut dahin berief (177). Dieser tauschte 1561 die Stelle mit Johann Kellermann, dem bisherigen Pfarrer von Unterschüpf. Dies geschah im Zusammenhang mit der Übergabe der Boxberger Herrschaft an die Kurpfalz. Hochmuth starb am 11.9.1571 in Wölchingen bei einem Besuch dort als Pfarrer von Unterschüpf (178). Er hat, auch wenn es das Amt offiziell noch nicht gab, die Funktion eines Superintendenten in der Herrschaft Albrechts von Rosenberg ausgeübt.

Exkurs:

Die konfessionellen Folgen der Übergabe
der Herrschaft Boxberg an die Kurpfalz

Albrecht von Rosenberg hat sich noch nach der Einigung mit Kurpfalz am 24.7.1561, die die Übergabe der Herrschaft Boxberg beinhaltete, das Patronatsrecht in Schweigern von Hohenlohe zusichern lassen. Dabei mußte ihm klar sein, daß Kurfürst Friedrich III. in den kurpfälzischen Gebieten bereits auf dem Weg zur Einführung des Calvinismus war. Durch die Anlehnung an Hohenlohe und über die Patronatsrechte versuchte Albrecht von Rosenberg in den jetzt pfälzisch gewordenen Orten dieser Calvinisierung entgegenzusteuern. Das gelang ihm jedoch nur teilweise, und selbst dort, wo er sich zunächst durchsetzte, auch nur vorläufig. In der lutherischen Zwischenzeit der Kurpfalz unter Kurfürst Ludwig VI. 1576 bis 1583 konnten zwar noch einmal lutherische Pfarrer eingesetzt werden. Danach aber setzte sich die reformierte Konfession wie in den anderen Gebieten der Pfalz überall durch (179).

Bei der Überführung zum Calvinismus werden drei Schritte sichtbar, die sich an den Pfarrbesetzungen in den einzelnen Gemeinden deutlich zeigen lassen. Der erste Schritt geschah in den beiden Orten Wölchingen und Schweigern. Nachdem Konrad Stang 1561 nach Uiffingen in der Schüpfer

---

177) PfB WFr 1036; PfB KrO 1424; Neumaier S.103 f.
178) Neumaier S.107; zu seiner Anm.49: Stockers Quelle für das Todesdatum Hochmuths ist das KB Boxberg-Wölchingen, das 1568 beginnt und das Neumaier offensichtlich ebenfalls nicht eingesehen hat.
179) Die Darstellung Neumaiers S.196 f. ist teilweise irrig.

Herrschaft gegangen war, setzte Kurpfalz mit Joachim Agricola sofort einen Calvinisten nach Wölchingen. Er stammte aus Schaffhausen und hatte in Tübingen studiert (immatrikuliert 14.6.1537). 1552-1555 war er Pfarrer in Nellingen auf den Fildern, 1555-1558 in Ditzingen. Dort wurde er im Mai 1558 "wegen Zwinglianismus" entlassen. Er fand Aufnahme in der pfälzischen Kirche und war 1558-1561 Pfarrer im Stift Neuburg bei Heidelberg (180). Als solcher ließ er sich am 15.12.1558 in Heidelberg immatrikulieren ("pater seu concionator in cenobio monalium Newburgensium"). Bis 1572 amtierte er in Wölchingen, dann kam er nach Freimersheim bei Alzey (181). Sein Nachfolger ab November 1572 war Johann Kindianus, der dann 1577 bei Einführung des Luthertums abgesetzt wurde (182). Lutheraner unter Kurfürst Ludwig V. waren Vitus Treu (183) 1577-1582 und Christoph Fierer (Führer) ab Juni 1582, der am 14.5.1586 in Wölchingen starb (184). Beide hatten auch das Amt des Superintendenten der Diözese Boxberg inne. Wie wichtig die pfälzische Regierung unter Pfalzgraf Johann Kasimir den "Außenposten" Boxberg auch in konfessioneller Hinsicht nahm, ist daraus zu ersehen, daß nun 1587 mit Josua Lagus als Pfarrer und Inspektor ein Mann nach Wölchingen gesetzt wurde, der schon 1565 Mitglied des Heidelberger reformierten Kirchenrats gewesen war (185). Er amtierte bis 1594 und lebte dann noch 3 Jahre im Ruhestand in Wölchingen. Ihm folgte 1594 Johann Urbanus, diesem 1611 Balthasar Hinzer (186).

In Schweigern mußte Albrecht von Rosenberg trotz seines eben erhaltenen Patronats die beiden Lutheraner Paul Staudacher und Johann Bulmann 1562 entlassen und Peter Scholz (Schultheiß) als Pfarrer annehmen. Dieser, gebür-

---

180) BWKG 1899,191 f.; 1905,33; Neu II, S.14.

181) G.Biundo, Pfälzisches Pfarrerbuch, kennt ihn nicht.

182) Neu II,323; KB Wölchingen.

183) PfB WFr 2712; er war vorher Pfarrer in Hollenbach. S. auch M.-A. Cramer, Herkunft und Verbleib der lutherischen Pfarrer in der Kurpfalz unter der Regierung Kurfürst Ludwigs VI. (1576-1583), in: BWKG 197, S.167.

184) A.Eckert, Die deutschen evangelischen Pfarrer der Reformationszeit in Westböhmen (Biographisches Handbuch zur böhmischen Reformationsgeschichte) II,1, S.50; KB Wölchingen; M.-A.Cramer, a.a.O. S.167.

185) G.Biundo, Pfälzisches Pfarrerbuch 3000; KB Wölchingen u. Schweigern.

186) Urbanus: Neu II,622; er war vorher Pfarrer in Mosbach und ab 1611 in Schillingstadt; Hinzer: Neu II,269; auch er war zuvor in Mosbach als 3. Diaconus gewesen. Er starb 1616.

tig aus Heilsberg in Preußen, war am 29.9.1553 in Würzburg zum Diacon geweiht worden und danach, sicher 1556, Pfarrer in Crispenhofen. Dort wurde er, wohl 1560, entlassen - ob wegen calvinistischer Anschauungen? - und studierte dann in Heidelberg, wo er Sapientist, also Student im Sapienz-Collegium war (187). Nun präsentierte ihn die pfälzische Regierung für Schweigern. Doch schon 1564 versetzte sie ihn nach Neckarelz, ließ ihn aber 1566 nach Schweigern zurückkehren. Er hat 1568 die Kirchenbücher in Schweigern begonnen (188). 1576 scheint er gestorben zu sein, denn in diesem Jahr folgt ihm Johann Ammon aus Ravensburg (189). Dieser wurde schon 1577 als Reformierter wieder abgesetzt, wohnte aber ohne Amt noch 1581 in Schweigern. Später, in der wieder reformierten Zeit, ist er, wohl 1590-1596, Pfarrer in Neckargerach, wo seine Witwe noch 1622 lebt.

Eine interessante Person, an der ebenfalls die Entwicklung in der Mitte des 16. Jahrhunderts deutlich wird, ist der Lutheraner M. Heinrich Heun (Heim), der 1577 nach Schweigern gesetzt wurde. Er stammte aus Buchen und hatte 1551 alle Weihen in Würzburg empfangen (Priesterweihe 19.9.1551). Damals war er schon Pfarrer in Hainstadt, das die Herren Rüdt von Collenberg zu 3/4 als Mainzisches Lehen besaßen. Neben ihnen waren die Herren von Berlichingen, die Herren von Wichsenstein und das Kloster Seligental begütert; das Patronat hatte der Abt von Amorbach. In Hainstadt war Heun Nachfolger des Leonhard Stolz, der nach Bödigheim wechselte (s.u. S.85 190). Etwa 1558 verließ er Hainstadt, um zu studieren (wo, ist bis jetzt nicht bekannt). 1570 wurde er Pfarrer in dem Limpurgischen Sommerhausen. 1577 folgte er dem Ruf des lutherischen Kirchenrats der Kurpfalz nach Schweigern. Dort starb er am 31.5.1582. Seine Nachfolge trat der Haller M. Johann Köberer an, der zwei Jahre Pfarrer in Geislingen/Kocher und seit 1577 in dem pfälzischen Mittelschefflenz gewesen war. Bei der Wiederherstellung des Calvinismus 1587 mußte er natürlich weichen und kehrte nach Hall zu-

---

187) PfB WFr 2415; Neumaier S.107 hält ihn für einen Lutheraner; er war in Schweigern aber bereits Calvinist.
188) Vgl. S.62 Anm.172.
189) Neu II,21; immatrikuliert Heidelberg 7.3.1565.
190) PfB KrO 1293; die Schweigerner Amtszeit ist noch nicht angegeben.

rück, wo er im folgenden Jahr als Hypodiaconus angestellt wurde. 1589 bis 1617 war er noch Pfarrer in Geifertshofen. Er starb im Dezember 1620 (191). Erastus Lauterbach aus Nassach, der 1556 in Jena studiert hatte, war 1564-1571 Pfarrer in dem pfälzischen Lengfeld bei Umstadt und 1571-1577 in Bürstadt gewesen, dort beim Konfessionswechsel entlassen worden und hatte in der Zwischenzeit eine Stelle in Wertherbruch bei Wesel gefunden. Er wurde 1587 in die Kurpfalz zurückgeholt und nach Schweigern gesetzt, wo er bis 1606 im Amt war und dann bis zu seinem am 4.8.1609 erfolgten Tod noch lebte (192).

Neben den von Kurpfalz 1562 eingesetzten reformierten Pfarrern konnte Albrecht von Rosenberg in anderen Gemeinden seine lutherischen Pfarrer zunächst noch halten. Hier nämlich hat die pfälzische Regierung erst in einem zweiten Schritt eingegriffen. Dies geschah wohl im Zusammenhang mit der Auseinandersetzung um die Verschärfung der Kirchenzucht in der Kurpfalz um 1570. So in der Amtsstadt Boxberg selbst: Johann Kellermann aus Mergentheim, der seit 1546 in Köln studiert hatte, war 1551-1552 Cantor an der Lateinschule seiner Heimatstadt, danach Vikar in Zellingen gewesen, hatte 1552/1553 in Würzburg die Weihen empfangen (Priesterweihe 18.3.1553) und war 1556 als Nachfolger Bernhard Schwabs Pfarrer in Unterschüpf geworden. 1561 tauschte er die Stelle mit Konrad Hochmuth, den Albrecht von Rosenberg in seiner Herrschaft behalten wollte, und kam so nach Boxberg. Erst 1571 wurde er als Lutheraner abgesetzt, blieb aber zunächst in Boxberg ohne Amt. Im Jahr 1577 wurde er Pfarrer in dem der Reichsstadt Heilbronn gehörenden Dorf Neckargartach. Dort hat er auch die FC unterschrieben. Doch schon 1578 kehrte er in die wieder lutherisch gewordene Kurpfalz zurück und wurde Pfarrer in Kleinumstadt. 1581 ist er dort unter den FC-Subskribenten zu finden. Danach verliert sich seine Spur. Bemerkenswert ist, daß einer seiner Söhne, Andreas (193), lutherischer, ein anderer, Paul (194), refor-

---

191) PfB WFr 1377.
192) Neu II,363; W.Diehl, Hassia Sacra III, S.339; KB Schweigern.
193) Johann Kellermann: PfB WFr 1266; PfB KrO 1721; Neumaier S.107 Anm. 48; Andreas Kellermann: PfB KrO 1720; W.Diehl, Hassia Sacra VII S. 117.
194) S. bei seinem Vater PfB KrO 1721; G.Biundo, Pfälzisches Pfarrerbuch 2597.

mierter Pfarrer wurde. Hier haben wir ein weiteres Beispiel, wie konfessionelle Trennungen - nicht nur wischen katholisch und evangelisch, sondern auch zwischen lutherisch und reformiert - familiäre Zusammengehörigkeit zerrissen haben. Nachfolger in Boxberg wurde der Calvinist Egidius Lomarus aus Vilich bei Bonn. Er soll 1577 in Boxberg gestorben sein, worauf nun der Lutheraner Wolfgang Gwaldt (195) eingesetzt wurde. Dieser war zuvor im Dienst von Ansbach und Nördlingen gestanden. Als er 1586 abgesetzt wurde, wandte er sich nach Schwäbisch Hall. Als Pfarrer von Unterlimpurg wird er 1589 erwähnt. Nach Boxberg kam mit Johann Baptist Meccard wieder ein Calvinist. Ursprünglich war er zwar Lutheraner gewesen. Nachdem er aber in Augsburg wegen des Kalenderstreits entlassen worden war, trat er zur reformierten Lehre über (196). 1594 wurde er nach Unterschefflenz und von dort 1612 nach Haag mit Schönbrunn versetzt. In Boxberg folgte ihm Jakob Ursinus, der zugleich mit dem Amt des Inspektors betraut wurde. Er stammte aus Herborn und war zuvor Pfarrer in Heidelsheim gewesen (197). Er erlebte noch die Wirren der ersten Zeit des 30-jährigen Krieges, war 1625-1631 von der bayrischen katholischen Regierung abgesetzt, konnte dann aber bis zu seinem Tod 1633 noch einmal Boxberg und Wölchingen versehen.

Der Lutheraner Paul Wacker in Bobstadt wurde 1572 abgesetzt, worauf Konrad von Rosenberg, der Erbe Albrechts, ihn nach Oberbalbach schickte. Nach Bobstadt kam der Calvinist Ludwig Bechtold aus Hilsbach. Er gehörte zu den Pfarrern, die - wohl aus Furcht, ihr Auskommen zu verlieren - auch die Konfessionswechsel ihrer Obrigkeit mitvollzogen. So wurde er zwar 1577 zunächst als Reformierter in Bobstadt entlassen, akkomodierte sich aber und unterschrieb 1581 als lutherischer Pfarrer in der Superintendentur Alzey die FC (198). Nach der Recalvinisierung

---

195) PfB WFr 824.
196) H.Wiedemann, Augsburger Pfarrerbuch, Nürnberg 1962, Nr.156; Neumaier hält auch ihn in Boxberg irrtümlich noch für lutherisch.
197) KB Boxberg-Wölchingen; Neumaier S.196 Anm.105; die dortige Angabe, er sei auch Pfarrer in Bretten gewesen, ist ein Irrtum.
198) W.Diehl, Hassia Sacra III,141 f.; Neumaier S.197 und ebd. Anm.107 mit Irrtümern: Die Bezeichnung 'Sapientist' ist kein sicherer Beweis für Calvinismus, denn das Sapienz-Collegium Heidelberg bestand auch in der lutherischen Zeit und nahm damals lutherische Studenten auf. Ferner war Bechtold (nicht Bechtolff) nicht Superintendent in Alzey; vielmehr unterschrieb er als Pfarrer in der Superintendentur Alzey (Ort unbekannt) 1581 die FC.

in der Kurpfalz akkomodierte er sich wieder: 1598 wird er als reformierter Pfarrer in Weinheim bei Alzey erwähnt. In Bobstadt folgte ihm 1577 der Lutheraner Johann Marstaller, eine ziemlich zwielichtige Gestalt (199). Er war fast 10 Jahre lang Adjunkt seines Vaters Christoph Marstaller in Braunsbach, das den Herren von Crailsheim gehörte, gewesen und hatte in dieser Zeit keine Pfarrstelle erhalten können. Infolge des Konfessionswechsels in der Pfalz, wo nun lutherische Pfarrer gesucht wurden, gelang es ihm endlich. 1587 wurde er wie die andern Lutheraner abgesetzt. Er kehrte nach Braunsbach zurück und übernahm die dortige Pfarrei anstelle seines Vaters, der sich zur Ruhe setzte. 1591 wurde er jedoch auch dort abgesetzt - er taugte offenbar nicht viel (200). Da sein Schwiegersohn Johann Greiß die Stelle bekam, konnte er in Braunsbach wohnen bleiben. 1595 sollte er Pfarrer im benachbarten Orlach werden; Streitigkeiten zwischen den Ortsherren (Reichsstadt Hall und Herren von Crailsheim) verhinderten dies jedoch. Schließlich kam Johann Marstaller 1596 nach Edelfingen, wo er wohl 1604 starb. Nach Bobstadt kam 1587 mit Johann Schwägerlin, von Weinsberg gebürtig, wieder ein Calvinist. Auch er war ursprünglich Lutheraner im württembergischen Kirchendienst gewesen, als Diaconus in Rosenfeld 1555 und Pfarrer in Brettach seit 1556. Dort wurde er 1575 wegen calvinistischer Lehre abgesetzt. Er wandte sich in das Gebiet von Pfalz-Zweibrücken, dessen Kirche zu eben dieser Zeit vom Luthertum zum Calvinismus überwechselte. So wurde er reformierter Pfarrer in Meisenheim 1576, in Sobernheim 1583, kam dann in die Kurpfalz als Pfarrer in Alzey 1585 und wurde 1586 nach Kirchheim/Rheinland versetzt. In Bobstadt blieb er bis 1605; kurze Zeit später starb er in Heidelberg (201).

Noch länger als in Boxberg und Bobstadt konnten die Herren von Rosenberg das lutherische Bekenntnis in Schillingstadt erhalten. Obwohl dieses Dorf pfälzisches Lehen war, blieb der schon 1564 erwähnte Pfarrer Franz Rucker bis in die lutherische Zwischenzeit der Pfalz dort. 1581 unterschrieb er die FC. Hier griff Kurpfalz erst in einem

---

199) PfB WFr 1676; PfB KrO 2282.

200) S.u. S.139 f.

201) A.Rosenkranz, Das evangelische Rheinland II, S.476; W.Diehl, Hassia Sacra III, S.83; BWKG 1905, S.34.

dritten Schritt ein, und zwar erst nach der Recalvinisierung unter Pfalzgraf Johann Casimir, nach 1584. Justus Timannus von Januar 1590 bis 1611 ist der erste bekannte reformierte Pfarrer in Schillingstadt. Filial von Schillingstadt war das Dorf Schwabhausen. Dort wurde erst 1618 durch Kurpfalz eine Pfarrei errichtet (202).

Eine Sonderstellung in der Herrschaft Boxberg nimmt das Dorf Angeltürn ein. Obwohl es sonst die Geschichte der Herrschaft Boxberg teilt, kam es erst 1589 endgültig unter die Landeshoheit der Kurpfalz. Die Ortsherren von Dienheim, Verwandte der Rosenberger, hatten es von diesen übernommen und konnten es zunächst von der Übergabe an die Kurpfalz ausnehmen. In dem zuvor als Filial von Wölchingen versehenen Dorf errichtete Ägidius Reinhard von Dienheim etwa 1577/78 eine Pfarrei und besetzte sie mit dem ehemaligen Schöntaler Zisterziensermönch Laurentius Nemo, der am 5.6.1574 in Würzburg zum Priester geweiht worden war. Er wechselte etwa 1583/84 als Schulmeister nach Wölchingen - er hat sich also auch akkomodiert. Abgelöst wurde er in Angeltürn durch Christoph Clabina aus Velten im Unterengadin, der 1579 in Jena studiert hatte (also als Lutheraner!). Er ist wohl durch Kurpfalz abgesetzt worden, denn bei seinem Tod am 2.11.1589 in Uiffingen wird er als "gewesener Pfarrer zu Angeltern" bezeichnet. Kurpfalz setzte spätestens im Jahr 1600 einen reformierten Pfarrer ein (Johann Ötler 1600-1603 203), wahrscheinlich aber schon vor 1589 einen andern, dessen Name unbekannt ist.

Man kann also nicht sagen, daß sich im Amt Boxberg - im Unterschied zur übrigen Kurpfalz - das Luthertum länger durchgesetzt habe. Es hielt sich zwar unterschwellig relativ lange; das wird im Auslaufen zum Abendmahl nach Unterschüpf deutlich. Aber offiziell hat die Kurpfalz in

---

202) Rucker war vielleicht auch ein Sohn des Balthasar Rücker in Rodheim (s.o. S.47); geweiht wurde er offenbar nicht mehr. Timannus (s. Neumaier S.197) wurde bereits 1590 eingesetzt. Erster Pfarrer in Schwabhausen war Matthias Klaiber aus Weingarten, zuvor Diaconus in Heidelsheim, zuletzt Inspektor in Bretten (s. G.Biundo, Pfälzisches Pfarrerbuch 785).

203) Aus Mörtelstein, s. Neu II,446.

den gleichen Schritten wie in anderen pfälzischen Ämtern und genau so rigoros den Konfessionswechsel vom Luthertum zum Calvinismus durchgesetzt (204).

Kehren wir in die Rosenbergische Herrschaft zurück, so kann zunächst festgestellt werden, daß sich durch den Wegfall des Boxberger Amts der Schwerpunkt von Albrecht von Rosenbergs "Landeskirche" nach Unterschüpf verlagerte. Konrad Hochmuth, der 1561 von Boxberg dahinkam, war zugleich der erste Superintendent. Er starb am 11.9.1571 in Wölchingen bei einem Besuch dort (205). An seine Stelle trat Konrad Stang, zuvor in Uiffingen. Nach seinem Tod im Jahr 1589 übernahm sein Uiffinger Nachfolger M. Benedikt Happach die Superintendentur, blieb aber in Uiffingen, während M. Johann Seitz aus Miltenberg, zuvor seit 1574 Pfarrer in Waldstetten, die Pfarrei Unterschüpf erhielt. Er war erst kurz vorher auf die Kaplansstelle in Unterschüpf berufen worden. Vor ihm waren 1578-1585 vermutlich Johann Seybold (206), sicher 1585-1589 Johann Mauck Kapläne in Unterschüpf gewesen (207). Vor 1585 sind die Kapläne der im Jahr 1564 errichteten Stelle leider nicht bekannt. M. Benedikt Happach überließ 1592 die Pfarrei Uiffingen seinem Sohn M. Erhard Happach und leitete von da an bis zu seinem Tod 1605 die rosenbergische "Landeskirche" als hauptamtlicher Superintendent. Spätestens seit 1607 folgte ihm sein Sohn auch in diesem Amt, behielt aber die Pfarrei Uiffingen bei (208). Daß die Superintendentur seit 1589 ihren Sitz in Uiffingen hatte, ist wohl darauf zurückzuführen, daß Benedikt Happach nicht nach Unterschüpf wollte bzw. daß Konrad von Rosenberg ihn gegenüber seinen Mitganerben nicht durchsetzen konnte. Diese, Ägidius Reinhard von Dienheim und Eberhard von Stetten, hatten ihrerseits den in Augsburg als Flacianer ent-

---

204) Gegen Neumaier, der eine Calvinisierung erst unter Pfalzgraf Johann Casimir nach 1583/84 erkennen will (S.196). Die Abseitslage des Amts Boxberg spielte - entgegen Neumaier - dabei keine Rolle.
205) S.o. S.64 Anm.178.
206) J.Seitz: PfB WFr 2494; PfB KrO 3345; Neumaier S.163.199.245; J. Seybold: PfB WFr 2507; PfB KrO 3333.
207) PfB WFr 1683; PfB KrO 2291.
208) PfB KrO 1220 u. 1221; KB Uiffingen; Neumaier S.188.

lassenen M. Kaspar Kittel nominiert, den aber Konrad von Rosenberg ablehnte. Dieser setzte aber die Bestallung Happachs als Superintendent durch. Andererseits haben die Pfarrer von Schüpf innerhalb des rosenbergischen Kirchenwesens - und auch später unter der hatzfeldischen Herrschaft - eine gewisse Sonderstellung eingenommen. Zeitweilig führten sie den Titel "Oberpfarrer", der sie aus der übrigen Pfarrerschaft heraushob.

Kirchliche Filialen der Pfarrei oder der Kaplanei Schüpf blieben die beiden mit Boxberg pfälzisch gewordenen Dörfer Dainbach und Epplingen. Dainbach erhielt 1681, Epplingen erst 1760 eine lutherische Pfarrei, die beide später wieder aufgehoben wurden. Auch in der dritten rosenbergischen Patronatspfarrei Assamstadt ist in dieser Zeit (um 1550) ein evangelischer Pfarrer eingesetzt worden. Beim Tausch der Patronate im Jahr 1557 wurde er - sein Name ist unbekannt - nach Buch am Ahorn versetzt, wo der bisherige katholische Pfarrer Johann Bulmann entlassen wurde (s.o.S.63). Buch am Ahorn ist dann in der lutherischen Zeit der Kurpfalz von Boxberg und Wölchingen aus versehen worden. 1585 kam Albert Happach, ein anderer Sohn des Superintendenten M. Benedikt Happach in Uiffingen, nach Buch. Er wechselte 1596 nach Gnötzheim und war zuletzt (1601-1605) Pfarrer in Obernzenn (209). Das rosenbergische Dorf Brehmen war von 1555-1591 Filial von Pülfringen (s.o.S.43), danach von Buch am Ahorn.

Zum kirchlichen Gebiet der Herrschaft Schüpf gehörten auch die beiden Pfarreien Edelfingen und Oberbalbach, obwohl von Edelfingen nur zwei Achtel und von Oberbalbach nur einige wenige Güter den Rosenberg gehörten. Albrecht von Rosenberg ließ sich 1563 von den Grafen Ludwig Casimir und Eberhard von Hohenlohe die beiden Patronate verleihen. In Edelfingen war 1556 von Hohenlohe Kilian Nuß als Pfarrer eingesetzt worden, der vorher (seit 1553, vielleicht schon früher) Pfarrer in Kirchensall gewesen war. Er blieb bis zu seinem wohl 1585 erfolgten Tode. Seine Herkunft ist nicht ganz klar. Vielleicht ist er der "Kilianus Fuss de Hassfurt", der im September 1527 in Tübingen immatrikuliert wird. Dies wäre dann eine Falschlesung des Matrikel-Herausgebers. Eine Familie Nuss oder

---

209) PfB KrO 1219; G.Kuhr, Ritterschaftliches Pfarrerbuch Franken 982; Neumaier S.108.

Nusser war in Haßfurt beheimatet. Unbekannt ist sein direkter Nachfolger in Edelfingen. 1593-1596 war Paulus Wolf dort (210). Ihm folgte der schon erwähnte Johann Marstaller (s.o.S.61). Seit 1537 war in Oberbalbach der Pfarrer Johann Steinbach aus Hall. Er ist noch 1560 da, vielleicht sogar bis 1572 (211). Da er 1511 ff. in Wittenberg studiert hatte, und da die Grafen von Hohenlohe ihn bei der Visitation 1556 im Amt beließen, scheint er evangelisch gewesen zu sein, obwohl er in Würzburg geweiht war (Priesterweihe 24.2.1526). 1572-1591 war Paul Wacker (s.o.S.69) in Oberbalbach. Da seit 1590 beide Ortsherren (zwei Fünftel Deutscher Ritterorden, drei Fünftel Herren Zobel von Giebelstadt) katholisch waren, gelang dem Bischof von Würzburg 1628 die Rekatholisierung des Ortes, während Edelfingen nach kurzer katholischer Zwischenzeit 1548 im evangelischen Bekenntnis restituiert wurde.

Als Fazit kann also festgestellt werden, daß die Reformationsbestrebungen Albrechts von Rosenberg in den Herrschaften Boxberg und Schüpf ebenfalls in der Zeit des Interims begannen.

3.4.4. Die Herrschaft Rosenberg

Zu der namengebenden Herrschaft zählten in der Reformationszeit die Orte Bofsheim, Hirschlanden, Hohenstadt und Rosenberg selbst, sowie die Patronate für die Pfarreien Hemsbach und Osterburken. Die beiden letzteren Orte gehörten zum weltlichen Gebiet des Erzstifts Mainz, wobei Hemsbach im Besitz des 1568 aufgehobenen Nonnenklosters Seligental war. Leider ist gerade für dieses Gebiet die Quellenlage so schlecht, daß über die Zeit zwischen 1530 und 1560 nur wenige Nachrichten vorliegen.

Es ist bemerkenswert, daß ein erster reformatorischer Schritt gerade in den beiden Patronatspfarreien, die nicht zum Besitz gehörten, erfolgte. 1551 wurde in Osterburken Georg Stellwag aus Möckmühl als Pfarrer angenommen.

---

210) Nuß: PfB WFr 1876; PfB KrO 2576; P.Wolf: PfB WFr 2991; PfB KrO 3930; Neumaier S.119 u. 190.
211) PfB KrO 3467; Neumaier S.108.

Er hatte seit 1544 in Heidelberg und danach (1547) in Tübingen studiert und hat keine Weihen mehr empfangen (212). Er ist, wenn man einmal im Unterschied zum sonstigen Sprachgebrauch diesen Ausdruck prägen darf, als "evangelischer Interimspfarrer" anzusprechen. Ihm folgte 1557 Stefan Gramlich aus Bofsheim, der seit 1548 Pfarrer in Hemsbach, der benachbarten Patronatspfarrei, gewesen war. Gramlich hatte als Würzburger "clericus" seit 1546 in Freiburg im Breisgau studiert und 1548 die Weihen in Würzburg erhalten (Priesterweihe 26.5.1548). Da er von seinem Ortsherrn Philipp Jakob von Rosenberg sehr geschätzt und mit einem eigenen Haus bedacht wurde, ist er wohl auch als evangelisch zu bezeichnen. Diese Einschätzung wird auch dadurch bestätigt, daß er 1571 seine Ehe mit Barbara Kolb, der Tochter des Bofsheimer Pfarrers Johann Kolb, durch eine offizielle und kirchliche Trauung legitimieren läßt ("daß er in vorthaner zeit zu Bofsen mit Barbara, seines lang angetrauten ehegemals ..." 213).

Da die Herren von Rosenberg ihre in den 60er Jahren erlassenen Ordnungen nur für ihre Besitzungen, jedoch nicht für die beiden Patronatsorte in Kraft setzen konnten, - dort also die Reformation nicht offiziell einführen konnte -, blieb die evangelische Zeit in Osterburken und Hemsbach eine Episode. Stefan Gramlich mußte sich den Rekatholisierungsbestrebungen des Bischofs Julius Echter beugen und in seinen letzten Jahren wieder auf katholische Weise amtieren. Seinen Sohn Sebastian ließ er 1577 in Ingolstadt studieren und 1581-1583 in Würzburg weihen, worauf er ihn als Frühmesser neben sich in Osterburken amtieren ließ. Auf die Heirat seines Nachfolgers Johann Most aus Mulfingen ist schon oben hingewiesen worden (S. 17). Auch dieser hatte einen Verwandten, nämlich seinen Bruder Jakob Most, als Frühmesser neben sich. Diese beiden haben trotz Heirat zweifellos als Katholiken gewirkt.

In einer evangelisch-katholischen Mischform geschah die kirchliche Versorgung der Gemeinde Hemsbach auch durch Stefan Gramlichs Nachfolger Johann Munz aus Buchen (bis 1582 214), Johann Roßhart aus Widdern (er hatte in Hei-

---

212) PfB KrO 3486; Neumaier S.164.
213) PfB KrO 1085; Neumaier S.164 f.
214) PfB KrO 2491; Neumaier S.220.

delberg studiert, hatte die niederen Weihen empfangen, war verheiratet und hatte mehrere Kinder 215), Melchior Kercher (1596-1597 216), Johann Vogt aus Hardheim (1598-1603, ebenfalls Heidelberger Student 217) und Lorenz Körner (aus Osterburken 218). Würzburg beobachtete diese Pfarrer mit großem Mißtrauen. Um die Annahme solcher, in seinen Augen äußerst fragwürdiger Geistlicher durch die Herren von Rosenberg in Zukunft zu verhindern, beschränkte der Bischof von Würzburg im Jahr 1611 das Patronatslehen auf ein bloßes jus conferendi und konnte so mit eigenen Kandidaten die tridentische Lehre wieder voll durchsetzen.

Der Blick auf die Entwicklung in den beiden Patronatspfarreien und in den benachbarten Herrschaften Boxberg und Schüpf läßt den Schluß zu, daß in den übrigen rosenbergischen Orten ebenfalls bereits in der Interimszeit reformatorische Maßnahmen durchgeführt wurden, auch wenn dies aus den Quellen nicht zu erhärten ist.

Als erster evangelischer Pfarrer in Bofsheim ist Martin Cantzler bekannt. Er stammte aus der Tauberbischofsheimer Familie, aus der mehrere Theologen hervorgingen (219). Er war zunächst Zisterziensermönch im Kloster Ebrach gewesen und hatte als solcher 1546 die niederen Weihen und am 24.9.1547 die Diaconatsweihe in Würzburg empfangen. Er muß 1555 oder schon früher nach Bofsheim gekommen sein und versah nach der Entlassung des katholischen Frühmessers Johann Knoll in Rosenberg seit 1559 auch die dortige Frühmeßkaplanei und wohl auch die Pfarrei. 1563 folgte ihm in Bofsheim Johann Kolb (s.u.S.86).

Für Rosenberg war bis jetzt nach Martin Cantzler erst wieder mit Simon Wegmann 1579-1584 (220) ein Pfarrer bekannt, danach Matthäus Boxberger 1584-1612 (221). Die Lücke von 1562/63 bis 1579 kann jetzt mit großer Wahrscheinlichkeit durch Heinrich Heffner aus Karlstadt ge-

---

215) PfB KrO 2893; Neumaier S.223 u. 249 f.
216) PfB KrO 1730.
217) PfB KrO 834; Neumaier S.226.230.251.266 f.
218) PfB KrO 1913; Neumaier S.251 f.
219) PfB KrO 1663; Pfarrarchiv Tauberbischofsheim; Neumaier S.67 u. 118.
220) PfB KrO 3765.
221) PfB KrO 353; Neumaier S.118 Anm.102.

füllt werden. Er hatte in Wittenberg studiert (immatrikuliert 30.4.1556) und war von 1558 bis 1561 Cantor und Präzeptor in Wertheim gewesen. Nach 1580 taucht er dann wieder in Wertheim auf, jetzt als Ratsherr. Nun wurde 1598 in Jena ein Philipp Heffner Rosenbergensis immatrikuliert, 1602 dann ein Michael Heffner aus Wertheim. Beide sind wahrscheinlich Söhne des Heinrich, der eine noch in Rosenberg, der andere dann in Wertheim geboren. Das würde dafür sprechen, daß Heinrich Heffner in der Zwischenzeit, in der er in Wertheim nicht erwähnt wird, der bisher unbekannte Pfarrer in Rosenberg war (222).

Der früheste bekannte evangelische Pfarrer in Hirschlanden ist Burkhard Rüdinger von Mosbach. Er hatte 1556 ff. in Heidelberg studiert und kam spätestens 1565, wo er heiratet, vielleicht aber schon früher nach Hirschlanden. 1568 wechselte er in das Hällische Geislingen am Kocher (223). Erster evangelischer Pfarrer in Hirschlanden ist er sicher nicht gewesen, doch ist der Name des Vorgängers unbekannt. Auch seine Nachfolger sind unbekannt, bis 1596 Paulus Wolf ernannt wurde, der von Edelfingen kam und 1623 nach Bofsheim versetzt wurde. Falsch ist jedenfalls die auf H.Neu zurückgehende Notiz, daß nach Wolfs Weggang M. Johann Bayer (nach Neu: Jonas Bayer) da gewesen sei. Dieser Jonas Bavarus - so sein Immatrikulationseintrag in Wittenberg September 1608 (nicht 1606) und Magister 27.3. 1610 - in Augsburg 1610 ordiniert, war zunächst Diaconus in Sulzburg/Baden, danach 1619 in Augsburg, dort wegen des Restitutionsedikts 1629 entlassen (224). Er kann also nicht in Hirschlanden gewesen sein. Wenn die Notiz bei Neu überhaupt auf eine Überlieferung zurückgeht, kann für einen Bayer aus Augsburg nur die Zeit vor dem Amtsantritt von Paulus Wolf in Frage kommen. Möglicherweise handelt es sich um den Johannes Bayer (Bavarus), der 1581 Diaconus in Krems/Österreich wurde, 1584 Pfarrer in Wolferstadt bei Donauwörth und 1586 Diaconus in Augsburg. Er könnte, nachdem er bei der Visitation 1591 wegen seines Lebenswandels in Augsburg entlassen worden war, 1591-1596 Pfarrer in Hirschlanden gewesen sein. Aber dies ist unsicher (225).

---

222) PfB KrO 1280; KB Rosenberg u. Wertheim.
223) PfB WFr 2174; PfB KrO 2922; Neumaier S.161.
224) H.Wiedemann, Augsburger Pfarrerbuch 10; Neumaier S.119 Anm.106 - Irrtum!
225) H.Wiedemann, a.a.O. 9; Weigel-Wopper-Ammon, Neuburgisches Pfarrerbuch 36.

In Hohenstadt, das zuvor Filial der zum Erzstift Mainz gehörenden, aber unter Patronat der Herren von Berlichingen stehenden Pfarrei Berolzheim (226) gewesen war, errichtete Albrecht von Rosenberg im Jahr 1560 eine selbständige Pfarrei. Doch sind auch deren erste Pfarrer einstweilen unbekannt. Ab 1596 versah Paulus Wolf diese Pfarrei von Hirschlanden aus.

Überblickt man die Gebiete der Rosenbergischen Familie mit ihren verschiedenen Zweigen insgesamt, so gilt auch für sie: Evangelisches Kirchenwesen hat sich in der Interimszeit entwickelt, soweit es nicht schon zuvor unter vorwiegend ansbachischem Einfluß geschehen war. Konsistorium und Dekanat wurden - im Zusammenhang mit der Berufung Konrad Hochmuths nach Boxberg - um bzw. in der Zeit nach 1559 errichtet. Die Entwicklung verlief also parallel und etwa gleichzeitig mit der Entwicklung in den Hohenlohischen Grafschaften. Dabei waren sich - bei allen sonstigen Unterschieden - die verschiedenen Linien der Familie in ihrer Religionspolitik durchaus einig. So machte auch der Übergang eines Gebietes an eine andere Linie infolge Aussterbens eines Familienzweigs für die kirchliche Lage keine Schwierigkeiten. Wesentliche Teile erbte zunächst Konrad von Rosenberg von der Gnötzheim-Waldmannshofener Linie. Nach dessen Tod 1597 waren sämtliche rosenbergischen Herrschaften in der Hand der beiden Brüder Albrecht Christoph und Georg Sigmund, der Söhne Zeisolfs von Niederstetten, vereinigt. Mit ihnen starb 1632 das ganze Geschlecht aus.

Exkurs:

Die Besetzung des Pfarrei Rosenberg
nach dem Aussterben der Herren von Rosenberg

Ein besonders eklatantes Beispiel, wie aus Unkenntnis über die Lebensumstände der betreffenden Personen eine falsche Schlußfolgerung entsteht, ist bei Neumaiers Darstellung der Vorgänge nach dem Aussterben der Familie von Rosenberg zu finden (227). Es ging dabei um die Frage, ob das Patronatsrecht für die Pfarrei Rosenberg den Erben

---

226) Zu Berolzheim s.u. S.126.

227) Neumaier S.288 f.

des verstorbenen Albrecht Christoph von Rosenberg gehöre, oder dem neuen Herrn der Herrschaft Rosenberg, dem Grafen Melchior von Hatzfeld. Nach Neumaiers Darstellung hätten sich die Rosenbergischen Erben 1639 zunächst durchgesetzt, ehe sie dann 1640 ihre Eigengüter an Würzburg verkauften (228). Das Gegenteil ist richtig. Anhand der Personalangaben läßt sich dies nachweisen. Beteiligte Personen waren neben dem Hatzfeldischen Vogt Wölfing (229) die Pfarrer Ludovici und Schechs. Der bei Neumaier genannte M.Tobias Fischer hatte mit der Sache nichts zu tun.

Der Vogt Wölfing hieß mit vollem Namen Philipp Heinrich Wölfing. Als Sohn des hohenlohischen Amtskellers Konrad Wölfing war er am 9.10.1609 in Ingelfingen geboren. Von seinem 12. Lebensjahr an wuchs er in Unterschüpf auf, wo sein Vater seit 1621 Rosenbergischer Vogt war. Wie sein Vater begab er sich in die Verwaltungslaufbahn. Seine Dienstorte vor 1638 sind noch nicht bekannt; vermutlich war er in oder bei Möckmühl, da er spätestens 1637 die Tochter Anna Maria des dortigen Stiftsverwalters, Kellers und Vogts Christoph Bernhard Plitz heiratete. Wohl 1638 kam er als Verwalter (230) und zugleich Hatzfeldischer Vogt nach Rosenberg. Dort wurde ihm am 23.2.1639 das zweite Kind, Philipp Jakob, geboren. Doch schon in diesem Jahr wurde er Schultheiß in Adelsheim, dann 1641/42 ritterschaftlicher Sekretär und Kassier des Ritterkantons Odenwald in Möckmühl. Mit einer kurzen Unterbrechung im Jahr 1649, wo er kurze Zeit als Stadt- und Amtsschreiber in Schorndorf amtierte, blieb er bis zu seinem Tod am 18.12.1692 in Möckmühl.

M. Matthäus Ludovici (231) war 1603 in Flözlingen geboren als Sohn des M. Veit Ludwig, seit 1597 Pfarrer in Flözlingen, seit 1608 in Heimerdingen und von 1622-1626 in Schwaikheim war. Matthäus Ludovici wurde nach seinem Tübinger Studium 1632 Vikar in Sulzbach am Kocher und von dort 1633 als Diaconus nach Unterschüpf berufen. 1635 ging er als Adjunkt zu dem alten Pfarrer Johann Cellarius nach Adelsheim und wurde nach dessen Tod 1637 sein Nach-

---

228) Neumaier S.290.
229) Nicht Wölfling, wie Neumaier durchgehend schreibt.
230) KB Rosenberg.
231) PfB WFr 1597; PfB KrO 2196.

folger. Er kam 1639 (s.u.) nach Rosenberg und schließlich 1647 nach Merchingen, wo er am 14.12.1673 starb. Er war dreimal verheiratet: 1. etwa 1633/34 mit Ursula Katharina Wölfing, Schwester des Vogt Philipp Heinrich Wölfing (s.o.), die am 13.7.1637 in Adelsheim starb; 2. am 17.7. 1638 in Forchtenberg mit Elisabeth Sibylla Hartmann, Tochter des hohenlohischen Superintendenten und Hofpredigers Georg Hartmann in Neuenstein; 3. mit Anna Margaretha (Name und Datum unbekannt), die in zweiter Ehe am 22.5. 1676 in Löwenstein den dortigen Stadtschreiber Johann Jakob Preuner heiratete.

Peter Schechs aus Heidelberg (232), Sohn des lutherischen Hofpredigers Paul Schechs (zur Zeit des lutherischen Kurfürsten Ludwigs VI. in Heidelberg) hatte ebenfalls in Tübingen studiert und war 1606 Vikar bei seinem Stiefvater Wolfgang Schott in Unterregenbach geworden. Als dieser kurz darauf starb, bewarb sich Schechs um die erledigte Pfarrstelle, erhielt sie aber nicht. Er mußte sich stattdessen mit der Stelle eines Präzeptors in Langenburg begnügen. 1611 erhielt er die Pfarrei Bödigheim, wechselte aber schon 1614 in das breubergische Sandbach. Wegen ärgerlichen Lebenswandels mußte er 1625 diese Stelle aufgeben, konnte aber in dem benachbarten Vielbrunn Pfarrer werden. 1634, nach der Nördlinger Schlacht, von dort vertrieben, hielt er sich bei seinen Schwiegereltern in Wimpfen auf, bis er 1635 den Ruf nach Merchingen erhielt. Dort muß er vor 1647 gestorben sein, da in diesem Jahr Ludovici sein Nachfolger in Merchingen wurde. Seine Witwe zog nach Wimpfen, ihrer Heimat, zurück und heiratete in zweiter Ehe 1655 den Bonfelder Pfarrer Matthäus Conradi.

Aus diesen Personendaten geht hervor, daß der Vogt Wölfing und der Pfarrer Ludovici Schwäger waren. Als Philipp Heinrich Wölfing 1639 im Auftrag seines Hatzfeldischen Ortsherrn die Pfarrei Rosenberg zu besetzen hatte, fiel seine Wahl fast natürlich auf den im nicht weit entfernten Adelsheim amtierenden Schwager. Das war also nicht, wie Neumaier meint, M.Tobias Fischer, der damals in Roigheim war, sondern Ludovici. Übrigens kannten sich Wölfing und Fischer gut, da Wölfings Schwiegervater Plitz und der Vater Fischers, der Pfarrer Bernhard Fischer, lange Zeit

---

232) PfB WFr 2245; PfB KrO 3042.

in Möckmühl nebeneinander in wichtigen Ämtern standen. Tobias Fischer wurde im selben Jahr 1639 Ludovicis Nachfolger in Adelsheim. Er starb in Adelsheim am 26.4.1643. Mit der Rosenberger Pfarrbesetzung hatte er aber nichts zu tun.

Hans Reinhard von Berlichingen und Sigmund von Waldhof, die Vormünder der Erben Albrecht Christophs von Rosenberg, waren Mitbesitzer von Merchingen. Sie wollten die Besetzung der Pfarrei Rosenberg selbst vornehmen, weil sie das Patronat für einen Teil des Rosenbergischen Erbes hielten. Daher versuchten sie, die Berufung Ludovicis zu verhindern, und brachten ihren Merchinger Pfarrer Schechs mit, als sie in Wölfings Abwesenheit nach Rosenberg kamen. Schechs predigte zweimal in Rosenberg. Jedoch hatte Ludovici bereits das Pfarrhaus bezogen und wurde nun auch durch den Bofsheimer Pfarrer Michael Erhard Happach offiziell eingeführt. Peter Schechs mußte in Merchingen bleiben.

Der Vogt Wölfing hat sich also zusammen mit seinem Schwager Ludovici durchgesetzt. Da das Patronat Würzburgisches Lehen war, ist es mit dem gesamten Lehensbesitz an die Grafen von Hatzfeld gekommen. Insoweit mußte der Versuch der Rosenbergischen Erben, das Patronat für sich zu beanspruchen, scheitern. Ihnen blieb deshalb nichts anderes übrig, als ihre übrigen Rechte in Rosenberg im darauffolgenden Jahr ebenfalls an Würzburg zu verkaufen.

Philipp Heinrich Wölfing handelte im Interesse seiner neuen Herrschaft. Daß er dennoch mit dieser nicht glücklich war, wird daraus deutlich, daß er schon im gleichen Jahr 1639 sein Rosenberger Amt aufgab und selbst nach Adelsheim (!) ging. Offenbar wollte er mit dem endgültigen Ausverkauf der Rosenbergischen Güter und Rechte nichts mehr zu tun haben, hatte doch sein Vater eben dieser Familie viele Jahre treu gedient.

Übrigens sollte Matthäus Ludovici 1639 auf Wunsch seiner Adelsheimischen Herrschaft nach Wachbach kommen. Da sein Schwager ihn aber sehr schnell benötigte, sprang er in Rosenberg ein. Nach Wachbach kam statt seiner der Unterschüpfer Diaconus Johann Fischer, der aus Eßlingen stammte. Neu hat diesen irrtümlich mit Tobias Fischer gleichgesetzt. Auch die einander widersprechenden Angaben über

Ludovicis Amtszeiten bei Neu trugen zusätzlich zur Verwirrung bei. Da Neumaier diese Widersprüche nicht bemerkt hat und einige der Angaben von Neu ungeprüft übernahm, mußte er zu seiner irrigen Schlußfolgerung kommen.

3.5. Die Dörfer der Herren Rüdt

Albrecht von Rosenberg gelang es dank seinem Einfluß und seinen verwandtschaftlichen Beziehungen, die evangelischen Pfarreien der Dörfer, die im Besitz der Herren Rüdt waren, seiner Superintendentur zu unterstellen (233). Er hatte 1553 die Witwe des Valentin Heinrich Rüdt von Bödigheim, Ruffina Stiebar von Buttenheim, geheiratet, die bereits evangelisch war. Valentin Heinrich Rüdt war 1547 gestorben. Deshalb war Albrechts Einfluß auch vor seiner Heirat schon gegeben. Daneben wurde er 1560 Mitvormund der Söhne des verstorbenen Conz Rüdt von Eubigheim. Auch dessen Witwe, Veronika von Rabenstein, war evangelisch. Die Söhne Valentin Heinrichs standen jedoch bis 1557 bzw. 1562 unter Vormundschaft des oben erwähnten Amtmanns Sebastian Rüdt von Collenberg, nach dessen Tode unter der seines Bruders, des Mainzischen Hofmeisters Eberhard Rüdt von Collenberg. Die beiden letzteren sind zeitlebens offiziell katholisch geblieben, wobei zumindest Sebastian den Reformationsbestrebungen nicht völlig ablehnend gegenüberstand.

Die Rüdt'schen Besitzungen Bödigheim, Eberstadt, Fechenbach, Sindolsheim und Waldhausen sowie Anteile an Bretzingen, Eubigheim, Hainstadt, Sennfeld und Waldstetten waren zu unterschiedlichen Teilen im Eigen- oder Lehensbesitz der drei Familienlinien (234). Für die meisten dieser Pfarreien lag das Patronat beim Abt von Amorbach, nur Eubigheim und Sindolsheim sowie die obere Pfarrei (Burgkapelle) in Bödigheim hatten die Rüdt selbst zu besetzen. Da der Abt große Schwierigkeiten hatte, geeignete Priester zu finden, sahen sich die Rüdt veranlaßt, selbst einzugreifen (1540 und 1550 für Bödigheim bezeugt 235). An den bekannten Pfarrbesetzungen läßt sich nun zeigen, daß in einigen Gemeinden schon vor 1550 evangelisch ge-

---

233) Vgl. Neumaier S.187 f.
234) Collenberg, Bödigheim und Eubigheim; dazu Neumaier S.42 f.
235) Neumaier S.127.

predigt wurde. Die Reformation wurde 1552 offiziell gemacht, und zwar an Pfingsten, wie im Jahr 1629 die Brüder Valentin Heinrich und Wolfgang Albrecht Rüdt erklärt haben (236). Im Kirchenbuch von Eubigheim (1672 begonnen) findet sich die Notiz, Albrecht von Rosenberg habe an Trinitatis 1552 die Reformation in den Rüdtischen Orten Bödigheim, Eberstadt, Sindolsheim, Eubigheim und Hardheim (!) eingeführt. Die Nennung Hardheims ist natürlich unrichtig, es gehörte nicht den Rüdt. Vielleicht ist das - aus Unkenntnis des späteren Schreibers - Falschlesung für Hainstadt, das zu dieser Zeit längst wieder ganz katholisch war. Bei der Erklärung von 1629 ging es anläßlich der Auseinandersetzungen um das Restitutionsedikt darum, nachzuweisen, daß die betreffenden Orte bereits vor dem Passauer Vertrag evangelisch gewesen waren. Auch wenn die Ungenauigkeiten Zweifel an der Richtigkeit der beiden Aussagen erwecken, so kann doch ihr sachlicher Gehalt nicht in Frage gestellt werden, da zumindest in Eberstadt und in Hainstadt bereits vor und während des Interims evangelisch gesinnte Pfarrer amtierten. (237)

Erster lutherischer Pfarrer in Eberstadt war Johann Schmid aus Hardheim, der 1541 in Wittenberg studiert hat und am 22.9.1543 in Würzburg die niedere Weihe empfing. Diese brauchte er, um die Präsentation durch den Abt von Amorbach und die Bestätigung durch den bischöflichen Fiskal zu erhalten. Letztere wurde ihm am 22.12.1543 erteilt. Er ist sicher identisch mit dem Johann Schneider - das ist wohl eine Falschlesung -, von dessen Resignation 1550 berichtet wird (238). Dies läßt darauf schließen, daß er für seine Person das Interim nicht annehmen wollte. Nachfolger wurde der bisherige Bödigheimer Pfarrer Michael Ammerbach, der bereit war, sich in Würzburg weihen zu lassen (Priesterweihe 21.2.1551). Doch bereits 1552 verließ er Eberstadt, um die kurpfälzische Pfarrei Großeicholzheim zu übernehmen. Johann Hefner, der am 28.2.1545

---

236) G.A.Benrath, a.a.O.; s.o. S.22 Anm.47; Neumaier S.93 u. 119 will dies entkräften.

237) Gegen Neumaier a.a.O., der die Lebensläufe der Pfarrer zu wenig kennt und deshalb zu irrigen Schlüssen kommt.

238) PfB KrO 3138, wo die Wittenberger Immatrikulation versehentlich nicht erwähnt ist; Neumaier S.120; PfB KrO 3177; ein J.Schneider erscheint in der Würzburger Weihematrikel um die fragliche Zeit nicht.

in Würzburg die niederen Weihen empfangen hatte, aber 1552 in seinem Heimatort Eberstadt entlassen wurde, war wohl der damalige Kaplan (239). Nun konnte Ruffina Rüdt, die nach dem Tod ihres Mannes Eberstadt als Wittum besaß, Johann Scherer präsentieren. Bei ihm handelt es sich nicht, wie irrtümlich angenommen wurde, um den aus Balingen stammenden Tübinger Studenten, sondern um den Bronnbacher Mönch, dessen Heimatstadt Grünsfeld war. Er hatte 1541 ff. in Erfurt studiert und sich 1550/51 weihen lassen (Priesterweihe 19.9.1551), war aber mit dem Abt seines Klosters Clemens Leusser evangelisch geworden, hatte geheiratet und schon einen kleinen Sohn. Dieser Sohn geriet nach einigen Jahren in den Verdacht der Brandstiftung, weswegen der Vater 1554/1555 entlassen wurde (240). Als neuen Pfarrer schickte der Abt den bisherigen Frühmesser von Buchen, Kaspar Körner. Dieser stammte sicher aus der Familie des Professors Christoph Korner in Frankfurt an der Oder und hatte als Schöntaler Zisterziensermönch 1545/1548 die niederen, dann als Frühmesser in seiner Heimatstadt 1551/1552 auch die höheren Weihen empfangen. Wie aus seinem Lebenslauf hervorgeht, muß er eine ziemlich zwielichtige Gestalt gewesen sein. Albrecht von Rosenberg bezeichnete ihn als Konkubinarier mit etlichen Kindern, als gottlosen und untauglichen Priester. Er hat ihn deshalb 1560 entlassen. Die Herren von Hardheim stellten ihn in dem mainzischen Ort Sindeldorf, wo sie das Patronat besaßen, wieder an. Demnach muß er doch als evangelisch oder zumindest als Interimist gegolten haben. Das wird auch dadurch bestätigt, daß er 1568 Pfarrer in dem längst evangelischen, zum Gebiet der Reichsstadt Heilbronn gehörenden Dorf Frankenbach wurde. Dort scheint er sich als streitsüchtig erwiesen zu haben, denn am 9.2. 1570 bringt er eine Klage vor den Rat der Stadt, deren Inhalt allerdings nicht erwähnt wird (241). Wohl im Zu-

---

239) G.A.Benrath, a.a.O. S.369, aufgrund eines Briefes von Valentin Heinrich Rüdt vom 19.5.1620.

240) PfB KrO 3059; G.A.Benrath, a.a.O. S.362; J.Steger, Quellenbüchlein zur Kirchen- und Familiengeschichte des Dorfes und Marktfleckens Wenkheim, Wertheim 1929, S.4 (nach dem Wertheimer Zinsbuch im bischöflichen Ordinariatsarchiv Würzburg): "Hans scheuer fuit Monachus Apostata nunc Zwinglianer. In Summa gar ein Schelm.", Neumaier S.94 u. 120.

241) PfB KrO 1912; Kanzleiprotokoll Heilbronn 1570; Neumaier S.120 f., der ihn als Katholik bezeichnet.

sammenhang damit erhielt er auf eigenen Wunsch am 21.2. 1570 den Abschied. Nun wandte er sich wieder an den Abt von Amorbach, der ihn auf die eben erledigte Frühmesskaplanei in Eberstadt schickte. Wohl um dem Ortsherrn Georg Christoph Rüdt, der ihn ablehnte, entgegenzukommen, studierte er im SS 1570 bei seinem Verwandten in Frankfurt/Oder. Dieses kurze evangelische Studium genügte aber Georg Christoph Rüdt nicht, hatte er doch mit Körner schon einmal schlechte Erfahrungen gemacht. So präsentierte der Ortsherr nun einen anderen ehemaligen Priester, den evangelisch gewordenen Pfarrer von Seckach, konnte sich damit aber gegen den Abt nicht durchsetzen. Leider ist der Name dieses Pfarrers unbekannt. Körner blieb also, mehr oder weniger geduldet, auf der Kaplanei bis 1575. Ob er wegging oder damals starb, ist ungeklärt. Nachfolger wurde der bisherige Bödigheimer Kaplan Johann Schüßler (s.u.S. 63). Als dieser 1579 Pfarrer in seinem Heimatort Hardheim wurde, wurde die Kaplanei nicht mehr besetzt. 1560 hatte Albrecht von Rosenberg den evangelischen Maximilian Biber (nicht Hiber! 242) aus Hall als Kaplan angestellt (243), einige Jahre später dann den ehemaligen Schöntaler Mönch Sebastian Nickel aus Buchen (244), dem 1570 Körner folgte.

In Hainstadt setzte der Abt von Amorbach 1542 Georg Prozeller aus Buchen als Pfarrer ein (Diaconatsweihe 17.2. 1543). Er blieb nur kurze Zeit. Denn schon nach zwei oder drei Jahren folgte Nikolaus Appel von Happertshofen bei Haßfurt (245). Er ist wohl nicht der gleichnamige Student in Wittenberg 1545; dieser gibt als seinen Herkunftsort Guben an. Geweiht wurde er 1550-1554 (Priesterweihe 24.3. 1554). Seit 1553 war er Pfarrer in Gemeinfeld bei Burgreppach, ebenfalls nordöstlich von Haßfurt gelegen, später in Iffigheim bei Marktbreit. Er war jedenfalls evangelisch; vgl. die Leichenrede für seinen im Jahr 1559 in Iffigheim geborenen Sohn Johann, der Notar in Zeitz war (246). Auch er und sein Nachfolger Johann Liebler, von

---

242) PfB KrO 275; Neumaier S.123 schreibt ebenfalls irrig Hieber.
243) Biber heiratete 1560, also bei Antritt seiner Eberstadter Stelle, in seiner Heimatstadt Hall.
244) PfB KrO 2547; Neumaier S.122 f.
245) PfB KrO 72 a.
246) Katalog der fürstlich Stolberg-Stolberg'schen Leichenpredigten-Sammlung, Leipzig 1927, Bd.I. Nr.3834.

dem außer dem Namen nichts bekannt ist, waren nicht lange
da. Um 1548 wurde Leonhard Stolz von Buchen Pfarrer in
Hainstadt. Er war am 5.3.1547 in Würzburg zum Priester geweiht worden, kam also als katholischer Priester. Nun ist
es möglich, daß er identisch ist mit dem gleichnamigen
evangelischen Pfarrer von Ulsenheim in der Markgrafschaft
Ansbach, der, seit 1530 dort, 1543 entlassen wurde wegen
Ehebruchs mit seiner Magd (247). Es könnte durchaus sein,
daß er danach erst einmal wieder zur katholischen Kirche
im Bistum Würzburg zurückkehrte. Aber dies kann offen
bleiben. In jedem Fall ist er - gleich vielen anderen,
wie wir oben sahen - in der Interimszeit evangelisch geworden. 1551 wurde er von den Rüdt'schen Vormündern nach
Bödigheim versetzt. Conz Rüdt von Eubigheim, Mitbesitzer
von Hainstadt und Bödigheim, hat wohl diesen Wechsel veranlaßt, nachdem sein zusammen mit Sebastian Rüdt im Jahr
1550 beim Abt von Amorbach unternommener Vorstoß kein Ergebnis gezeigt hatte. Heinrich Heim (Heun) aus Buchen
wurde, eben zum Priester geweiht (19.9.1551), sein Nachfolger in Hainstadt. Auch er ist - wohl zunächst als Interimist - evangelisch geworden (s.o.S. 66). Bartholomäus
Kautzmann aus Buchen, in Hainstadt seit 1558 (Priesterweihe 4.6.1558) muß ebenfalls in interimistischer Weise
amtiert haben. 1571 kam er nach Oberkessach und 1597 nach
Waldhausen (248), wo er 1599 starb. Seinen gleichnamigen
Sohn schickte er 1587 in die Küferlehre zu Alexander
Stainer nach Heilbronn (Lehrbrief vom 29.6.1598). Unter
dem nächsten Pfarrer Markus Agricola von Glashofen 1571-
1594 (Priesterweihe 4.6.1558) - er wurde 26.7.1559 in Ingolstadt immatrikuliert - setzten der Bischof von Würzburg und der Abt von Amorbach den Katholizismus wieder
durch, obwohl Agricola verheiratet war und bei der Visitation 1589 fehlte. Zu seiner Zeit laufen die Lutheraner
von Hainstadt nach Bödigheim aus. 1604 werden offiziell
noch 6 Lutheraner gezählt.

In Bödigheim soll nach den Angaben der Rüdt'schen Enkel
von 1629 schon zwei Jahre vor dem Passauer Vertrag - eine
andere Überlieferung sagt: 1551 - evangelisch gepredigt
worden sein. Letzteres Datum stimmt mit dem Amtsantritt

---

247) PfB KrO 3527; M.Simon, Ansbachisches Pfarrerbuch 2957.
248) PfB KrO 1695.

des Leonhard Stolz überein. 1550 war die Pfarrstelle nicht besetzt (249). Zuvor jedoch war der bei Eberstadt erwähnte Michael Ammerbach einige Zeit Pfarrer in Bödigheim gewesen. Auch er könnte schon hier evangelisch gepredigt haben, sodaß auch das frühere Datum kein Irrtum wäre. Jedenfalls besteht kein Grund zu der Annahme, die Reformation habe erst nach dem Augsburger Religionsfrieden stattgefunden (250).

Auf die Pfründe der Burgkapelle (sogenannte Oberpfarrkirche), deren Besetzung der Familie Rüdt zustand, hatte Sebastian Rüdt nach der Entlassung des Sebastian Job den Priester Johann Kolb eingesetzt. Er wird später als "Würzburger Kleriker, der aber evangelisch predigt" bezeichnet (251). 1563 holte Albrecht von Rosenberg ihn nach Bofsheim. Der mainzische Hofmeister Eberhard Rüdt wollte die Burgkapelle wieder mit einem Priester besetzen, aber seine beiden Neffen Georg Christoph und Stefan Rüdt widersetzten sich. Danach (1564/65) scheint Johann Schüßler eingesetzt worden zu sein. Stefan Rüdt, der nach der 1564 erfolgten Teilung in Bödigheim wohnte, verbot in diesem Jahr die Messe (252). Schüßler blieb bis 1575 und wechselte dann auf die Kaplanei Eberstadt. In seiner Zeit ist die Kaplanei wohl in eine Schulstelle (Präzeptorat) umgewandelt worden. Nachfolger Schüßlers auf dieser Stelle war Johann Sebastian Knapp, der dann 1584 nach dem in Heilbronn abgelegten Examen Pfarrer in Eberstadt wurde und 1590-1621 noch in Sindolsheim war (253).

Nach dem Tod von Leonhard Stolz 1583 setzten Streitigkeiten zwischen den Rüdt'schen Vettern über die Pfarrbesetzung ein. Eberhard und Christoph Rüdt von Eubigheim wollten den (unbekannten) Eubigheimer Pfarrer nach Bödigheim versetzen. Stefan Rüdt von Bödigheim und Wolf Dietrich Rüdt von Collenberg entschieden sich jedoch für den Merchinger Pfarrer Johann Janus, den sie dem Abt von Amorbach nominierten. Der Abt seinerseits war zwar bereit,

---

249) S.o. S.81 u. Anm.235.
250) Wie es Neumaier mehrfach nachweisen will, z.B. S.128.
251) PfB KrO 1922; er hatte in Wittenberg, Leipzig und Erfurt studiert.
252) G.A.Benrath, a.a.O. S.364. J.Schüßler: PfB KrO 3254; Neumaier S.123 Anm.123, wo aber der Verweis auf Höpfingen ein Irrtum ist.
253) PfB KrO 1851; Neumaier S.126.

einen Pfarrer Augsburgischer Konfession zu präsentieren, den Lutheraner Nikolaus Fend aus Hildburghausen, lehnte aber Janus ab. Stefan und Wolf Dietrich Rüdt setzten sich schließlich, auch gegen den Versuch Würzburgs, einen Priester einzusetzen, durch und brachten Janus auf die Stelle (254). Der mit den Jahren immer mißtrauischer werdende Stefan Rüdt verdarb es mit Janus und dessen von ihm selbst berufenen Nachfolgern, sodaß - auch gegen den Wunsch der Rüdt'schen Vettern - in kurzer Zeit ein mehrfacher Wechsel von Pfarrern erfolgte. 1587 wurde Janus entlassen und Balthasar Gallmayer ernannt. Janus war zweifellos ein "unruhiger Mann", wie sein Amtsgang erweist: 1565 Pfarrer in Ehingen und Munningen, zugleich Lehrer der untersten Klasse an der Lateinschule in Öttingen, 1566 Pfarrer in Unterringingen, 1569 in Aufkirchen, 1576 in Kuchen bei Geislingen (Ulmer Gebiet), 1579 in Leimen/Kurpfalz, 1580 in Neckarelz, 1582 in Merchingen, 1583-1587 in Bödigheim. Übrigens gab es zur selben Zeit mehrere Pfarrer dieses Namens. Daß aber obiger auf allen Stellen derselbe ist, läßt sich nachweisen: Seine Frau, die er am 8.7.1566 in Öttingen heiratet, hieß Katharina, der Luderin Tochter. In Kuchen wird sie Katharina Reuttin genannt, zweifellos eine andere Schreibweise des Namens. Sodann sagt die in Gedichtform verfaßte Pfarrerliste in Kuchen von ihm: "...zog an von Oelsen Herr Johannes Jan. Doch war er kein getreuer Hirt, weil er Calvini Lehr geführt, zog in die Pfalz hinweg darum ...". Dieses letztere nun war ein Irrtum des reimeschreibenden Verfassers: 1579 war die Kurpfalz unter dem Kurfürsten Ludwig VI. lutherisch, und lutherische Pfarrer aus dem Ausland wurden zur Versorgung der pfälzischen Pfarreien gesucht. Janus war im Gegenteil "ein eifriger Lutheraner"; er unterzeichnete die FC sowohl im ulmischen Gebiet wie auch in der Superintendentur Mosbach. Dort, in Neckarelz, wird er in der Pfarrerliste als "Ölsnicensis Variscus" bezeichnet (255). Daß er, wie eine Überlieferung besagt, 1587 gestorben sein soll, ist ja trotz seiner Entlassung durch Stefan Rüdt möglich. Jedenfalls taucht er nirgends mehr auf. Der vom Amorbacher Abt nominierte Nikolaus Fend aus Hildburghausen war übrigens ebenso wie Janus und dessen

---

254) PfB KrO 1598; Neumaier S.130 f. u. 151; G.A.Benrath, a.a.O. S.365.
255) KB Kuchen u. Neckarelz.

Nachfolger Gallmayer Pfarrer in der lutherischen Superintendentur Mosbach; auch er unterschrieb dort die FC, auf welcher Pfarrei, ist allerdings bis jetzt ungeklärt. Er hatte 1573 in Jena studiert und 1579 in Boxberg die Tochter des dortigen lutherischen Pfarrers Wolfgang Gwaldt (s.o.S.68) geheiratet. Da Fend dem Abt gegenüber versprach, Kommendengelder und bischöfliche Steuern zu entrichten, wollte Stefan Rüdt ihn nicht als Pfarrer "Augsburgischer Konfession" anerkennen und lehnte ihn rundweg ab (256). Dabei wird es ihm jedoch, bei aller formalen Anerkennung der Rechte des Abts, mehr um die Durchsetzung der eigenen Ansprüche als um die Konfession gegangen sein. Auch Balthasar Gallmayer war einer der Pfarrer, die ihre erste Pfarrstelle (er war nach Studium in Wittenberg 1573-1577 Diaconus in Geilsheim in der Markgrafschaft Ansbach) verließen, um in die lutherisch gewordene Kurpfalz zu ziehen: 1577-1587 war er Pfarrer in Neckarburken und unterschrieb dort die FC. Dort bei der Recalvinisierung entlassen, suchte er Aufnahme bei der Ritterschaft. Stefan Rüdt, der ihn gegen den Widerstand seiner Vettern anstellte, nannte ihn jedoch bald einen "leichtfertigen Patron", entließ ihn schon nach Jahresfrist und nahm M. Martin Jung aus Sindelfingen an, der kurz zuvor wegen Ehebruchs von den Herren von Gemmingen aus seiner Pfarrei Neckarmühlbach entlassen worden war. Jung hatte als württembergisches Landeskind in Tübingen studiert (immatrikuliert 30.9.1570, M. 4.8.1574), war aber wegen vorzeitiger Heirat Anfang 1575 ohne Erlaubnis von Tübingen weggegangen. Württemberg stellte ihn deshalb nicht an. Von den Herren von Hirschhorn erhielt er 1576 die Pfarrei Siegelsbach, von der er 1579 in das benachbarte Neckarmühlbach wechselte. Nach der Entlassung in Bödigheim 1592 ging es ihm schlechter: erst im Juli 1594 wurde er als Kaplan in Wolfsmünster wieder angestellt. 1602 kam er auf die Kaplansstelle Burgsinn, wo er zuletzt 1605 bezeugt ist (257). Stefan Rüdt präsentierte nach Jungs Entlassung Kaspar Neunhöfer, den Sohn des gleichnamigen Pfarrers von Kirchschönbach. Er war Tübinger Student (258). Diesmal setzten sich aber die Rüdt'schen Vettern gegen Stefan

---

256) Gallmayer: PfB KrO 944; G.Kuhr, Ritterschaftliches Pfarrerbuch Franken 742; Neumaier S.132 f.; G.A.Benrath, a.a.O. S.366; Fend: PfB KrO 748; Neumaier S.131; G.A.Benrath, a.a.O. S.365.

257) PfB KrO 1626; G.Kuhr, Ritterschaftliches Pfarrerbuch Franken 1302; Neumaier S.134.

258) PfB KrO 2543; Neumaier S.134.

Rüdt durch: Neunhöfer mußte sofort wieder gehen. Pfarrer in Bödigheim wurde Valentin Rathmann. Er stammte aus Rodach, hatte im Jahr 1557 in Leipzig und danach in Jena studiert und war 1560 Diaconus an St.Jakob in Rothenburg/ Tauber geworden. 1563 verlieh ihm der Magistrat von Rothenburg die Pfarrei Wettringen. Dort erhielt er 1577 einen Ruf Ulrichs IV. von Rechberg, der in seinem kleinen Gebiet die Reformation eingeführt hatte, nach Großeislingen. Nach Ulrichs IV. von Rechberg Tod 1584 machten die Rechberg'schen Erben die Reformation wieder rückgängig und entließen die evangelischen Pfarrer. Zuerst mußte Johann Gabler, Pfarrer in Ottenbach, 1585 gehen; er wurde von den Herren von Rosenberg aufgenommen und in Rinderfeld installiert. Rathmann konnte bis 1591 in Großeislingen bleiben, da dieser Ort ein Kondominat mit Württemberg war. Aufgrund ihres Patronatsrechts konnten sich die Rechberger schließlich durchsetzen und Rathmann entlassen. 1607 wurde er in Bödigheim altershalber mit einem Gnadengeld zur Ruhe gesetzt. Er weigerte sich, sein Amt aufzugeben, und mußte erst mit Hilfe einiger Amtsbrüder bewogen werden, diese Weigerung zurückzunehmen (259). An seiner Stelle wurde im Februar 1607 M.Johann Poyger berufen. Er stammte aus Horburg/Elsaß und war bis 1606 Diaconus in dem damals württembergischen Reichenweier gewesen (260). 1611 ging er nach Reichartshausen (im Besitz der Landschad von Steinach unter kurpfälzischer Landeshoheit). Ihm folgte in Bödigheim Peter Schechs und diesem 1614 M. Michael Müßlin (261). Schon 1605 war Wolfgang Dietrich Knapp, der Sohn des Eberstadter und Sindolsheimer Pfarrers Johann Sebastian Knapp, Präzeptor in Bödigheim geworden. Er kam 1611 auf die Pfarrei Eberstadt und von dort 1621 als Pfarrer nach Bödigheim zurück (262).

In Eubigheim wurde am 15.1.1543 der Priester Johann Müller investiert. Bei ihm handelt es sich wohl um den Johann Müller alias Zwick aus Crailsheim, der 1534 bis 1536 in Würzburg die Weihen empfing (Priesterweihe 11.3.1536).

---

259) Gabler: PfB WFr 661; PfB KrO 936; Rathmann: PfB KrO 2745; Neumaier S.134.

260) PfB KrO 2694; Neumaier S.192.

261) Schechs: PfB WFr 2245; PfB KrO 3042; Müßlin: PfB KrO 2485; Neumaiers Feststellung (S.134): "Schechs und Müslin tauchen sonst nirgends auf" ist unrichtig. Peter Schechs war zu finden bei Wibel I, 582 und bei W.Diehl, Hassia Sacra IV,129 u. 133. Über Michael Müßlin finden sich einige Angaben bei Neu II,429.

262) PfB KrO 1853; Neumaier S.126.

Da er, soweit man weiß, bis etwa 1560 amtiert hat, dürfte er ebenfalls schon evangelisch gepredigt und das Amt auf interimistische Weise versehen haben. Denn die Frau von Conz Rüdt, dem Besitzer der Hälfte von Eubigheim, Veronika von Rabenstein, war längst evangelisch; auch die Herren von Neideck, die die andere Hälfte seit 1545 besaßen und sie 1554 an Sebastian Rüdt verkauften, waren evangelisch. Nach dem Tod von Conz und Sebastian Rüdt 1559 und dem Übergang von Sebastians Hälfte an seinen - ebenfalls evangelischen - Schwiegersohn Wilderich von Walderdorff konnten die Ortsherren gemeinsam die Reformation offiziell machen. So ist sicher spätestens 1561 ein lutherischer Pfarrer eingesetzt worden. Wer ist nun dieser in der Überlieferung erwähnte "Herr Jakob"? (263) Sicher ist zunächst, daß er später, wohl bis 1583, Pfarrer in Korb war. Als solcher tauft er 1581 in dem benachbarten Ruchsen (264). Damals muß er schon sehr alt gewesen sein. Wahrscheinlich ist folgendes: Am 4.1.1519 wird in Heidelberg immatrikuliert Jodocus Dymer aus Heilbronn, b.a. 21.1.1521, heißt Herr Jakob (265). Der auffallende Namenszusatz läßt darauf schließen, daß er auch später so genannt wurde. Er gehörte zu der damals nicht nur in Heilbronn ansässigen, sondern auch im Kraichgau, im Bauland und im Jagsttal weit verbreiteten Familie Diemer, aus der mehrere katholische und evangelische Pfarrer hervorgegangen sind. Von diesem Herrn Jakob wird berichtet, daß er vor 1534 die Kapellpfründe in Hölzern bei Weinsberg erhielt und 1534 Pfarrer in Assumstadt wurde. 1539 mußte er dort dem von Sindeldorf nach Assumstadt versetzten Alexander Sendler Platz machen. Nun wäre es möglich, daß Diemer damals schon auf die Pfarrstelle Eubigheim kam, in der Interimszeit dann die übliche Entwicklung mitmachte und seit 1552 als evangelischer Pfarrer wirkte. Dafür sprechen könnte die Tatsache, daß seine Heilbronner Verwandten ebenso wie viele seiner Heidelberger Studienkollegen schon früh der evangelischen Sache nahestanden. Auffällig ist ja auch, daß in den Eubigheim betreffenden Akten nur über die Besetzung der Frühmesse, nicht mehr über die der Pfarrei berichtet wird (266). Wenn es sich nicht so ver-

---

263) G.Bossert in BWKG 1904, S.144 u. in: Johann Geyling, a.a.O. S.61.
264) KB Ruchsen 1581; das KB beginnt in diesem Jahr.
265) G.Toepke, Die Matrikel der Universität Heidelberg, Bd.I, S.517.
266) Neumaier S.135, der den Vornamen Müllers irrtümlich mit Heinrich angibt.

halten sollte, dann muß Diemer spätestens 1561 als schon evangelischer Pfarrer nach Eubigheim gekommen sein. Wo er zwischen 1539 und 1561 war, ist dann ungeklärt. Ebenso ist nicht festzustellen, wann sein Wechsel von Eubigheim nach Korb stattfand, auch nicht, wer in Eubigheim sein Nachfolger wurde. M.Hartmann Rabanus wurde 1589 nach Eubigheim berufen (267). Er stammte aus Butzbach und hatte 1579 in Marburg studiert. Danach war er 1587-1589 Schulmeister in Heldenbergen (268) und kam von dort nach Eubigheim. 1611 beriefen ihn die Grafen von Castell nach Billingshausen; der Aufzug dort fand aber erst 1612 statt. 1615/16 wurde er nach Unteraltertheim und 1623 von da nach Oberlaimbach versetzt, wo er am 12.8.1630 starb.

Sein Eubigheimer Nachfolger M.Markus Hollenbach ist einer der interessantesten Pfarrer der Gegend. Schon sein Großvater Hans Hollenbach, der um 1550 in Hardheim lebte, muß evangelisch gewesen sein. Der Vater Georg Hollenbach war in den Siebzigerjahren Schulrektor in Königheim (269). Als 1581 die dortige Herrschaft ganz an das Erzstift Mainz überging und die Gegenreformation sich verstärkt bemerkbar machte, ging er nach Unterschüpf, wo er als Schulmeister und Gerichtsschreiber wirkte. Dort ist Markus 1588 geboren und schließlich auch am 28.9.1658 gestorben. So erstreckte sich seine Amtszeit über die ganze Zeit des Dreißigjährigen Krieges. Viele Jahre lang hatte er fünf Pfarreien zu versehen. Er hat nach dem Tod des Superintendenten Erhard Happach 1630 zeitweilig wohl auch die Aufgaben des Superintendenten wahrgenommen, bis die Grafen von Hatzfeld 1648 mit Johann Heinrich Ris in Niederstetten wieder einen Dekan einsetzten. Nach dem Schulbesuch in Heilbronn studierte Hollenbach 1604-1611 in Straßburg und war dann ein Jahr lang Präzeptor der Söhne des Superintendenten Happach in Uiffingen, ehe er 1612 die ihm schon übertragene Stelle in Eubigheim antreten konnte. 1613 setzte ihn Albrecht Christoph von Rosenberg nach Buch am Ahorn, wo er auch die Filialgemeinde Brehmen zu versehen hatte. 1623 kamen nach dem Weggang des Paulus Wolf Hirschlanden und Hohenstadt dazu, 1624 auch die

---

267) PfB KrO 2724; G.Kuhr, Ritterschaftliches Pfarrerbuch Franken 2149; Neumaier S.137.

268) W.Diehl, Hassia Sacra IV, S.282.

269) Georg Hollenbach: PfB KrO 1499; KB Königheim; Markus Hollenbach: PfB WFr 1113; PfB KrO 1504; Neumaier S.137.

91

evangelische Gemeinde von Gerichtstetten, dessen Pfarrei vom Abt von Amorbach mit Genehmigung der inzwischen bayrischen Regierung mit dem katholischen Priester Ulrich Mügling besetzt worden war. 1631/32, nach den schwedischen Siegen, siedelte Hollenbach, vermutlich auf wertheimische Veranlassung, ganz nach Gerichtstetten über, versah aber weiterhin Buch am Ahorn und Brehmen sowie ab 1633 die jetzt wertheimischen Pfarreien Berolzheim und Hüngheim. Als er nach der Nördlinger Schlacht Gerichtstetten wieder verlassen mußte, zog er nach Brehmen und versah von dort aus Buch am Ahorn und die Evangelischen in Gerichtstetten. 1636 wurde er nach dem Tode des Superintendenten Erhard Happach (+ 1635) von den evangelischen Ganerben der Herrschaft Schüpf nach Uiffingen berufen; doch konnte er die Stelle nicht antreten, da diese aufgrund der politischen Lage vom Stift Neumünster auf Verlangen des Würzburger Bischofs ebenfalls wieder mit einem Priester besetzt wurde (dem bei der Rekatholisierung in Kupprichhausen 1628 eingesetzten Pfarrer Johann Hergenröther). Als dann 1639 der Schüpfer Diaconus Johann Fischer nach Wachbach wechselte, konnte Markus Hollenbach das Diakonat in Unterschüpf beziehen. Schließlich erhielt er nach dem Tode Johann Knapps die Pfarrei Unterschüpf, hatte aber weiterhin Buch am Ahorn, Brehmen und Gerichtstetten zu versehen. Auch in seiner ersten Pfarrei Eubigheim mußte Hollenbach wieder predigen, nachdem sein dortiger Nachfolger Leonhard Riedberger (270) 1635 wegen der Zerstörung des Dorfes hatte weichen müssen. Kurz vor seinem Tod war sein Sohn Johann Jakob Diaconus in Schüpf geworden; sein Sohn Lorenz Hollenbach war seit 1656 Schulmeister und Gerichtsschreiber in dem hohenlohischen Ort Hollenbach - übrigens eine bemerkenswerte Namensgleichheit! (271)

Noch ziemlich unbekannt sind die Vorgänge vor und bei der Reformation von Sindolsheim. 1555 wurde von Sebastian Rüdt in seiner Eigenschaft als Vormund der Bödigheimer Rüdt der junge ("discreto juveni") Philipp Schinder aus Bretzingen, der erst die niederen Weihen empfangen hatte, auf die Frühmesse präsentiert. Er empfing dann die weite-

---

270) PfB WFr 2095; PfB KrO 2830; Neumaier S.137.
271) Johann Jakob Hollenbach: PfB WFr 1112; PfB KrO 1501; Lorenz Hollenbach: KB Hollenbach.

ren Weihen (Priesterweihe 5.3.1558). Um 1560 ist er aber Kaplan in Külsheim. Es ist anzunehmen, daß nach dem Tode Sebastian Rüdts 1559 der Stiefvater der Söhne des Valentin Heinrich Rüdt, Albrecht von Rosenberg, den katholischen Priester entließ und die Pfarrei evangelisch besetzte. Namen von Pfarrern sind zunächst nicht bekannt. Der erste bekannte Pfarrer ist M. Jodocus Chrysostomus Hurtlig aus der Grafschaft Waldeck, der bis 1590 da war (272). Ihm folgte in diesem Jahr Johann Sebastian Knapp aus Bödigheim, der seit 1584 in Eberstadt (s.d.) gewesen war und bis 1621 in Sindolsheim blieb (273).

Die Eubigheimer Rüdt besaßen als Würzburgisches Lehen auch den Ort Waldhausen, für dessen Pfarrei ebenfalls der Abt von Amorbach das Patronat besaß. Dort war etwa 1552 Peter Figulus aus Mudau Pfarrer geworden. Er gehörte zu denjenigen, die nach evangelischem Studium sich in der Interimszeit in Würzburg weihen ließen. Am 20.2.1544 war er in Tübingen immatrikuliert und danach auch ins Stift aufgenommen worden. Letzteres verdankte er gewiß seiner Stuttgarter Verwandtschaft; er war "Herrn Adam zu Stuttgart selig Verwandter" (274). Aus diesem Grund kann mit Recht angenommen werden, daß Figulus evangelisch war. Wenn er sich dann 1552/53 weihen ließ (Priesterweihe 1.4. 1553), so war dies, wie oben gezeigt, die Auswirkung des Interims. Es scheint, daß der Abt ihn zu katholischer Amtsführung veranlassen wollte. Deshalb kam er 1557 um seine Entlassung ein, die er auch vom bischöflichen Fiskal erhielt. Leider ist nicht bekannt, wohin er sich damals wandte, vermutlich in eines der 1556 evangelisch gewordenen Territorien, vielleicht in die benachbarte Kurpfalz. Nachfolger in Waldhausen wurde Kaspar Franz aus Buchen, der eben die Subdiaconatsweihe empfangen hatte und als Pfarrer von Waldhausen am 4.6.1558 zum Priester geweiht wurde. Doch schon kurz darauf verließ auch er die Pfarrei. Später ist er Pfarrer in Ballenberg, wo er am 11. 5.1587 gestorben ist. Daß auch er interimistisch, wenn nicht evangelisch amtiert hat, geht daraus hervor, daß Ballenberg zu seiner Zeit überwiegend evangelisch war.

---

272) C.W.F.L.Stocker, Nachtrag zum Schematismus der evang.-prot. Kirche im Großh. Baden, Karlsruhe 1886, S.42.
273) S.o. S. 86 Anm.253.
274) Akten des Tübinger Stifts; PfB KrO 764; Neumaier S.137.

Auch sein Sohn Andreas war eindeutig evangelisch. Er wurde als "Schulmeister im Würzburgischen" 1590 vertrieben, wandte sich nach Stuttgart, wo er unterstützt wurde, und ging dann zum Studium nach Tübingen (immatrikuliert 26.8. 1593). Danach war er Pfarrer in Österreich bei Karl von Lichtenstein, wurde auch von dort vertrieben, suchte 1601 in Reutlingen um ein Gnadenviaticum nach. Damals war er verheiratet und hatte vier Kinder (275). Nach dem Weggang von Kaspar Franz setzte der Abt den Priester Markus Udalrici nach Waldhausen; aber der Rüdt'sche Vormund Albrecht von Rosenberg, der die Pfarrei evangelisch besetzen wollte, ließ einstweilen neben dem Priester den Pfarrer Leonhard Stolz von Bödigheim predigen. Udalrici merkte bald, daß er bei dem Ortsherrn nicht erwünscht war, und verließ die Stelle, worauf der Abt Georg Albrecht ernannte. Dieser war noch nicht geweiht; jetzt ließ er sich zusammen mit seinem Bruder Christoph weihen (Priesterweihe 10.4. 1563). Während Georg also nach Waldhausen kam, wurde Christoph Pfarrer in Hollerbach, das dem mainzischen Hofmeister Eberhard Rüdt von der Collenberger Linie gehörte. Aber noch im gleichen Jahr verließen beide ihre Pfarreien. Während der Verbleib von Christoph ungewiß ist, findet man Georg Albrecht etwa 1566 und noch 1580 als Pfarrer in Neibsheim im Gebiet des Hochstifts Speyer (276). Danach kehrte er wieder ins Fränkische zurück. 1590-1591 war er Pfarrer in Aufstetten, dessen Pfarrei dem Ritterstift St. Burkard in Würzburg gehörte. Die Herren Zobel von Giebelstadt setzten ihn dann in das benachbarte Ingolstadt auf dem Ochenfurter Gau, das sie gemeinsam mit den Geyer von Giebelstadt besaßen. Letztere waren evangelisch, die Zobel dagegen katholisch. So kam Georg Albrecht als katholischer Pfarrer nach Ingolstadt, scheint aber unter dem Einfluß der evangelischen Geyer evangelisch geworden zu sein. Im April 1596 wird er aus dem Bistum Würzburg vertrieben. Am 9.6.1596 präsentiert Markgraf Ernst Friedrich von Baden-Durlach ihn auf die Pfarrei Ötigheim. Der Ort gehörte zu der kurz zuvor von Ernst Friedrich besetzten Markgrafschaft Baden-Baden und stand unter dem Patronat der Äbtissin des Klosters Frauenalb, das der Markgraf in

---

275) Kaspar Franz: PfB KrO 873; Neumaier S.137; Andreas Franz: G.Bossert, Die Liebestätigkeit, a.a.O. II, S.108; Th.Schön, Die Liebestätigkeit der Reichsstadt Reutlingen gegen evang. Glaubensgenossen, in: BWKG 1907, Nachtrag S.180.

276) PfB KrO 23; W.Hartmann u H.E.Walter, Das Heimatbuch von Neibsheim, Ludwigsburg 1970, S.180; Neumaier S.139.

diesem Fall jedoch überging (277). Albrecht war auch verheiratet; ein Sohn Conrad heiratet 1608 in Neuenstein. Der vom Amorbacher Abt am 7.8.1563 als Albrechts Nachfolger präsentierte Christoph Keller aus Buchen war bereit, als Lutheraner zu amtieren, wie sein am 28.5.1564 abgelegter Eid beweist (278). Er hatte seit dem WS 1555/56 bei seinem Landsmann Christoph Korner in Frankfurt/Oder studiert, seit 1560 als Buchener Stipendiat auch in Ingolstadt (279), und hatte 1562 die niederen Weihen empfangen. Nach seiner Präsentation für Waldhausen ließ er sich auch die weiteren Weihen erteilen (Priesterweihe 25.2.1564). Da es zu dieser Zeit auch in Franken schon nicht mehr geweihte evangelische Pfarrer gab, wollte Albrecht von Rosenberg ihn zunächst nicht akzeptieren, sondern präsentierte seinerseits den Jakob Sturmer (280). Dies veranlaßte Keller, sich ausdrücklich als Lutheraner zu bekennen. Daß das dem Abt natürlich nicht paßte, ist klar. So scheint er Keller wieder gekündigt zu haben und präsentierte am 16.12.1564 den Peter Linck, der wie Keller aus Buchen stammte. Aber auch Linck war evangelisch; er hatte in Tübingen studiert (dort zweimal immatrikuliert: 6.9.1558 und 18.8.1560), und zwar interessanterweise zwischen seiner in Würzburg erfolgten Subdiaconatsweihe (26.3.1558), seiner Diaconatsweihe (8.6.1560) und seiner Priesterweihe (5.6.1563). Der Abt von Amorbach mußte schließlich akzeptieren, daß Waldhausen lutherisch geworden war. 1571 wurde Linck vom Abt auf die benachbarte Pfarrei Limbach versetzt, wogegen Veronika Rüdt energisch, aber vergeblich protestierte. Die Pfarrei dieses mainzischen Dorfes hatte eine Reihe von Filialen, die territorial zur Kurpfalz gehörten. Dort war bei den Bewohnern der pfälzische Calvinismus zur vorherrschenden Konfession geworden. Indem der Abt nun einen Lutheraner auf die Pfarrei setzte, versuchte er wenigstens diesen calvinistischen Einfluß abzuwehren. Insofern ist die Versetzung Lincks kein Zeichen dafür, daß er etwa wieder katholisch geworden wäre (281). Veronika und Eberhard Rüdt

---

277) G.Kuhr, Ritterschaftliches Pfarrerbuch Franken 9 u. 18; H.Bartmann, Die Kirchenpolitik der Markgrafen von Baden-Baden im Zeitalter der Glaubenskämpfe (1535-1622), in: FDA 81, S.277 Anm.164.

278) PfB KrO 1706; Neumaier S.139 f.; G.A.Benrath, a.a.O. S.368.

279) G.Schneider, Buchener Studenten, Nr.160 u. 170.

280) PfB KrO 3560.

281) PfB KrO 2165; Neumaier S.141 u. 261 f.

setzten 1571 in Waldhausen einen evangelischen Pfarrer ein, der aus Schönmattenwag stammte (282). Bei ihm handelt es sich wohl um den Sohn des Joachim Jäger, der für seinen Vater die dortige Pfarrei versehen hatte (283). Aber schon 1573 war er nicht mehr da. Eberhard Rüdt berief nun den früheren Pfarrer Christoph Keller, "so evangelisch gewesen", der inzwischen in Herbolzheim an der Jagst gewesen war, wieder nach Waldhausen. Keller hat auch damals noch "interimistisch" amtiert, d.h. er hielt Messe, predigte aber evangelisch und teilte die Sakramente in zweierlei Gestalt aus. Eberhard Rüdt verbot jedoch das Messelesen und entließ Keller bald wieder, der nach Herbolzheim zurückkehrte (284). Dieser Vorgang macht die Weiterentwicklung des konfessionellen Gegensatzes deutlich. Was für Albrecht von Rosenberg und für den Amorbacher Abt 10 Jahre früher noch ohne größere Schwierigkeiten tragbar schien, nämlich die interimistische Weise, wollte Eberhard Rüdt jetzt nicht mehr akzeptieren. Konfessionelle Klarheit schien ihm jetzt geboten, und dies, obwohl er selbst mit Maria von Gebsattel, der Schwester des Bamberger Probsts und späteren Fürstbischofs Johann Philipp von Gebsattel verheiratet war. Sie war wie ihr Mann evangelisch. Eberhard Rüdt ließ sich von den Herren von Berlichingen ihren Neunstetter Pfarrer Martin Fasold für Waldhausen freistellen. Auch er stammte aus Buchen und war geweihter Priester (Priesterweihe 10.3.1543), war aber schon vor dem Interim evangelisch geworden. 1554 wurde er zum Pfarrer von Neckarzimmern berufen, 1556 nach Neunstetten versetzt (285). Nach dem Tode Fasolds 1578 schlug Eberhard Rüdt Georg Stolz, den Sohn des Bödigheimer Pfarrers, für Waldhausen vor, den der Abt auch akzeptierte. Stolz hatte in Ingolstadt studiert (immatrikuliert 3.10.1575), wurde aber nicht geweiht. Nach dem Tod Eberhard Rüdt's 1591 wollte sein Bruder Christoph Rüdt Georg Stolz aufkündigen, da dieser "ein liederlicher Gesell" sei. Es stand aber zu befürchten, daß der Abt jetzt - nach Verhärtung der konfessionellen Gegensätze - einen katholischen Pfarrer präsentieren würde. Deshalb wurde

---

282) PfB KrO 1594; G.A.Benrath a.a.O. S.368.

283) W.Diehl, Hassia Sacra III, S.360 f. Vielleicht ist er der Joachimus Jeger Gamundianus, der ab 12.9.1580 in Ingolstadt studiert.

284) Neumaier S.262; der dort erwähnte "Christoph von Herbolzheim" ist Keller.

285) PfB KrO 725; Neumaier S.262.

Stolz belassen. Einige Jahre später, 1594, kündigte ihm der Abt - unter dem Druck des Erzstifts Mainz - selbst. Maria Rüdt, die Witwe Eberhards, wollte ihn jedoch halten. So kam es 1595 zum gewaltsamen Einschreiten eines mainzischen Zentaufgebots. Stolz mußte Waldhausen verlassen; er kam als Diaconus nach Neckarsteinach und 1599 dort noch auf die Pfarrstelle (286). In Waldhausen wurde gegen Rüdt'schen Protest der Amorbacher Conventuale Georg Bauersdorfer eingesetzt, der vom Würzburger Bischof aber abgelehnt wurde. Dieser verlangte vom Abt die Einsetzung eines Weltpriesters. Die Auseinandersetzungen zwischen Würzburg, Mainz und dem Abt von Amorbach sowie den Rüdt'schen Ortsherren brachten es mit sich, daß von den folgenden kurz nacheinander präsentierten Priestern kaum einer länger als ein Jahr in Waldhausen bleiben konnte. Die Gemeinde blieb jedenfalls zunächst evangelisch. Maria und Christoph Rüdt ließen, so oft es ging, einen evangelischen Pfarrer predigen. Erst der letzte in der Reihe der vom Abt präsentierten Priester, Johann Paul Pistorius (287), konnte ab 1609 in Waldhausen bleiben. Er stammte aus Limburg und hatte in Mainz Philosophie studiert, danach privatim auch Theologie, und war 1585 in Trier zum Priester geweiht worden. Der Hofmeister des 1568 aufgehobenen Klosters Seligental, Ambrosius Brosamer, präsentierte ihn 1588 auf die Pfarrei Schlierstadt. Bei den Visitationen wurde moniert, daß er Konkubinarier sei (er war verheiratet und hat sogar 1609 zum zweitenmal geheiratet!), daß er die Letzte Ölung nicht kenne und anderes mehr. Da er sich den entsprechenden Anordnungen nicht fügte, sollte er 1606 entlassen werden, blieb aber noch bis 1609 in Schlierstadt. Offensichtlich hat er sein Amt, ebenso wie der andere Seligentaler Patronatspfarrer Simon Aspach in Seckach, in der Weise geführt, wie es aus vielen Pfarreien als interimistisch bekannt ist. Daher wollte ihn der Bischof von Würzburg auch nicht in Waldhausen annehmen; die Rüdt und der sie unterstützende Ritterhauptmann Albrecht Christoph von Rosenberg nahmen ihn trotzdem an und unterstützten ihn. Von daher ist die spätere Beurteilung zu verstehen, er habe Waldhausen evangelisch gemacht (288). Er blieb bis 1628 als offiziell ka-

---

286) PfB KrO 3524.

287) PfB KrO 2687; Neumaier S.233 f. u. 267.

288) Th.Humpert, Geschichte der Pfarrei Waldhausen, in: FDA 59, 1931, S.239 f. mit einer unvollständigen Pfarrerliste: G.A.Benrath, a. a.O. S.369 Anm.24; Neumaier S.267.

tholischer Pfarrer in Waldhausen. Diese Tatsache führte nach dem Dreißigjährigen Krieg dazu, daß Waldhausen als im Normaljahr 1624 katholisch betrachtet und deshalb endgültig rekatholisiert werden konnte. Seit 1628 war die Pfarrei zum Filial von Limbach gemacht worden; lediglich in der Schwedenzeit konnten die Bödigheimer Rüdt, denen Christoph Rüdt das Dorf 1612 verkauft hatte, noch einmal evangelische Pfarrer einsetzen (289).

Das Dorf Fechenbach, nördlich des Mains, mit der Burg Collenberg, im Besitz der Collenberger Linie, fiel nach dem Tod des mainzischen Hofmeisters Eberhard Rüdt an dessen evangelische Neffen Wolf Albrecht und Wolf Dietrich und nach dessen Tod an seine Söhne Wolf Konrad und Adam Julius. Hier ergab sich nach 1567 keine Gelegenheit zur Reformation. Ob der dort bei der Visitation 1549 erwähnte Pfarrverweser Kling, Frühmesser in Mönchberg, mit dem Johannes Klingler aus Miltenberg identisch ist, der 1532 in Wittenberg studierte, ist unsicher. Wolf Konrad Rüdt hielt sich auf dem Schloß Collenberg eigene Schloßpfarrer: 1620-1623 M.Cyriacus Coppelius aus Hersfeld, Wittenberger Student, und 1624-1628 M.Jeremias Bordenbach (Portenbach) aus Augsburg, Tübinger und Straßburger Student, der 1628 nach Nassig, 1630 nach Beerfelden und 1633 nach Albertshausen kam und 1634 in Würzburg starb (290).

Auch in Hollerbach, das als Würzburgisches Lehen ebenfalls der Collenberger Linie der Rüdt gehörte, kam es nicht zu einer offiziellen Reformation, wohl aber zu einer parallelen reformatorischen Bewegung. Das Patronat hatte wie in den anderen Gemeinden der Abt von Amorbach; die Pfarrei war seit 1399 dem Kloster Amorbach incorporiert. 1538 war Simon Stumpf aus Bödigheim Pfarrer in Hollerbach geworden. Ihn hat der Abt gerne angenommen, war er doch einer der wenigen, die, ursprünglich evangelisch geworden, zum Katholizismus zurückkehrten. Zunächst hatte er in Basel studiert, war dann Pfarrer in Höngg bei

---

289) Dies waren M.Johann Wendel Dietrich aus Urach 1632-1634; er wurde nach Eberstadt versetzt, s. PfB KrO 498; danach Daniel Spitzweck 1634-1635, der ebenfalls, und zwar nach Dietrichs Tod im September 1635, nach Eberstadt versetzt wurde, aber kurz darauf nach Sindolsheim kam und zuletzt 1658-1666 in Bödigheim war, s. PfB KrO 3429. Spitzweck stammte aus Öhringen. S. auch Neumaier S.279.

290) Coppelius: PfB KrO 1940; Bordenbach: PfB KrO 345.

Zürich geworden, hatte sich den Wiedertäufern angeschlossen und als deren Apostel fungiert. Als er sich danach von der Täuferbewegung trennte, wurde er Kaplan in dem damals badischen Schömberg bei Liebenzell. Doch mußte er diese Stelle als des Zwinglianismus verdächtig im Jahr 1528 wieder aufgeben (291). Nun wurde er wieder katholisch, begab sich zum Studium nach Ingolstadt (immatrikuliert 25.2.1529) und ließ sich 1532 in Würzburg weihen (Priesterweihe 25.5.1532), worauf er die Pfarrei Dettingen bei Rottenburg erhielt. Als er 1538 in seine Heimat zurückberufen und Vikar in Hollerbach wurde, hatte er einen Sohn von 13 Jahren. In einem Brief an Beatus Rhenanus vom 2.2.1538 bereute er seine Vergangenheit (292). Ob Ulrich Schipf, der auch aus Buchen stammte, sein direkter Nachfolger in Hollerbach wurde, ist nicht ganz sicher. Er hatte 1543 die Weihen in Würzburg empfangen (Priesterweihe 22.9.1543) und war Pfarrer in Hettingen geworden. Unklar ist auch, wann sein Wechsel nach Hollerbach stattfand. Jedenfalls resignierte er 1563, worauf der Abt den schon oben (S. 94) erwähnten Christoph Albert präsentierte. Da auch dieser im gleichen Jahr wieder wegging, kam Valentin Knapp, ebenfalls aus Buchen, auf die Pfarrei. Er hatte erst die niederen Weihen empfangen und heiratete kurz nach seinem Aufzug. Der damalige evangelische Ortsherr Wolf Dietrich Rüdt strafte ihn mit 50 fl., weil er die Heirat eines katholischen Pfarrers nicht zulassen wollte. Knapp hat sich aber im Lauf seiner Amtszeit der evangelischen Seite genähert. 1580 wurde er Pfarrer in dem mainzischen Amtsort Krautheim, der damals größerenteils evangelisch war. Auch der mainzische Amtmann Andreas Mosbach von Lindenfels war evangelisch. Auf seine Veranlassung hin hat Knapp auch die Lutheraner betreut. So ist anzunehmen, daß er in der interimistischen Weise amtiert hat, wohl auch schon in Hollerbach. 1590 wurde er von Mainz abgesetzt, lebte aber im folgenden Jahr noch dort als "gewesener Pfarrer" (293), und muß kurz darauf

---

291) PfB KrO 3564; BWKG 1891, S.48. Er gehörte also zu den Pfarrern, die 1528 die Markgrafschaft Baden verließen, s. G.Kattermann, Die Kirchenpolitik Markgraf Philipps I. von Baden (1515-1533), (Veröffentlichungen des Vereins für Kirchengeschichte in der evang. Landeskirche Badens Bd.XI), Lahr 1936, S.70; sowie H.Bartmann, Die badische Kirchenpolitik unter den Markgrafen Philipp I., Ernst und Bernhard III. von 1515-1536, in: ZGO Bd.108, 1960, S.21 f. Stumpf hatte 1525 auch in Frankfurt/Oder bei Wimpina studiert.

292) BWKG 1891, S.48.

293) In Krautheim; PfB KrO 1582; Neumaier S.204, der Wolf Dietrich Rüdt

gestorben sein, da seine Witwe 1592 in Krautheim stirbt. Der Kandidat gleichen Namens aus Krautheim, der 1591 in Wertheim das Examen ablegt und sich danach um eine Pfarrei bewirbt, ist wohl sein Sohn gewesen. Da er keine Pfarrstelle erhielt, wurde er Schneider und ließ sich in Höpfingen nieder. Später ist er jedoch als Schulmeister und Gerichtsschreiber in Uiffingen bezeugt, wo er 1654 zum drittenmal heiratet (294). In Hollerbach folgte auf Knapp Andreas Bechtold aus Götzingen, der die Schulen in Speyer und Würzburg besucht und als Domvikar in Würzburg am 18.3.1564 die Subdiaconatsweihe empfangen hatte. Auch Bechtold muß noch in der interimistischen Weise amtiert haben. Denn 1604 wollte der Amorbacher Abt ihn abschaffen. Felicitas Rüdt, die Witwe Wolf Dietrichs, erklärte, dann werde sie einen Lutheraner einsetzen. 1605 gelang es dem Abt, Bechtold zu entlassen und den Amorbacher Mönch Simon Gramlich einzusetzen, obwohl dieser vom Würzburger Fiskal abgelehnt wurde (295). Simon Gramlich war ein Sohn des Assamstadter Pfarrers Georg Gramlich und wurde erst zu seinem Aufzug in Hollerbach geweiht (Priesterweihe 17.12.1605). 1610 wurde er auf Betreiben Würzburgs wieder entlassen. Wolf Konrad Rüdt wollte jetzt einen evangelischen Pfarrer einsetzen, drang aber gegen die erstarkte Macht des Würzburger Bischofs damit nicht mehr durch. So blieb es in Hollerbach beim Katholizismus (296).

Die reformatorische Entwicklung in den Rüdt'schen Dörfern fügt sich dem Gesamtbild in den fränkischen Gebieten gleichartig ein, wobei Gelingen oder Scheitern sich aus den einzelnen Konstellationen personeller und rechtlicher Art ergab.

6. Das Gebiet der Herren von Hardheim

In Bretzingen und Waldstetten teilten sich die Bödigheimer Rüdt die Ortsherrschaft mit den Herren von Hardheim. Diese besaßen als würzburgisches Lehen einen Teil von Hardheim selbst, seit 1563 als Pfandschaft auch den wert-

---

allerdings als noch katholisch bezeichnet. S. auch S.212 f. u. 238.
294) KB Wertheim u. Uiffingen.
295) Bechtold: PfB KrO 180; Neumaier S.205; Gramlich: PfB KrO 1084; Neumaier S.205.
296) Ausführlich bei Neumaier S.205 f.

heimischen Teil. Ein dritter Teil war würzburgisch. Zu den weiteren Besitzungen gehörten Höpfingen, die Hälfte von Gerichtstetten, ferner Assumstadt mit Schloß Domeneck und die Hälfte von Züttlingen. Das Patronat gehörte den Herren von Hardheim jedoch nur in Assumstadt, außerdem in den mainzischen Orten Sindeldorf, Westernhausen (dem Kloster Schöntal gehörig) und Winzenhofen. In Hardheim selbst gehörte ihnen die Spitalpfründe, während für die Pfarrei wie auch für Bretzingen, Höpfingen und Waldstetten das Domkapitel Würzburg Patronatsherr war. In Gerichtstetten war der Abt von Amorbach zuständig.

Die frühesten evangelischen Regungen hat es nun gerade in den Patronatsorten gegeben, die nicht im Besitz der Herren von Hardheim waren. So war in Sindeldorf der Pfarrer Alexander Sendler, der evangelisch predigte und das Sakrament in beiderlei Gestalt austeilte. Der mainzische Amtmann Bernhard von Hardheim mußte ihn dort 1538 auf bischöflichen Befehl hin entlassen, stellte ihn danach aber sofort in Assumstadt-Züttlingen wieder an. Zuvor waren in Assumstadt der schon erwähnte Herr Jakob (Jodocus Diemer) und in Züttlingen Johann Bierer gewesen, der nun Schloßpfarrer in Domeneck wurde (297). In Sindeldorf sind die nächsten Pfarrer nicht bekannt. 1560 setzte Wolf von Hardheim den in Eberstadt entlassenen Kaspar Körner ein, der 1568 nach Frankenbach kam (s.o.S.83). Es folgte, wahrscheinlich 1568, Thomas Hend (Henn, Heun) aus Buchen (Priesterweihe 1.3.1561). Er ist sicher 1580 und bis 1604 dort, ist verheiratet und hat Kinder. Sein Sohn Hieronymus wird am 27.9.1581 in Ingolstadt immatrikuliert. 1593 bittet Pfarrer Hend, seinem Sohn Thomas, dem wegen Diebstahls die Grafschaft (d.i. Hohenlohe) verboten war, den Zutritt wieder zu gestatten (298). 1604 setzt der Abt von Amorbach Hend nach Waldhausen, obwohl er im Examen schlecht abgeschnitten hat und von Würzburg abgelehnt wird; doch schon 1606 geht er auf die Kaplansstelle in Königheim. Dort ist er 1612 gestorben. Nach Sindeldorf kommt 1604 Konrad Fuchs, der wieder gut katholische Sohn des Bretzinger Pfarrers Valentin Fuchs (s.u.S.111).

---

297) PfB KrO 276; G.Bossert, Johann Geyling, S.61. Johann Bierer ist vielleicht der "Herr Johannes", der 1548 von Götz von Berlichingen in Neunstetten eingesetzt wird, s.u. S.117.

298) PfB KrO 1321; Neumaier S.267; OAB Künzelsau; KB Königheim.

Zu den evangelisch gesinnten Pfarrern der frühen Reformationszeit gehörte auch Jakob Leutz, in Winzenhofen 1522-1525, der im Verlauf des Bauernkriegs seine Stelle verlor. Die folgenden Pfarrer von Winzenhofen sind nicht bekannt. Dagegen ist bekannt, daß 1527 der Priester Friedrich Beger aus Hardheim nach Westernhausen kam, der 1494 in Freiburg studiert hatte und bis 1527 eine Pfründe an der Kilianskirche in Heilbronn gehabt hatte. Er neigte der evangelischen Seite zu und wurde, als er 1531 nach Heilbronn zurückkehrte, auch offiziell evangelisch. Bis zu seinem Tod 1548 diente er der Heilbronner Kirche als Kaplan. Sein Sohn Sebastian studierte 1539 in Tübingen, wurde Pfarrer in Wannweil und Stammvater der Reutlinger Familie Beger. Der Nachfolger Begers in Westernhausen ist unbekannt. 1552 kam Wilhelm Bauer aus Krautheim dorthin. Er hatte nur die niederen Weihen empfangen und starb schon 1555. Wieweit er in interimistischer Weise gewirkt hat, kann aus den spärlichen Quellen nicht geklärt werden. Johann Ostertag und Heinrich Rüdinger sollen die nächsten Pfarrer in Westernhausen gewesen sein. Über sie ist weiteres nicht bekannt (299). Heinrich Rüdinger war vielleicht ein Sohn des gleichnamigen Schultheißen in Schefflenz, oder sonst mit den Mosbacher Rüdinger verwandt.

Balthasar Schmidt aus Hardheim, der 1554 in Assumstadt auf Alexander Sendler folgte, gehörte zu den Pfarrern, die in der Interimszeit in Würzburg geweiht wurden (Priesterweihe 20.9.1550). Er ist sicher von Beginn seiner Amtszeit an evangelisch gewesen. Zu ihm nach Assumstadt zog auch sein gleichnamiger Vater, der am 6.11.1580 dort starb. Das deutet daraufhin, daß die Familie - ebenso wie andere Hardheimer Familien, z.B. die gleich zu nennende Familie Kayser und die Familie Müller, aus der die beiden Pfarrer von Widdern stammten (s.u.S.119) - schon vor 1550 evangelisch war. Für die Reformationsgeschichte von Hardheim dürfte dies nicht unwichtig sein. Schultheiß in Hardheim war um 1550 Conrad Kayser. Dessen Sohn Valentin Kayser wurde 1585 Pfarrer in Assumstadt. Er verließ jedoch die Pfarrei im Jahr 1596 und zog nach Mosbach, wo er als "gewesener Pfarrer von Assumstadt" am 7.7.1601 (wohl

---

299) OAB Künzelsau S.869 f.; Leutz: PfB KrO 2137; ZGO 1911, S.151 f.; Beger: PfB KrO 201; Heilbronner Urkundenbuch IV, S.30 f.; Ratsprotokoll Heilbronn; Bauer: PfB KrO 140. Das Patronat von Westernhausen ging 1566 an das Kloster Schöntal über.

zum zweitenmal) heiratet. Demnach scheint er Calvinist geworden zu sein, hat aber keine Pfarrei mehr erhalten. Er starb 14.10.1626 in Mosbach. Ebenfalls aus Hardheim stammte sein Nachfolger Johannes Keim, der am 21.5.1586 in Wittenberg immatrikuliert wurde und von 1596 bis zu seinem Tod 1616 Pfarrer in Assumstadt war (300).

Wolf von Hardheim hat, wie wir anfangs sahen (S.20), zusammen mit seinem Bruder Philipp an drei Universitäten (Heidelberg, Ingolstadt und Freiburg, studiert. Er trat also als gebildeter Mann die Regierung seines Gebietes an und war durchaus in der Lage, auch die konfessionellen Auseinandersetzungen zu beurteilen. Daß er sich sofort eindeutig auf die evangelische Seite gestellt hat, hängt sicher auch damit zusammen, daß es in Hardheim selbst schon evangelische Bürger gab (s.o.). Auch seine Berlichingischen Verwandten - er heiratete Margarete von Berlichingen, eine Enkelin des Götz - waren ja bereits evangelisch. Nun konnte Wolf, da ein Teil des Dorfes würzburgisch war und das Patronat beim Würzburger Domkapitel lag, die Pfarrkirche nicht in Besitz nehmen und die Reformation nicht für die ganze Gemeinde verbindlich machen. Er benützte deshalb die ihm gehörige Spitalpfründe dazu, eine evangelische Pfarrei (neben der katholischen) zu errichten. 1555 hat er die verfallene Spitalkapelle wieder als Kirche aufgebaut und sicher sofort, vielleicht schon vorher einen Prädikanten berufen (301). Da der bislang als erster evangelischer Pfarrer erwähnte Sebastian Schönbrot erst 1558 von Widdern nach Hardheim berufen wurde, muß schon vor ihm ein evangelischer Prädikant da gewesen sein. Dies war wohl Michael Jäger aus Külsheim, der noch zusammen mit Wolf von Hardheim 1547 in Freiburg studiert hatte und sich nicht mehr weihen ließ (302). Da er, als er 1556/57 nach Waldstetten versetzt wurde, als "von Hardheim" bezeichnet wird, dürfte er zuvor dort ge-

---

300) Balthasar Schmidt: PfB KrO 3124; KB Assumstadt; Kayser: PfB KrO 1639; Keim: PfB KrO 1705.

301) Wolf von Hardheim spricht in seinem Brief an Herzog Christoph vom 22.10.1566 von Prädikanten in der Mehrzahl; Neumaier S.159. Neumaier hält allerdings Wolfs Zeitangabe "vor ungefähr 10 Jahren" für unglaubwürdig. Dies dürfte aber ein Vorurteil sein. Wolf von Hardheim hat die Spitalkirche ja gerade zum Zweck der Einrichtung eines evangelischen Gottesdienstes wieder aufgebaut.

302) PfB KrO 1591; Neumaier S.163.

wesen sein. Möglicherweise ist zwischen ihm und Sebastian Schönbrot noch ein weiterer Prädikant da gewesen. Aber dies ist unsicher. Sebastian Schönbrot stammte aus Passau, hatte 1547 in Wien studiert, war etwa 1552 Pfarrer in Widdern geworden und 1558 nach Hardheim gekommen. 1564 wurde er Jägers Nachfolger in Waldstetten, wo er vermutlich 1574 starb (303). 1562 machte Wolf von Hardheim den Versuch, auch die Pfarrkirche zu reformieren. Dazu erbat er sich von Johannes Brenz den ehemaligen Pfarrer von Entringen, Johann Stäudlin, der durch seine Predigt offenbar viele katholische Einwohner von Hardheim für das Evangelium gewann. Die Pfarrstelle an der Pfarrkirche war jedoch noch besetzt mit dem früheren Oberzeller Mönch Johann Wangsiegel. So konnte Stäudlin an der Pfarrkirche nicht als Pfarrer eingesetzt werden. Er wurde stattdessen Pfarrer in Wachbach, von wo aus er 1565 noch einmal nach Hardheim kam, dort predigte und drei Wochen später im Schloß Hardheim starb, angeblich an Gift (304). 1564 erreichte Wolf von Hardheim dann die Abberufung von Wangsiegel, der auch in den Augen des Würzburger Domkapitels "ein unruhiger Mann" war (305). Das Domkapitel setzte aber sofort den katholischen Pfarrer von Stockheim im Sulzgau, Franz Neutellius, nach Hardheim. Er stammte aus Wien, war am 21.12.1560 in Würzburg zum Diacon geweiht worden und hatte schon in Stockheim einen schlechten Leumund (306). Mehrfach beschwerte er sich beim Domkapitel darüber, daß Wolf von Hardheim seinen Prädikanten in der Pfarrkirche predigen lasse. Eines Diebstahls bezichtigt zog Neutellius im November 1564 ohne Abschied weg und wurde deshalb am 30.1.1565 auch vom Domkapitel entlassen.

---

303) PfB KrO 3204; Neumaier S.159.163.171. Neumaier meint, vor 1562 sei "die Augspurgische Konfession mehr in einer Sphäre des Privaten verblieben". Dies ist natürlich vom katholisch-juristischen Standpunkt aus argumentiert. Für Wolf von Hardheim bedeutete die Anstellung eines Prädikanten jedoch die Errichtung einer offiziellen evangelischen Pfarrei, neben der an der Pfarrkirche bestehenden katholischen Pfarrei, keineswegs nur eine Privatsache!

304) PfB KrO 3446; Neumaier S.160 f. hält die 'Missionspredigt' Stäudlins in Hardheim 1562 für den offiziellen Beginn der Reformation, ein Irrtum, wie gezeigt wurde.

305) PfB KrO 3716. Neumaier geht darauf nicht ein. J.R.Prailes, Die Einführung der Reformation in Hardheim (Amt Buchen), in: FDA 33, 1905, S.269, erwähnt ihn nur kurz.

306) PfB KrO 2544; A.Amrhein, Reformationsgeschichtliche Mitteilungen aus dem Bistum Würzburg, in: Reformationsgeschichtliche Studien und Texte Heft 42 u. 43, Münster 1923, S.122 f.

Dieses ernannte nun den Frühmesser Lorenz Groller, der schon 10 Wochen die Pfarrei versehen hatte, zum Pfarrer. Groller, der "aus dem Herzogtum Franken" stammte, war am 21.2.1562 zum Diacon geweiht worden und bis 1564 Kaplan in Mellrichstadt gewesen, ehe er nach Hardheim kam (307). Schon ein Jahr nach seiner Ernennung zum Pfarrer wird ihm vom Domkapitel vorgeworfen, er halte "es dessen orts mit dem Lutherischen Predicanten der Religion halben gleichfertig", und kurz darauf, "das er der catholischen Ordnung ganz zuwider geleb" (308). Demnach ist es Wolf von Hardheim gelungen, ihn auf die evangelische Seite zu ziehen. Im Mai 1566 setzte das Domkapitel ihn ab. Er scheint aber, nun evangelisch, noch einige Zeit in Hardheim geblieben zu sein. 1568 wurde er zum Pfarrer in Kocherstetten berufen (309). Auf die evangelische Pfarrei an der Spitalkirche berief Wolf von Hardheim jedoch 1566 den bisherigen Stadtpfarrer und hohenlohischen Hofprediger von Waldenburg, Philipp Knetzel. Die Pfarrkirche blieb nach Verhandlungen unter württembergischer Vermittlung katholisch (310). Knetzel war der Sohn eines schon evangelischen Pfarrers, Leonhard Knetzel in Niklashausen und Remlingen, hatte die Lateinschule in Wertheim besucht, 1550 ff. in Heidelberg und Jena studiert, und war seit 1552 im württembergischen Kirchendienst angestellt, ehe er 1556 nach Waldenburg kam. Neun Jahre blieb er in Hardheim. Danach wechselte er in das berlichingische Neckarzimmern, und 1576 nach Sennfeld, wo er 1580 starb (311).

---

307) PfB WFr 793; PfB KrO 1108; A.Amrhein, a.a.O.S.124. Neumaier nennt auch ihn nicht namentlich. Er verweist nur (S.161) auf den bei Prailes ohne Namen erwähnten Frühmesser und zieht den Schluß, daß auch auf katholischer Seite die Anschauung fließend geworden sei - eine völlige Verkennung der tatsächlichen Lage.

308) A.Amrhein, a.a.O. S.124 f.

309) OAB Künzelsau S.637; G.Kuhr, Ritterschaftliches Pfarrerbuch Franken 887 u. S.419 hält Hardheim für einen Ort bei Mellrichstadt, der aber nicht existiert. Dies ist eine Fehlinterpretation der Mitteilungen von A.Amrhein, a.a.O. S.121 f.

310) J.R.Prailes, a.a.O. S.284 f.; Neumaier S.161.

311) PfB WFr 1361; PfB KrO 1866; Neumaier S.161 bezeichnet ihn fälschlich als "einstigen Hofprediger und Superintendenten der Grafen von Hohenlohe". Tatsächlich aber gab es damals noch keine Superintendentur, und die Hofpredigerstelle betraf auch nur die Linie Hohenlohe-Waldenburg, nicht das Gesamthaus Hohenlohe. - Übrigens war Knetzel der erste Student aus der Grafschaft Wertheim an der neugegründeten Universität Jena.

1573 starb Wolf von Hardheim. So ist es unsicher, ob die Vormünder seiner Söhne nach Knetzels Wegzug überhaupt einen neuen Pfarrer einsetzten. Möglicherweise ist Hardheim 1576-1579 von Höpfingen aus versehen worden. Im Jahr 1579 wurde Johann Schüßler, bisher Kaplan in Eberstadt, Pfarrer in seinem Heimatort Hardheim (312). Er war der letzte evangelische Pfarrer dort. Nach dem Tod Georg Wolfs von Hardheim, mit dem das Geschlecht ausstarb, fiel der letzte Teil des Ortes 1607 mit der ganzen Herrschaft (Ausnahme: Assumstadt mit Züttlingen und Domeneck, das württembergisches Lehen war) an Würzburg heim. Schüßler mußte 1608 die Pfarrei verlassen. Er zog zu seinem Sohn Bartholomäus, der seit 1606 Pfarrer in Höpfingen war, wo er auch ein eigenes Haus besaß. Doch 1612 wurde auch Höpfingen rekatholisiert. In seinen letzten Jahren tat Johann Schüßler noch Dienst als Hilfsgeistlicher in Wertheim. Um 1620 ist er dort gestorben.

In Höpfingen wurde 1545 der Priester Simon Hoffmann von Walldürn Pfarrer. Er hatte nach einem Studium in Heidelberg (immatrikuliert 26.10.1542) am 19.9.1545 in Würzburg die Priesterweihe empfangen. Er scheint gut katholisch geblieben zu sein, denn 1549 wird er vom Mainzer Dompropst auf die Pfarrei Heppdiel bei Miltenberg ernannt (313). Nachfolger wurde, wohl erst 1551, Johann Weinlein von Bretzingen (Priesterweihe 23.5.1551). Ihn konnte der Ortsherr Wolf von Hardheim zu evangelischer Amtsführung veranlassen, sodaß die Gemeinde spätestens 1556, vielleicht schon früher, evangelisch wurde (314). Weinlein blieb trotz Würzburger Protestes in Höpfingen, "bis er Alters halber der Pfarrei nicht mehr vorstehen konnte" und wurde dann durch einen bis jetzt unbekannten Prädikanten ersetzt. Nach anderer Überlieferung soll 1555 mit Friedrich Scherer der letzte katholische Priester nach Höpfingen gekommen sein (315). Scherer stammte aus dem

---

312) PfB KrO 3254; Neumaier S.123 Anm.122, Verwechslung mit dem Sohn Bartholomäus Schüßler, s.u.

313) PfB KrO 1482; A.L.Veit, Eine Visitation ..., S.190.

314) PfB KrO 3771; Neumaier S.158. Neumaiers Anm.312 betr. Prailes ist ein Irrtum. Prailes hat nirgends etwas derartiges geschrieben. Es muß sich wohl um die auf Amrhein zurückgehende Feststellung Ballwegs (a.a.O. S.258) handeln, Wolf von Hardheim halte einen "abgefallenen Pfaffen und Prädikanten" in Höpfingen. Weinlein ist sicher als Priester nach Höpfingen gekommen (Priesterweihe!), gegen Neumaiers Vermutung, das sei nicht wahrscheinlich.

315) PfB KrO 3058; R.Kaiser, Geschichte von Höpfingen, S.32; Neumaier S.158 Anm.312.

benachbarten Königheim und hatte am 25.2.1553 die niederen Weihen erhalten. Es ist unwahrscheinlich, daß Scherer als Priester neben Weinlein nach Höpfingen kam, denn dem Domkapitel wurde erst 1558 bekannt, daß Weinlein inzwischen evangelisch amtierte. Vielleicht war Scherer der Hardheimer Frühmesser, der in der Dornberger Liebfrauenkapelle die sonntägliche Messe las (316). Die dafür bestimmte Korngült hat Wolf von Hardheim ja dann dem Höpfinger Pfarrer Weinlein vergütet, der mehrere Jahre lang samstags in Dornberg predigte (317). Nach Höpfingen kam 1592 Burkhard Rüdinger von Mosbach, zuvor in Winterhausen (318). Als er 1606 nach Unterkessach ging, folgte ihm der Sohn des Hardheimer Pfarrers, Bartholomäus Schüßler. Er hatte 1588 in Wittenberg studiert und war der letzte evangelische Pfarrer von Höpfingen, der bei der Rekatholisierung durch Würzburg im Jahr 1612 entlassen wurde. Er fand in Daudenzell im Kraichgau Aufnahme und wurde 1618 noch Pfarrer in Neckarsteinach (319).

Von 1521-1542 war Peter Löher (der Vater) von Külsheim Pfarrer in Gerichtstetten (Priesterweihe 19.4.1522). Es scheint, daß er in irgendeiner Weise am Bauernkrieg beteiligt war, aber trotzdem auf seiner Pfarrei bleiben konnte. Jedenfalls war er verheiratet oder Konkubinarier. Sein gleichnamiger Sohn studierte 1548 in Freiburg und wurde vom Abt von Amorbach am 10.2.1549 zum Pfarrer von Gerichtstetten präsentiert, jedoch erst am 29.5.1550 instituiert. Die Priesterweihe erhielt er am 20.12.1550 (320). Zwischen Vater und Sohn Löher war 1543-1548 Thomas Eisenmenger von Buchen Pfarrer in Gerichtstetten; vorher ist er Frühmesser in Walldürn gewesen (Priesterweihe 26.5.1537). Peter Löher der Sohn hat wohl auf interimistische Weise amtiert, denn Wolf von Hardheim hat ihn zunächst auf der Pfarrei gelassen. Jedoch hat er sich wohl geweigert, nach dem Interim ganz evangelisch zu werden. So wurde er dann doch abgesetzt, wann, ist allerdings un-

---

316) J.R.Prailes, a.a.O. S.276.
317) Neumaier S.158 f.
318) PfB WFr 2174; PfB KrO 2922.
319) PfB KrO 3252; Neumaier S.161; S.258 f. verwechselt er wieder Vater und Sohn.
320) PfB KrO 2176 u. 2177; K.J.Heilig, Wie Gerichtstetten wieder katholisch wurde, in: FDA 67, 1940, S.9; Neumaier S.162.

klar (schon 1556 oder erst 1562/63?). Danach ließ Wolf von Hardheim die Pfarrei durch die Pfarrer von Waldstetten versehen (Michael Jäger und Sebastian Schönbrot). Inzwischen war der ehemals adelsheimische Teil des Dorfes über die Herren von Rosenberg mit der Herrschaft Boxberg 1561 an die Kurpfalz gefallen. Wolf von Hardheim mußte befürchten, daß der mächtigere Mitdorfherr nun auch wie in den sonstigen pfälzischen Orten den Calvinismus einführen und die Pfarrbesetzung an sich reißen würde. Deshalb berief er 1569 den Lutheraner Johann Schad, der 10 Jahre im Heilbronner Schuldienst gestanden hatte (321). Schad ist wohl der in Wittenberg am 1.4.1557 immatrikulierte Student aus Römhild (vielleicht aber auch der aus Münster/Westfalen, der sich am 5.11.1557 in Heidelberg immatrikulieren ließ). 1576 folgte Schad der Berufung durch den neuen lutherischen Kirchenrat der Pfalz auf die Pfarrei der Heiliggeistkirche in Heidelberg, wurde dort 1584 als Lutheraner entlassen und erhielt bei den Herren Geyer von Giebelstadt 1585 die Pfarrei Neunkirchen bei Mergentheim. 1592 war er noch kurze Zeit als Verwalter der ebenfalls Geyer'schen Pfarrei Goldbach bei Crailsheim tätig. Johann Schads Nachfolger in Gerichtstetten ist sicher Arnold Knechtlin gewesen. Von ihm ist nichts weiter bekannt, als daß er 1581 zusammen mit den Pfarrern der pfälzischen Superintendentur Boxberg die FC unterschrieb. Ob es Georg Wolf von Hardheim noch einmal gelang, einen lutherischen Pfarrer einzusetzen, oder ob Kurpfalz bereits um 1585 einen reformierten Pfarrer durchsetzen konnte, ist ungewiß. Jedenfalls setzte nach dem Tod Georg Wolfs und dem damit erfolgten Aussterben der Hardheimischen Familie die Kurpfalz mit Johann Nuber 1608 einen reformierten Pfarrer ein. Die Grafen von Wertheim, an die das Hardheim'sche Lehen zurückgefallen war, haben sich dem offensichtlich nicht widersetzen können. Johann Nuber war ursprünglich Lutheraner, Sohn des Pfarrers Elias Nuber in Kürnbach, der 1552-1553 Diaconus in Möckmühl gewesen war. Johann Nuber studierte nicht in Tübingen, sondern in Heidelberg (immatrikuliert 7.5.1576), wo er einen Platz im Sapienz-Kollegium erhalten hatte. Trotzdem

---

321) PfB WFr 2220; PfB KrO 3004; Neumaier kennt ihn nicht. K.J.Heilig, a.a.O. S.10 kennt den Namen des lutherischen Pfarrers nicht, meint aber, ein Lutheraner könne erst 1578 eingesetzt worden sein, weil die Kurpfalz erst damals wieder lutherisch gewesen sei. K.F.Vierordt, a.a.O. Bd.II, S.289, nennt die Jahreszahl 1572; der Grund dafür ist unklar.

stellte Württemberg ihn als Präzeptor an, zunächst 1578 in Kirchheim/Teck, dann 1579-1587 in Balingen. Jetzt aber wurde deutlich, daß er der reformierten Lehre zuneigte, und er zog in die Pfalz. Dort erhielt er neuen Dienst: 1588 wurde er Pfarrer in Haßmersheim, kam 1602 nach Rothenberg/Odenwald und von dort 1608 nach Gerichtstetten. Später war er noch Pfarrer in Winzingen 1617 und in Mußbach 1617-1623 (322). 1615 wurde er in Gerichtstetten durch den bisherigen Pfarrer von Rohrbach am Gießhübel, Simon Textor, abgelöst (323). Als dieser 1619 nach Mörstadt/Hessen wechselte, scheint Kurpfalz keinen Nachfolger mehr geschickt zu haben. Die Mitherrschaft Wertheim ließ Gerichtstetten deshalb durch den Lutheraner Markus Hollenbach in Buch am Ahorn versehen (s.o.S.91), der dann 1632-1634 in Gerichtstetten selbst wohnte. Nach der pfälzischen Niederlage im böhmischen Winterkrieg, die die Übergabe der Kurpfalz an die bayrischen Wittelsbacher zur Folge hatte, wurde jedoch dem Abt von Amorbach sein früheres Patronatsrecht zurückgegeben. Er setzte mit Ulrich Mügling 1624 und Peter Blumenschein 1626 wieder katholische Priester in Gerichtstetten ein. Letzterer, 1632 nach Berolzheim ausgewichen, wo er aber auch nicht amtieren durfte, kehrte 1634 wieder zurück. Die langsame Rückführung des Dorfes zum Katholizismus war mit der Inanspruchnahme des Patronatsrechts durch Kurpfalz schon vorprogrammiert. Diese besondere Geschichte kann hier im einzelnen nicht mehr dargestellt werden (324).

In Waldstetten, dessen Ortsherrschaft die Herren von Hardheim mit den Bödigheimer Rüdt teilten, war das Domkapitel nach dem Wegzug des 1525 eingesetzten Priesters Bernhard (oder Leonhard) Fabri (s.o.S.26) nicht mehr in der Lage, einen eigenen Pfarrer zu präsentieren. Deshalb mußte die Pfarrei seit spätestens 1533 von auswärtigen Pfarrern aus Gerichtstetten, Walldürn und Bretzingen versehen werden. Das führte dazu, daß der Amtmann Sebastian Rüdt auf eine Supplikation der Gemeinde hin 1553 beim

---

322) Knechtlin erscheint in der gesamten Literatur nirgends, abgesehen von seiner FC-Unterschrift. J.Nuber: PfB KrO 2571; G.Biundo, Pfälzisches Pfarrerbuch 3849. Der in Hardheim entlassene Pfarrer Johann Schüßler, den Wertheim 1608 in Gerichtstetten einsetzen wollte, wurde von Kurpfalz abgelehnt, da er Lutheraner war.

323) PfB KrO 3602.

324) Sie ist ausführlich beschrieben bei K.J.Heilig, a.a.O.

Domkapitel die Zusage erreichte, die Gemeinde könne selbst einen Pfarrer anstellen. Wolf von Hardheim benützte diese Gelegenheit, mit Michael Jäger (s.o.S.103) 1556 einen evangelischen Pfarrer einzusetzen. 1564 folgte ihm, wie schon erwähnt, Sebastian Schönbrot, und nach dessen Tod 1574 Johann Seitz von Miltenberg. Dieser hatte in Tübingen studiert (immatrikuliert 2.3.1564). Er kam 1590 als Diaconus nach Unterschüpf und wurde kurz darauf Pfarrer dort (325). Der 1591 in Wertheim examinierte und für Waldstetten ordinierte Johann Streck (alias Steck) ist der Sohn des gleichnamigen Schulmeisters in Gissigheim und Bettingen und Enkel des Wertheimer Superintendenten Peter Streck gewesen. Als Würzburg 1613 Waldstetten zusammen mit dem wertheimischen Amt Schweinberg rekatholisierte, mußte er "nach 22 Jahren mit guten Zeugnissen der Herrschaft ins Exil" (326). Den Bödigheimer Rüdt war es nicht gelungen, das Eingreifen Würzburgs zu verhindern. 1620 hob Würzburg die Pfarrei auf und wies sie Bretzingen als Filial zu. Nur in der Schwedenzeit konnte Wertheim ebenso wie in Hardheim, Höpfingen und Gerichtstetten noch einmal einen lutherischen Pfarrer einsetzen: Philipp Ludwig Mayer-Crusianus 1632-1634 (327).

Auch in Bretzingen war die Ortsherrschaft geteilt: Die Herren von Hardheim besaßen eine Hälfte zunächst als Pfandschaft, seit 1556 als würzburgisches Lehen. Die andere Hälfte war würzburgisches Lehen der Rüdt, aber zu dieser Zeit an Wilderich von Walderdorff verpfändet. Diesem schlug Wolf von Hardheim 1567 vor, die Reformation einzuführen. Wilderich, mit dem Wolf wegen der Obrigkeit im Dorf immer wieder im Streit lag, verwies auf das Herkommen, nach dem das Domkapitel die Pfarrei zu besetzen habe, und erklärte, da dessen Religion im Reich zugelassen sei, könne er nichts dagegen unternehmen. Die Vermittler bei einem Schiedsgericht am 14.11.1567, Mainzer und Württemberger Räte, erklärten, "es zieme ihnen nicht, in dieser Sache maßgebend sein zu wollen" (328). Hier scheiterte ein Reformationsversuch an den Streitigkeiten

---

325) S.o. S.63 Anm.206; zu Waldstetten s. auch Neumaier S.62 f.

326) PfB KrO 3546; Neumaier S.254 f.

327) PfB KrO 2265; A.Gaier, Die Pfarrer-Dynastie der Maier-Crusiani in Alt-Württemberg und Nordbaden, im Kraichgau und im Zabergäu, in: BWKG 1975, S.109 f.

328) J.A.Prailes, a.a.O. S.289; richtig zitiert bei Ballweg, a.a.O. S. 259; falsch zitiert bei Neumaier S.163.

derbeiden evangelischen Ortsherren, die sich nicht einigen konnten. Wolf versuchte nun, die Entfernung des Priesters zu erreichen, indem er ihn wegen gefälschten Maßes und hurerischer Verführung seiner unehelichen Kinder anklagte. Das Domkapitel untersuchte den Fall und entließ den Priester (329), setzte aber 1574 einen bisherigen Lehrer, Valentin Baußback in Ilmspan (330), als neuen Pfarrer ein und sorgte dafür, daß dieser in Würzburg die Weihen empfing (Priesterweihe 18.12.1574). Er war aber nur zwei oder drei Jahre da, denn 1577 schickte das Domkapitel den Pfarrer Valentin Fuchs von Walldürn (Priesterweihe 21.9.1560), der bisher Pfarrer in Ingolstadt bei Ochsenfurt bei den Herren Zobel von Giebelstadt gewesen war (331). Fuchs war Konkubinarier mit 10 Kindern. Von seinen Kindern wurde ein Sohn Konrad wieder katholischer Priester (Pfarrer in Hettingen 1595, in dem rekatholisierten Bieringen 1597, und in Sindeldorf 1604-1639). Zwei Töchter heirateten evangelische Männer, die eine den Sohn des Boxberger Bürgermeisters Trautmann. Auch Valentin Fuchs suchte Georg Wolf von Hardheim zu entfernen, was ihm jedoch nicht gelang. Fuchs blieb bis 1615 in Bretzingen. Damals war der hardheimische Anteil schon an Würzburg zurückgefallen. Die Rüdt verkauften ihre Hälfte 1629 ebenfalls an Würzburg.

Die Religionspolitik der Herren von Hardheim - so kann zusammenfassend festgestellt werden - unterscheidet sich in einem wesentlichen Punkt von der anderer Adliger in Franken. Der seit 1550 maßgebende Wolf von Hardheim hat sich die übliche fränkische Entwicklung in der Interimszeit nicht zunutze gemacht, um von da her schrittweise zu einer evangelischen Ordnung der Kirche zu kommen. Er hat vielmehr, im Anschluß an Württemberg, eine scharfe Trennung von der alten Kirche vollzogen und versucht, für

---

329) Ballweg, a.a.O. S.260; Neumaier S.163 hält ihn irrtümlich für den später folgenden Valentin Fuchs. Dieser kam aber, wie selbst 1612 bezeugt, erst 1577 nach Bretzingen. Außerdem macht Neumaier aus Fuchs zwei Personen, was nicht sein kann. Der 1572 abgesetzte Priester war, so Ballweg a.a.O., in Bretzingen bereits ein älterer Mann und hatte einen Sohn, der zu dieser Zeit schon Pfarrer in Greußenheim war.

33ß) PfB KrO Nachträge 171 a.

331) PfB KrO 917; sein angeblicher Tod 1589 ist ein Irrtum Neumaiers S. 163, s. auch Neumaier S.206.221.224; D.M.Feineis, Das Ritterstift St.Burkard ..., S.305. Danach hatte Fuchs von Ingolstadt aus auch die Pfarrei Eßfeld zu versehen.

111

seine evangelischen Gemeinden nur Pfarrer zu gewinnen, die nicht mehr - etwa durch eine kirchliche Weihe - aus dem katholischen Bereich kamen. Johann Weinlein in Höpfingen und Balthasar Schmidt in Assumstadt sind Ausnahmen; sie waren aber beide Landeskinder der hardheim'schen Herrschaft. In den auf mainzischem Gebiet gelegenen Patronatspfarreien gelang ihm deshalb trotz dortiger früher evangelischer Bewegung die Reformation nicht, ebensowenig in Bretzingen, wo sein Streit mit Wilderich von Walderdorff schon den Versuch zunichte machte.

7. Die Herrschaft Adelsheim

Neben dem Städtchen Adelsheim besaßen die Herren von Adelsheim je eine Hälfte von Sennfeld, Hettigenbeuren und Schrozberg sowie 3/5 von Wachbach. In Sennfeld waren Mitbesitzer die Rüdt von Bödigheim und die Herren von Berlichingen, letztere auch in Hettigenbeuren und Schrozberg, in Wachbach der Deutsche Ritterorden (Tauberoberamt Mergentheim). Den Schrozberger Anteil verkauften die Herren von Adelsheim 1558 an die Grafen von Hohenlohe, den in Hettigenbeuren 1570 an die Berlichingen. Das Patronat der Pfarrei Adelsheim besaßen die Herren von Rosenberg, in Hettigenbeuren und Sennfeld der Abt von Amorbach. Nur in Wachbach gehörte das Patronat den Herren von Adelsheim, in Schrozberg ihnen gemeinsam mit den Herren von Berlichingen.

Den Anstoß zur Reformation gaben sicher die letzteren auch für die anderen Adelsheimischen Orte. So war in Wachbach der Pfarrer Kilian, wahrscheinlich Kilian Röder, der 1542 nach Bieberehren kam und seit 1545 auch in Reinsbronn alle 14 Tage predigte. 1542 wurde Wendel Ganser - der Überlieferung nach erster - evangelischer Pfarrer in Wachbach (s.o.S.31), 1550 Christoph Beihel, 1555 Tobias Springer und 1562 Johann Stäudlin (s.o.S.104). Als dieser 1565 gestorben war, wurde Thomas Sturmkorb von Röttingen berufen, der 1551 noch die niederen Weihen empfangen und seit dem WS 1555 in Leipzig studiert hatte. Ihm folgte 1571 der frühere Amorbacher Benediktinermönch Kilian Schmidt (Fabri). Er hatte 1552 bis 1554 die Weihen in Würzburg erhalten (Diaconatsweihe 22.9.1554) und war 1556 Pfarrer in dem hohenlohischen Kirchensall geworden. Dort wurde er 1570 oder 1571 entlassen und kam nun nach

Wachbach. 1587 ist er in Wachbach zum letztenmal bezeugt (332).

Da sowohl in Wachbach wie auch in den mit Berlichingen gemeinsamen Orten die Reformation spätestens in der Interimszeit Eingang gefunden hatte, und da in Adelsheim die Herren von Rosenberg das Patronat hatten, ist anzunehmen, daß auch dort um 1550 in interimistischer Weise amtiert wurde. Der Priester oder Pfarrer zu dieser Zeit ist allerdings nicht bekannt. 1556 kam mit Andreas Bopp von Wittstadt der erste sicher evangelische Pfarrer. Er wurde in diesem Jahr geweiht (Priesterweihe 19.9.1556) und vielleicht noch als Priester präsentiert, hat aber sofort oder bald darauf evangelisch amtiert (333). Nach seinem Tod 1576 ist die Pfarrei wohl zunächst von Sennfeld versehen worden (durch Philipp Knetzel). 1578 wurde M.Heinrich Weißkircher aus Reutlingen von Neckarzimmern nach Adelsheim versetzt (334). Er war entweder bis 1591 oder bis 1601 in Adelsheim. Wenn die erste Jahreszahl stimmt, dann könnte er 1591-1602 der erste Pfarrer in Leibenstadt nach Gründung der dortigen Pfarrei durch die Herren von Gemmingen gewesen sein. 1602-1606 saß Weißkircher dienstlos in seiner Heimatstadt Reutlingen, wo er mehrfach vergebens um Dienst bittet (335). 1606-1607 war er Pfarrer in Neunstetten, und 1608 endlich wird er Stadtpfarrer in Reutlingen, 1610 dann noch Hauptprediger und Superintendent. In Adelsheim wäre 1591-1596 Michael Rudolph aus Ballenberg sein Nachfolger gewesen, der 1589-1590 ebenfalls in Neckarzimmern gewesen war, und von dem es heißt, er sei nach Adelsheim gegangen. 1601 jedenfalls wurde M. Johann Cellarius aus Hohenstadt nach Adelsheim berufen, der zuvor seit 1598 Pfarrer in Reinsbronn gewesen war (336). Er begann 1606 das Adelsheimer Kirchenbuch, in das er im dreißigjährigen Krieg viele zeitgeschichtlich interessante Einträge machte. Er ist am 1.3.1637 in Adelsheim gestorben.

---

332) Alle Wachbacher Pfarrer sind aufgeführt in PfB WFR und PfB KrO.
333) PfB KrO 339; Neumaier S.153 f.; Neumaier meint auch hier, daß Bopp erst 1560/61 nach Adelsheim gekommen sei, und damit die Einführung der Reformation später liege (Anm.288).
334) PfB KrO 3785; Neumaier S.147.154 u.ö.
335) Stadtarchiv Reutlingen; Reutlinger Geschichtsblätter VI,20 f.
336) M.Rudolph: PfB WFr 2168; PfB KrO 2915; Cellarius: PfB WFr 1263; PfB KrO 1711; Neumaier S.154.

3.8. Die Besitzungen der Herren von Berlichingen

Relativ groß war der Streubesitz der Herren von Berlichingen im fränkischen Gebiet. Neben Jagsthausen, Olnhausen, Rossach, Unterkessach, Dörzbach, Neunstetten, Laibach, Hüngheim, Michelbach an der Lücke und Neckarzimmern gehörten Anteile an den schon genannten Hettigenbeuren, Sennfeld und Schrozberg sowie solche an Baumerlenbach, Berlichingen, Bieringen, Hainstadt, Korb (bei Adelsheim), Künzelsau, Neunkirchen (bei Mergentheim) und Züttlingen und schließlich ein Anteil an Illesheim bei Windsheim dazu. Als wertheimisches Lehen besaßen die Berlichingen noch das Patronat in dem mainzischen Berolzheim.

H. Neumaier hat wahrscheinlich machen wollen, "daß Götz die Reformation in seinen Dörfern im Neckartal zwar früh durchgeführt hat, nicht aber in seinen Besitzungen im Bauland" (337). Abgesehen davon, daß deshalb etwa Dörzbach, Schrozberg und Michelbach an der Lücke in der Betrachtung Neumaiers fehlen, läßt sich aus der Besetzung der Pfarreien ein anderes Bild gewinnen.

Zunächst ist festzustellen, daß neben Neckarzimmern, wo seit der Berufung Georg Amerbachers 1522 eine durchgehende evangelische Pfarrerliste bekannt ist (338), auch Schrozberg schon seit 1524 evangelisch war. Der dortige Pfarrer Johann Volmar (339) - er war seit 1510 dort - besaß auch die zweite Frühmesse in Creglingen. Diese Pfründe trat er Anfang 1526 an den katholischen Pfarrer Johann Unschlitt in Blaufelden ab, damit dieser auf seine Pfarrei verzichtete und mit Georg Amerbacher ein evangelischer Pfarrer nach Blaufelden versetzt werden konnte. Volmar ist noch 1534 in Schrozberg bezeugt und ist danach bis etwa 1541 Kaplan in Gerabronn, damals ansbachisch. Sein Nachfolger in Schrozberg ist bis jetzt nicht bekannt. Spätestens 1558, vielleicht schon 1555 wurde Wilhelm Raup von Röttingen Pfarrer in Schrozberg, der am 22.12.1554

---

337) Neumaier S.142.

338) PfB KrO I, S.190 Nr.232.

339) PfB WFr 769; PfB KrO 845; G.Bossert, Die Reformation in Blaufelden, in: BWKG 1902, S.12 f. - Die 2. Frühmesse, für die ebenfalls die Herren von Berlichingen das Patronat besaßen, wurde 1529 aufgehoben.

noch die Subdiaconatsweihe erhalten hatte (340). Er ist 1600 in Schrozberg gestorben. Sein gleichnamiger Sohn hat 1581 in Jena studiert und war 1584-1589 Pfarrer in Tauberzell, wo er bei der Rekatholisierung durch Bischof Julius Echter entlassen wurde, danach 1590-1597 im hohenlohischen Nassau (341).

Später als in diesen beiden Orten, aber immer noch vor dem Interim, sind evangelische Pfarrer in Michelbach an der Lücke und in Dörzbach bekannt. Spätestens 1537 ist Melchior Stoll Pfarrer in Michelbach; er war zuvor Kaplan in Krailshausen, einem Filial von Schrozberg. Da Michelbach an der Lücke unter Schirm- und Schutzherrschaft von Ansbach stand, und da Schrozberg mit Krailshausen teilweise ansbachisches Lehen der Berlichingen war, ist der ansbachische Einfluß unverkennbar. Von daher ist auch verständlich, daß sowohl dort als auch in Neckarzimmern die markgräfliche Kirchenordnung im Gebrauch war (342). So kam auch mit Johann Eck ein ansbachischer Pfarrer 1545 nach Michelbach. Er war zuvor Schulmeister in Leutershausen und zwei Jahre Pfarrer in Neunkirchen bei Leutershausen. 1569 starb er in Michelbach (343).

In Dörzbach ist 1545 ebenfalls ein ansbachischer Theologe als Pfarrer nachweisbar: Georg Ziegler von Hallstadt (344). Er war zuerst Chorschüler in Feuchtwangen und seit 1530 Pfarrer in Gutenstetten. 1559 wurde er nach Gerabronn (als Kaplan) versetzt, 1571 kam er noch nach Buchenbach (s.u.S.134). Nach Dörzbach kam 1559 der ehemalige Ebracher Zisterziensermönch Jakob Hagel von Gerolzhofen (Priesterweihe 24.9.1552), der seit 1554 evangelischer Pfarrer in Marktlustenau gewesen war. Er war zuletzt 1565-1585 Pfarrer in Münster bei Creglingen. 1565-1571 ist

---

340) PfB WFr hält ihn für den Sohn eines Pfarrers Jakob Raup in Herleshausen. O.Hütteroth, Die althessischen Pfarrer der Reformationszeit (Veröffentlichungen der Historischen Kommission für Hessem u. Waldeck, Bd.22), Marburg 1966, kennt jedoch einen solchen nicht. PfB KrO 2753; G.Franz, Die Kirchenleitung in Hohenlohe, S.109 u. 154.

341) PfB WFr 2027.

342) Hier handelt es sich um die Brandenburg-Nürnbergische Gemeinschaftsordnung von 1533, die 1548 durch das sogenannte 'Auctuarium' ersetzt wurde - gegen Neumaier, der (S.177) davon ausgeht, daß in der ersten Rezeptionsphase das Auctuarium verwendet worden sei. Dabei ist natürlich vorausgesetzt, daß die erste Rezeptionsphase erst nach dem Interim begann. Das kann aber nicht richtig sein.

343) PfB WFr 462; PfB KrO 590.   344) PfB WFr 3033; PfB KrO 3987.

der Pfarrer von Dörzbach nicht bekannt, 1571-1572 war Georg Herbolzheimer dort (345), 1577-1578 Gabriel Horn, der Sohn des Oberstettener Pfarrers Georg Horn und Tübinger Student (immatrikuliert 29.10.1575), der 1578 nach Archshofen ging (346). 1578 wurde der bisherige baden-durlachische Hofprediger Georg Simon nach Dörzbach berufen. Ihn ließ 1587 Georg Philipp von Berlichingen überfallen und gefangenhalten mit der Begründung, er sei ein Bösewichtspfaff. Es folgte 1588 M. Paul Werner, Sohn des gleichnamigen Pfarrers von Schornbach. Er war nach seinem Tübinger Studium Präzeptor der Söhne des Amtmanns im benachbarten Krautheim gewesen (347). Später (1593) stieg er zum hohenlohischen Hofprediger und Superintendenten in Waldenburg auf (348).

Der ebenfalls benachbarte Ort Laibach war kirchliches Filial von Rengershausen. Er soll in der Reformationszeit einige Jahrzehnte evangelisch gewesen sein. Als Pfarrer wird 1596 der verheiratete Andreas Heinrich genannt. Dieser war aber spätestens seit 1580 Pfarrer in Rengershausen, hat also das Filial Laibach wieder von dort aus versehen. Hier hatte sich bereits die Gegenreformation unter Bischof Julius Echter durchgesetzt. In der evangelischen Zeit (etwa 1535-1580) ist Laibach wohl von den Dörzbacher Pfarrern betreut worden (349).

Bei dieser Sachlage wäre es merkwürdig gewesen, wenn in dem Dörzbach benachbarten Neunstetten eine Reformation erst viel später erfolgt wäre. Der dortige Pfarrer seit 1510, Friedrich Wolfahrt, ist sicher auch zwischen 1530 und 1540 evangelisch geworden. Da Götz von Berlichingen 1548 einen neuen Pfarrer in Neunstetten namens Herr Jo-

---

345) Hagel: PfB WFr 838; PfB KrO 1186; Herbolzheimer: PfB WFr 945; PfB KrO 1334; s.u. S.
346) PfB WFr 1121; PfB KrO 1514, s.u. S.148.
347) Simon: PfB WFr 2531; PfB KrO 3381; P.Werner: PfB WFr 2902; PfB KrO 3821; die Lesart der Tübinger Universitätsmatrikel S.598: "Juli 87 praeceptor puerorum beim Amtmann zu Kreuth" wird richtiggestellt durch die Lesung der Stiftsakten: "1587 des Amtmanns zu Krautten Kinder pädagogus". Eshandelt sich also sicher um Krautheim. Der Amtmann war Johann Andreas Mosbach von Lindenfels, dessen Sohn Johann Reinhard Mosbach von Lindenfels badischer Amtmann wurde (1609 in Stollhafen).
348) Er starb am 11.10.1610 in Waldenburg.
349) Heinrich: PfB WFr 926; PfB KrO 1303. In Laibach sind noch im 18. Jahrhundert mehrere Einwohner lutherisch (OAB Künzelsau S.651).

hannes (350) einsetzt, ist Wolfahrt wahrscheinlich in diesem Jahr nach Jagsthausen gekommen, jedenfalls längst evangelisch. Sein Sohn Daniel wird am 20.6.1538 in Heidelberg immatrikuliert und am 2.4.1541 in Würzburg zum Priester geweiht. Sein anderer Sohn Martin wird im September 1544 in Wittenberg immatrikuliert. Damit ist Wolfahrts Übergang zur Reformation zwischen 1538 und 1541 sicher. Vielleicht ist auch Leonhard Wolfahrt, der von 1538-1554 Pfarrer in Neckarzimmern war, ein Sohn von ihm gewesen. Nachfolger des Herrn Johannes in Neunstetten war Martin Fasold 1556, der vorher seit 1554 in Neckarzimmern gewesen war und 1573 nach Waldhausen berufen wurde (s.o. S.96). Ihm folgte Sebastian Stöcklin von Krautheim, der auch in Neckarzimmern Fasolds Nachfolger gewesen war (1556-1559), dann 1559-1573 Pfarrer in Asbach bei den Herren von Habern war. Sebastian Stöcklin hat übrigens in Neunstetten die FC unterschrieben (351) und ist wohl bis 1602 dort gewesen.

Mit der Versetzung des Friedrich Wolfahrt von Neunstetten nach Jagsthausen 1548 liegt aber die Hinwendung zur Reformation auch in Jagsthausen vor dem Interim, wohl schon zur Zeit des unbekannten Vorgängers von Friedrich Wolfahrt. Dessen Nachfolger ab 1560, Johannes Canzler von Miltenberg, war Benediktinermönch in Amorbach (Priesterweihe 19.9.1551), seit 1554 evangelischer Pfarrer in dem hohenlohischen Michelbach am Wald, von wo aus er dann nach Jagsthausen kam. Er hat zu seinen Ortsherren ein besonders gutes Verhältnis gehabt, denn er diente ihnen lange Jahre auch als Amtmann. Außerdem versah er zugleich seit 1560 die nicht besetzte Pfarrei Olnhausen, für die allerdings die Kurpfalz in der Nachfolge des Juliana-Stifts Mosbach das Patronat hatte. Wegen dieser Versehung kam es dann 1562 zu einem Vertrag zwischen den Ortsherren und der Kurpfalz, wobei diese zunächst Canzler akzeptierte, die Ortsherren aber dem kurpfälzischen Kirchenrat das

---

350) Das ist vielleicht Johann Bierer, vorher in Züttlingen und Domeneck, s.o. S.101 Anm.297.

351) F.Wolfahrt: PfB KrO 3932; Neumaier S.147 nennt ihn den letzten katholischen Priester Neunstettens, will aber nicht ausschließen, "daß er der neuen Lehre doch schon gewonnen war". L.Wolfahrt: PfB KrO 3934; Stöcklin: PfB KrO 3516. Merkwürdigerweise haben einige Pfarrer der Herren von Berlichingen die FC unterschrieben, neben Stöcklin auch Konrad Jennich in Neckarzimmern und Daniel Löher in Sennfeld, während es dem Schrozberger Pfarrer W.Raup verboten wurde (G.Franz, a.a.O. S.109 u. 154). Die Berlichinger Vettern waren hier also verschiedener Meinung.

Besetzungsrecht bestätigten (352). Nun hatte auch Olnhausen zuvor bereits einen evangelischen Pfarrer gehabt, nämlich 1551-1553 Stephan Arnold von Widdern (353). Dieser hatte in Tübingen studiert (immatrikuliert 16.4.1547), sich aber wegen des Interims als Pfarrer von Olnhausen 1551/52 in Würzburg weihen lassen (Diaconatsweihe 24.9. 1552). 1553 ging er in das württembergische Sülzbach, von dort 1560 nach Auenstein. 1571 beriefen ihn die Grafen von Hanau-Lichtenberg als ersten Pfarrer auf ihre neu reformierte Pfarrei Görsdorf bei Bitsch. Doch schon 1573 wechselte er nach Göcklingen, einem der Kurpfalz und dem Hochstift Speyer gemeinschaftlich gehörenden Ort, dann 1577 in das Pfalz-Zweibrückische Wilgartswiesen. 1580 schließlich kam er nach Mombronn, einer kleinen damals kurpfälzischen Herrschaft bei Bitsch. Sein gleichnamiger Sohn, ebenfalls Tübinger Student, wurde 1580 Schulmeister und Diaconus in Obermoschel und war 1583-1584, wo er starb, Pfarrer in Ulmet (354). Nach Olnhausen wurde etwa 1585 (vielleicht schon früher) Johann Lauer berufen, der zugleich als Präzeptor in Jagsthausen wirkte. Er stammte wohl aus Würzburg, wo er auch am 18.2.1570 tonsuriert wurde. Weitere Weihen hat er aber nicht erhalten. 1608 muß er gestorben sein, da seine Witwe Ottilia am 9.5.1609 seinen Nachfolger Johann Sebastian Neiß heiratet. Eine Tochter war mit Leonhard Riedberger (s.o.S.92) verheiratet, der dann von 1612-1619 selbst auch Pfarrer in Olnhausen war. Neiß dürfte von 1612-1615 der erste Pfarrer der neu errichteten Pfarrei Rossach gewesen sein, die jedoch bald wieder aufgehoben wurde. 1615 wird er 2.Pfarrer und Präzeptor in Sandbach-Neustadt/Odenwald und 1621-1635 ist er Pfarrer in Beedenkirchen (355).

---

352) Neumaier S.146 f.; J.Canzler: PfB WFr 1239; PfB KrO 1661.

353) PfB KrO Nachträge 82 a; G.Biundo, Pfälzisches Pfarrerbuch 112, berichtigt durch Nachtrag zu den Buchstaben A-E, in Blätter für Pfälzische Kirchengeschichte und religiöse Volkskunde, 47.Jg., 1980, S.71. Dort sind allerdings die Weihedaten noch nicht aufgenommen.

354) G.Biundo, a.a.O., und Nachtrag, a.a.O.

355) Lauer: PfB KrO 2085; Neiß: PfB KrO 2529; Neumaier S.199 Anm.126, wo aber die Jahreszahl für Zückwolf 1607 heißen müßte, der Ort für Neiß aber Olnhausen. Die Verpflichtung auf CA und FC war natürlich dort besonders wichtig, wo mit der Kurpfalz ein calvinistischer Patronatsherr gegenüberstand. In Eubigheim war das nicht der Fall, wohl aber in Olnhausen, Widdern und Korb sowie in dem mainzischen Ruchsen. Der pfälzische Anspruch war auch darin dokumentiert, daß diese Pfarreien im Roten Buch geführt wurden; s. J.Zimmermann, Das sogenannte "Rote Buch". Ein kurpfälzisches Pfarrer- und Lehrerver-

Unterkessach war Filial von Widdern. Dieser ganerbschaftliche Ort war unter württembergischem Einfluß um 1535 evangelisch geworden; das Patronat hatte das Juliana-Stift Mosbach und in seiner Nachfolge die Kurpfalz. Erster bekannter Pfarrer war bis 1546 Johann Friedrich. Er war am 22.5.1529 in Würzburg tonsuriert worden und studierte anschließend in Heidelberg und Tübingen. 1546 folgte ihm Peter Freund, diesem 1552 der oben erwähnte Sebastian Schönbrot (s.S. 103 f.). Als er 1558 nach Hardheim geholt wurde, berief der kurpfälzische Kirchenrat den Heidelberger Studenten Johann Müller von Hardheim (immatrikuliert 28.8.1557). Er war in erster Ehe mit Katharina Schweicker verheiratet, einer Tochter des Pfarrers M.Wolfgang Schweicker in Bargen. Nach Müllers Tod am 20.4.1587 wurde sein gleichnamiger Sohn, der schon als Vikar bei seinem Vater in Widdern war, auch sein Nachfolger (356). Er war allerdings nur drei Jahre dort. Da in der Kurpfalz inzwischen wieder der Calvinismus eingeführt worden war, ergriff Württemberg jetzt die Initiative und setzte mit Melchior Schärer von Stuttgart einen württembergischen Lutheraner nach Widdern. 1593 wurde auch das Besetzungsrecht neu geregelt: das Patronat übernahmen die Ganerben gemeinsam, wobei Württemberg das Investiturrecht zugestanden wurde. Das Filial Unterkessach wurde nun von Widdern getrennt und erhielt eine eigene Pfarrei. Erster bekannter Pfarrer war Burkhard Rüdinger, der 1606 von Höpfingen nach Unterkessach kam (s.o.S.107). 1611 ist Daniel Bartholmeß sein Nachfolger (357). Er war der Sohn des Adelsheimischen Vogts Bartholomäus Bartholmeß. 1613 wurde er nach Neunstetten versetzt, wo er wohl 1636 starb. Seine Nachkommen finden sich in Niederstetten und Unterschüpf. Mit Bartholmeß tauschte die Stelle M.Christoph Hedinger von Giengen/Brenz (358). Er hatte in Tübingen studiert und am 3.2.1594 den Magistergrad erworben. Dann war er Pfarrer in Merchingen 1596-1601, danach kurze Zeit

---

    zeichnis aus dem Ausgang des XVI. Jahrhunderts (1585-1621), (Quellen und Studien zur hessischen Schul- und Universitätsgeschichte, Heft 7), Darmstadt 1911, S.102.

356) J.Friedrich: PfB KrO 900; P.Freund: PfB KrO 892; J.Müller: PfB KrO 2445 b u. 2446; das Taufbuch Widdern beginnt 1546, das Ehebuch erst 1647 und das Totenbuch 1664.

357) Schärer: PfB KrO 3060; Bartholmeß: PfB KrO 120; danach ist Neumaier S.146 zu berichten, der Bartholmeß (er liest irrig Barthelmann) für den ersten Pfarrer in Unterkessach hält. Wahrscheinlich war auch schon vor B.Rüdinger ein Pfarrer dort, der unbekannt ist.

358) PfB WFr 914; PfB KrO 1275; Neumaier S.146 (falscher Vorname!).

in Leibenstadt. Wegen schwerer Erkrankung mußte er den Dienst quittieren. 1602 und 1604 wird er in Crailsheim als Almosenempfänger erwähnt (359). Offenbar hat er sich wieder erholt, denn 1607 wird er Pfarrer in Neunstetten, und 1613 im Tausch mit Daniel Bartholmeß in Unterkessach. Bis zu seinem Tod 1637 blieb er dort. 1632-1634 hat er auch die von den Schweden an Hohenlohe übergebene Pfarrei Oberkessach versehen, wie das dortige Kirchenbuch ausweist. Sein Sohn Johann Reinhard, am 5.7.1609 in Neunstetten geboren, wurde ritterschaftlicher Sekretär und später Amtmann in Bönnigheim. Dessen gleichnamiger Enkel ist der bekannte württembergische Hofprediger. Ein anderer Sohn Christoph Hedingers war Notar und Gerichtsschreiber in Merchingen. Seit 1637 wurde Unterkessach wieder von Widdern aus versehen, 1652 die Pfarrei überhaupt aufgehoben.

Wie in Widdern besaß das Juliana-Stift Mosbach und danach Kurpfalz das Patronat in Korb. So ist wahrscheinlich, daß der erste bekannte Pfarrer um 1560, Jodocus Balbach, ein Stiftskanoniker war. Hier ist aus früheren Jahren nichts bekannt. Auf Balbach folgte sicher der schon erwähnte "Herr Jakob" = Jodocus Diemer (s.o.S.90), noch da 1581, der wohl 1583 starb. Im Januar 1584 zog M.Johann Jakob Kraibold von Herrenberg auf. Er war in Tübingen immatrikuliert am 10.7.1576, M. 16.8.1581 (360). 1592 wird er nach Jagsthausen versetzt, wo er 1607 starb. Er hat in zweiter Ehe die Witwe des hohenlohischen Registrators Johannnes Killinger, Felicitas geb. Merwart, Tochter des Schultheißen im Ohrntal, Wendel Merwart, geheiratet. Trotz dieser Verbindungen in die Grafschaft Hohenlohe teilte Kraibold die theologische Meinung der maßgeblichen hohenlohischen Theologen nicht; er lehnte das 1605 gedruckte hohenlohische "Corpus doctrinae" ab und polemisierte dagegen. Man kann erkennen, daß auch in Korb mit Hilfe Württembergs die lutherische Lehre gegenüber dem pfälzischen Calvinismus gewährleistet wurde. In der Vereinbarung anläßlich einer Tagfahrt im Februar 1584 hat

---

359) Bauregister Crailsheim; auch in Stuttgart und Hall wurde er 1601 bzw. 1604 unterstützt, s. J.Morhard, Haller Hauschronik, S.55.

360) Balbach: PfB KrO 107; Neumaier S.147; Kraibold: PfB KrO 1955; Neumaier S.181.197.200.

Kurpalz dies bei Wahrung des pfälzischen Patronatsrechts anerkannt (361). 1592-1595 ist in der Pfarrerliste von Korb bis jetzt eine Lücke zu vermerken. Man kann vermuten, daß in diesen Jahren M.Jakob Hartmann von Krautheim dort war, denn die Lücke in seinem bis jetzt bekannten Amtsgang entspricht genau dieser Zeit. Hartmann hatte seit 1572 in Jena studiert und war dort am 20.7.1574 Magister geworden. Ab 1576 ist er Pfarrer in dem hohenlohischen Hohebach und von 1587 bis 1592 in Wachbach. 1595-1627 ist er dann Pfarrer in Wettringen im Rothenburger Landgebiet (362). Nach Korb wurde 1595 M.Bernhard Mylius, ein zweiter Sohn des älteren Johann Müller in Widdern, berufen, der in Tübingen studiert hatte (immatrikuliert 16.6.1592; 363). Bei dieser Berufung waren die kurpfälzischen Rechte übergangen worden, was längere Streitigkeiten nach sich zog. Erst 1612 wurden diese durch eine Erneuerung der Vereinbarung von 1584 beigelegt. Müller mußte sich jetzt noch dem Heidelberger Kirchenrat vorstellen. Doch gab es auch noch später Auseinandersetzungen zwischen den Ortsherren und der Kurpfalz. Sie endeten eigentlich erst mit dem Übergang des Ortes an Württemberg 1805/06. Bernhard Müller ist am 20.1.1637 als Pfarrer von Korb in Möckmühl gestorben. Seine Frau Katharina war eine Tochter des Merchinger Pfarrers Johann Ziegler (s.u.S.127). Sein Sohn Johann Bernhard war 1623-1632 Pfarrer in Sindolsheim (364). Dessen Witwe Anna Barbara (Geburtsname unbekannt) heiratete in zweiter Ehe am 23.4.1634 in Niedernhall den M. Johann Georg Dopff von Öhringen, der in Tübingen, Wittenberg und Leipzig studiert hatte und 1634 unter der schwedischen Besatzung kurze Zeit evangelischer Prediger in Miltenberg war, danach Pfarrer in Assumstadt, und 1637 Nachfolger Bernhard Müllers in Korb wurde. 1653 wurde er nach Sennfeld versetzt und war zuletzt 1659-1663 Pfarrer in Ochsenburg im Zabergäu (365).

---

361) Neumaier S.197 f.

362) PfB WFr 876; PfB KrO 1238.

363) PfB KrO 2440; Neumaier S.198 ist verschiedenen Verwechslungen erlegen. Der Anm.116 angegebene Matrikeleintrag betrifft nicht ihn, sondern den aus Bergzabern stammenden Bernhard Mylius, der bei G. Biundo, Pfälzisches Pfarrerbuch 3719 mit ausführlichem Lebenslauf aufgeführt ist. Der Anm.117 genannte angebliche Sohn war seit 1606 Schulmeister, 1610-1625 Diaconus und 1625 bis zu seinem Tod 1658 Pfarrer in Leutkirch. Bei Bernhard Müller in Korb handelt es sich um nur eine Person, den Sohn des Widderner Pfarrers.

364) PfB KrO 2451.

365) PfB KrO 540; Dopff war bei Antritt seiner ersten Stelle bereits

In Sennfeld haben die Herren von Berlichingen gemeinsam mit denen von Adelsheim das Patronatsrecht des Amorbacher Abtes übergangen, als sie - spätestens 1552, wahrscheinlich früher - Balthasar Meurer (Mäurer, Maurer) von Coburg beriefen. Dieser hatte seit dem Sommer 1536 in Wittenberg studiert und war bis zu seinem Tod 1576 in Sennfeld. Philipp Knetzel (s.o.S.105), vorher in Hardheim und seit 1575 in Neckarzimmern, folgte ihm. Er starb 1580 in Sennfeld. Der Württemberger M.Daniel Löher von Sindelfingen (366) war 1580-1593 - er starb am 15.4.1593 - Pfarrer in Sennfeld. Seine Witwe Elisabeth geb. Zünlin zog danach in ihre Heimatstadt Sindelfingen zurück und heiratete dort noch einmal. Sein Sohn Bernhard Ludwig wurde später württembergischer Hofprediger und Konsistorialrat. Auch sein Nachfolger Jakob Kaiser 1593-1600 war Württemberger; er stammte aus Waldenbuch (367). Ab 1600 und wohl bis 1607/08 hat Johann Bernhard Sinden (368) in Sennfeld amtiert, Sohn des Pfarrers Jakob Israel Sinden, der bis 1588 als Lutheraner im pfälzischen Stebbach und 1588-1590 in Biberach bei Heilbronn war, das damals zum Gebiet der Reichsstadt Wimpfen gehörte. Spätestens im Jahr 1608 beginnt in Sennfeld Jakob Schleud (Schleid) aus Adelsheim, der sicher noch 1618 da ist, wahrscheinlich aber bis 1635 (369). Sein Sohn Ernst ist 1652-1681 Präzeptor in Hall (370), Nachkommen leben aber auch in Sennfeld. Die Pfarrei wurde seit 1635 von Adelsheim aus versehen, bis 1653 der schon erwähnte M. Johann Georg Dopff berufen wurde. Für Sennfeld liegt also eine seit der Reformation durchgehende Pfarrerliste vor (371).

---

    36 Jahre alt; erhatte, wohl wegen des Krieges, über 10 Jahre lang studiert.

366) Meurer: PfB KrO 2352. Ein Sohn Meurers heiratet 1580 in Möckmühl; die Nachkommen wohnen in Adelsheim (KB Möckmühl u. Adelsheim). Löher: PfB KrO 2174; Neumaier S.146.199. Auch hier ist Knötzel fälschlich als ehemaliger Superintendent bezeichnet. Daniel Löher gehörte zu den wenigen ritterschaftlichen Pfarrern, die die FC unterzeichneten.

367) PfB KrO 1635. Kaiser war 1587 in Mühlen a.N. entlassen worden.

368) PfB KrO 3384. Sinden (nicht Sindemus, wie Neumaier S.146 Anm.250 schreibt) ging 1607 wohl in die Markgrafschaft Baden, wo er aber erst 1612 als Pfarrer in Schöllbronn erwähnt wird, s. H.Bartmann, a.a.O. S.268.

369) PfB KrO 3106. Am 1.10.1635 starb in Möckmühl Ludwig, des Pfarrers von Sennfeld Söhnlein (KB Möckmühl, Nachname nicht erwähnt). Es muß sich wohl um Schleud handeln.

370) PfB WFr 2535; PfB KrO 3105.

371) Gegen Neumaier S.146 Anm.250.

In dem Dorf Berlichingen und dem benachbarten Bieringen war neben den Herren von Berlichingen das Kloster Schöntal Mitortsherr. Das hatte zur Folge, daß auch die dortigen Reformationsversuche keinen dauernden Erfolg hatten. Ob in Berlichingen, wo der Abt von Schöntal auch das Patronat besaß, überhaupt ein Versuch gemacht wurde, ist ungewiß. Dabei hatte auch im Kloster Schöntal selbst die evangelische Bewegung um sich gegriffen. 1526 trat der Mönch Johann Eckhardt von Heilbronn aus dem Orden aus, wurde evangelisch und heiratete. Er war allerdings bis zu dieser Zeit Verwalter des Schöntaler Pfleghofs samt der dazu gehörigen Kapelle in Heilbronn gewesen. Unter Abt Elias Wurst 1535-1537 gab es wegen starker Erregung der Geister viele Austritte aus dem Kloster. So mochte Götz von Berlichingen vielleicht gehofft haben, daß eine Reformation oder aber eine Auflösung des Klosters möglich würde. Das hätte den Weg auch in den Patronatspfarreien des Klosters frei gemacht. Da dies aber nicht geschah, blieb der Katholizismus in Berlichingen erhalten (372).

Anders in Bieringen, das die Herren von Berlichingen einschließlich des Patronats seit 1522 besaßen. Hier wurde 1551 Martin Karl von Seligenstadt berufen. Er hatte seit dem WS 1547 in Erfurt studiert und ist am 14.3.1551 zum Priester geweiht worden, also auch ein evangelischer Interimist gewesen. 1560 wurde Wolfgang Hartmann von Eckfeld Pfarrer in Bieringen. Er heiratete und ließ sich am 17.4.1560 in Weldingsfelden vom Hohebacher Pfarrer trauen (373). Sein Nachfolger war - spätestens 1584, wohl schon früher - Sebastian Kieser von Buchen (Diaconatsweihe 21.12.1560). Auch er hat anfangs evangelisch, zumindest in interimistischer Weise amtiert. 1592 verkauften die Berlichingen das Dorf an die katholische Linie der Herren von Aschhausen, worauf Kieser sich bei der Rekatholisierung akkomodierte. Bei der Visitation 1594 heißt es, daß in Bieringen Graduale und Antiphonarium fehlten und daß Sebastian Kieser noch lutherische Bücher besaß (374), übrigens genau so wie sein vermutlicher Bru-

---

372) OAB Künzelsau S.799.
373) Karl: PfB KrO 1675; Hartmann: PfB WFr 891; PfB KrO 1248; KB Hohebach.
374) PfB WFr 1303; PfB KrO 1778; Neumaier S.226; Christoph Kieser: PfB KrO 1775; Neumaier S.226; G.Schneider, Buchener Studenten, Nr.174 und 176.

der Christoph Kieser, der 1566-1595 Pfarrer in Buchen war. Dieser Christoph Kieser hatte sogar in Heidelberg und Wittenberg studiert (immatrikuliert 24.10.1562 und 25.10.1564) und war trotzdem Pfarrer in seiner Heimatstadt geworden. Bieringen wurde also wieder katholisch und hat nur in der Schwedenzeit noch einmal einen evangelischen Pfarrer gehabt: David Carolus 1633-1634 (375).

Auch in Baumerlenbach, das die Herren von Berlichingen gemeinsam mit Hohenlohe besaßen, war unter hohenlohischem Patronat bereits 1536 der Pfarrer Thomas Bauer "der evangelischen Lehre zugetan". Bauer stammte aus Baumerlenbach und hatte 1514 in Heidelberg studiert. Sein Nachfolger, Kilian Burck aus Öhringen, studierte als Öhringer Stiftskanonikus ebenfalls in Heidelberg (immatrikuliert 22.1.1520). Er kam 1560 nach Langenbeutingen.

In Hettigenbeuren besaß der Abt von Amorbach das Patronat. Schon 1530 war Engelhard Löher von Buchen dort Pfarrer (Priesterweihe 3.6.1531). Über die Art seiner Amtsführung liegen keine Nachrichten vor. Spätestens 1551, vielleicht schon seit 1543 war Johann Stolz in Hettigenbeuren, vorher Pfarrer in Vielbrunn 1541-1543, nachher, wohl seit 1554 in Riedern (s.o.S.47). Er ließ sich 1551/1552 in Würzburg weihen (Priesterweihe 24.9.1552). Dies war, wie oben gezeigt, eine Auswirkung des Interims. Stolz hat evangelisch bzw. interimistisch amtiert. Als er 1554 nach Riedern kam, präsentierte der Abt Matthäus Eisenmann, der wohl Amorbacher Mönch gewesen war, aber erst jetzt die Weihen empfing (Priesterweihe 21.9.1555). Er war also nicht der im März 1571 von den berlichingischen Vormündern eingesetzte evangelische Pfarrer, sondern der abgesetzte Priester (376). Eingesetzt wurde vielmehr Hieronymus Crato, wohl der am 14.8.1556 in Wittenberg immatrikulierte Hieronymus Crafft aus Nürnberg. Der Abt erreichte jedoch mit Hilfe des Erzbischofs von Mainz noch im gleichen Jahr, daß Crato weichen mußte und Eisenmann wieder eingesetzt wurde (377). Eisenmann starb 1572. Nun zeigten sich der Abt und die Vormünder zu einem Kompromiß

---

375) PfB WFr 1243; PfB KrO 1679. Sein Sohn Andreas ist der spätere Abt in St.Georgen.
376) PfB KrO 626; Neumaier S.148 verwechselt dies.
377) Crato: PfB KrO 1976; G.Bossert, Die Liebestätigkeit ..., II, S.109.

bereit. Der Abt präsentierte Johann Tromann von Bödigheim. Er hatte ein Jahr lang in Ingolstadt studiert (immatrikuliert 20.5.1571) und am 22.3.1572 die niederen Weihen empfangen. Nun sollte er, um die Pfarrei erhalten zu können, einerseits ein Semester in Heidelberg studieren (immatrikuliert 3.9.1572), andererseits die weiteren Weihen erhalten (Subdiaconatsweihe 20.9.1572, Diaconatsweihe 20.12.1572, Priesterweihe 7.4.1573). Unter diesen Bedingungen wurde er am 3.9.1572 zum Pfarrer von Hettigenbeuren ernannt. Er sollte also - so darf man diese Vorgänge interpretieren - auf interimistische Weise amtieren, womit sich beide Seiten zufriedengaben. Der Kompromiß hielt nicht lange, da Tromann bereits 1574 starb. So flackerte der Streit um die Pfarrei wieder auf mit gegenseitigen Beschwerden des Abts und der Vormünder (378). Andreas Heinrich (Heymherich), der vom Würzburger Fiskal akzeptierte neue Pfarrer, scheint jedoch seinerseits eine mittlere Stellung eingenommen zu haben. Jedenfalls heiratete er, blieb aber nicht lange in Hettigenbeuren. 1580 ist er als Pfarrer von Rengershausen unter den 11 Priestern, die zusammengerufen wurden, um ein neues katholisches Landkapitel (in der Nachfolge des 1544 aufgelösten Landkapitels Ingelfingen) zu konstituieren, was sie jedoch zunächst verweigerten (s.auch o.S.116 zu Laibach). Im Fall Hettigenbeuren ist deutlich zu erkennen, daß die Ortsherren versuchten, wenigstens eine interimistische Amtsausübung der Pfarrer zu erhalten, wenn schon eine offizielle Reformation nicht gelingen konnte.

Ähnlich dürfte es in Hüngheim gewesen sein, wo allerdings über Vorgänge in der Jahrhundertmitte nichts bekannt ist. Seit 1579 war Pfarrer dort der Amorbacher Konventuale Kilian Kolb von Hardheim (Priesterweihe 24.9.1558). Als er am Karfreitag 1599 gestorben war, setzte Hans Konrad von Berlichingen, der gemeinsam mit seinem katholischen Vetter Hans Christoph das Patronat besaß, gegen dessen Willen den evangelischen Nikolaus Schilling von Nattenhausen (bei Krumbach/Bayrisch Schwaben) in Hüngheim ein, der ihm von Graf Ludwig von Löwenstein-Wertheim empfohlen worden war. Schilling hatte in Tübingen studiert (immatrikuliert 28.8.1595). Er kann nur einige Jahre in Hüngheim gewesen sein (379). 1606 wird im KB Ballenberg ein

---

378) PfB KrO 3640; Neumaier S.149 f.
379) PfB KrO 3084; Neumaier S.202 liest Schelliger und hat ihn in der Tübinger Matrikel nicht gefunden.

Augustin Hefner, parochus Hüngheim, als Pate erwähnt. Er ist wohl identisch mit dem Würzburger Franziskanermönch Augustin Hefelein, der am 23.12.1581 die niedere Weihe empfing (380). Ob er evangelisch geworden war, ist nicht klar. Jedenfalls ist Hüngheim bald wieder rekatholisiert worden, nicht erst 1627, wie eine spätere Überlieferung besagt. In der Schwedenzeit 1632-1634 ist Hüngheim noch einmal evangelisch versehen worden (durch Kaspar Augustin in Hirschlanden und nach dessen Tod durch Markus Hollenbach in Gerichtstetten und Brehmen).

Das Patronat (als wertheimisches Lehen) besaßen die Herren von Berlichingen auch in dem Dorf Berolzheim, das zum Gebiet des Erzbistums Mainz gehörte. Hier ist erster bekannter Pfarrer Michael Riegler aus Schweigern 1563-1611. Er hatte nur die niederen Weihen empfangen (19.9.1556) und hat sicher in den ersten zwanzig Jahren interimistisch amtiert. So wurde z.B. in dieser Zeit u.a. das Lied "Ein feste Burg" in Berolzheim gesungen. Riegler mußte sich jedoch nach 1585 der katholischen Reform beugen. 1595 mußte er das "Psalmenbüchlein", d.h. das bis dahin gebrauchte evangelische Gesangbuch abschaffen (381). Nach ihm wurden wieder gut katholische Pfarrer berufen. Wie Hüngheim wurde aber auch Berolzheim in der Schwedenzeit noch einmal evangelisch versehen.

Man kann übrigens generell feststellen, daß unter der schwedischen Herrschaft diejenigen Pfarreien einen evangelischen Pfarrer erhielten oder einem solchen als Filial zugeteilt wurden, die im 16. Jahrhundert zeitweise evangelisch gewesen waren oder in denen bei interimistischer Amtsweise eine starke evangelische Bewegung zu verzeichnen war. In den stets katholisch gebliebenen Orten verzichteten die schwedischen Behörden bzw. die von ihnen eingesetzten deutschen Obrigkeiten auf die Bestellung evangelischer Pfarrer.

Während also die Reformation in Hüngheim gescheitert ist, obwohl die evangelischen Berlichingen Orts- und Patro-

---

380) PfB KrO 1377. Neumaier kennt ihn nicht.

381) PfB KrO 2835. Wenn Neumaier S.227 schreibt: "Ob sich die Pfarrer des lutherischen Charakters dieser Gesänge nicht bewußt waren oder ob sie sie duldeten, um das Auslaufen in evangelische Orte dadurch zu verhindern, muß offenbleiben", dann setzt er voraus, daß die betreffenden Pfarrer gute Katholiken waren. Des evangelischen bzw. interimistischen Charakters ihrer Amtsführung ist er sich nicht bewußt.

natsherren waren, konnten umgekehrt die katholischen Vettern eine Reformation des Dorfes Illesheim nicht verhindern. Dort besaß die Reichsstadt Windsheim Anteile und bezog den Ort in ihr Kirchengebiet ein. Mit Jörg Baumann schon vor 1540, danach Konrad Kreß 1558 (s.o.S.56) und Konrad Wolbach 1561 setzte sie evangelische Pfarrer ein (382). Auch danach blieb Illesheim stets evangelisch.

Die Religionspolitik der Herren von Berlichingen (mit Ausnahme der bayrischen Linie) war also von der frühen Reformationszeit an streng evangelisch ausgerichtet, wobei in der Frühphase eine Anlehnung an Brandenburg-Ansbach, später an Württemberg zu erkennen ist. Der Einfluß der Herren von Berlichingen innerhalb des fränkischen Adels machte sich dabei auch bei den Herren von Hardheim, von Adelsheim und von Aschhausen bemerkbar (383).

3.9. Der Besitz der Herren von Aschhausen

Dazu gehörten die beiden Dörfer Aschhausen und Merchingen. Da in Aschhausen 1523 Burg und Kirche zerstört worden waren, mußte die Pfarrei von benachbarten Pfarrern versehen werden, seit der Reformation sicher von denen in Merchingen. Die Kinder des Aschhausener Ortsherrn Götz von Aschhausen wurden wieder katholisch (die Frau des Götz war die katholische Brigitta Zobel von Giebelstadt) und rekatholisierten das Dorf um oder nach 1600.

In Merchingen besaßen zunächst die Herren von Berlichingen das Patronat, das sie 1561 an die Brüder von Aschhausen verkauften. Auch wenn zuvor noch kein Pfarrer bekannt ist, so ist doch anzunehmen, daß schon die Herren von Berlichingen ebenso wie in ihren benachbarten Dörfern die Reformation auf den Weg gebracht hatten. 1564 beriefen die Brüder von Aschhausen Johann Ziegler. Er stammte aus Meiningen, hatte in Wittenberg studiert (immatrikuliert 4.1546) und war 1554 einige Zeit Kaplan in Öhringen. Wohl

---

382) Dazu W.Dannheimer, Reichsstadt Windsheim, in: Pfarrerbuch der Reichsstädte Dinkelsbühl, Schweinfurt, Weißenburg i.Bay. und Windsheim sowie der Reichsdörfer Gochsheim und Sennfeld, hrsg. von M.Simon, Nürnberg 1962, S.114.

383) Dies hat Neumaier richtig bemerkt: "Württembergischer Rezeptionskreis" (S.181 f.), "Berlichingen-Gruppe" (S.200).

im gleichen Jahr kam er nach Schefflenz (384), das er verlassen mußte, als die Kurpfalz calvinistisch wurde, wohl 1563/64. In Merchingen war Ziegler zwölf Jahre, er starb etwa 1576/77. Von Johann Ziegler sind sechs Kinder bekannt: 1. Andreas (s.u.); 2. Katharina, die Frau des erwähnten Korber Pfarrers M.Bernhard Müller; 3. Johann, der Dr.med. und Arzt in Wertheim wurde; 4. Daniel, der in Heidelberg, Tübingen und Wittenberg studierte, von dem aber weiteres nicht bekannt ist; 5. Johann Erasmus, war von 1603-1639 Pfarrer in Ruchsen; 6. Gottfried, der 1598 die Tochter Katharina des Dörzbacher Vogts Hans Widmann heiratete. Auf Johann Ziegler folgte Anton Textor, der am 4.7.1580 im KB Möckmühl als Pate erwähnt wird. 1582 kam Johann Janus (s.o.S.86), der aber schon 1583 nach Bödigheim wechselte. Danach wird ein Pfarrer Lorenz erwähnt. Das ist wohl der am 6.5.1574 in Wittenberg immatrikulierte "Laurentius Feuchtuangensis". Seine Witwe heiratet wieder am 30.4.1594 in Brettach (385). Da im April 1591 Andreas Ziegler, Sohn des verstorbenen Johann Ziegler, zum Pfarrer bestellt wird, muß Lorenz vorher, wohl schon 1590, gestorben sein. Andreas Ziegler hatte in Tübingen studiert (immatrikuliert 3.5.1587). Hans von Aschhausen bat um seine Aufnahme ins Tübinger Stipendium Tiffernitanum; weil aber keine Stelle frei war, erhielt Andreas Ziegler 6 fl. aus dem württembergischen Kirchenkasten (386). Etwa 1595 oder 1596 berief die württembergische Kirchenleitung den Andreas Ziegler auf die Pfarrei Jagsthausen bei Ellwangen, deren Patronat württembergisch war, obwohl der Ort größerenteils der Propstei Ellwangen gehörte. Ellwangen konnte dort aber 1603 die Gegenreformation durchführen. Ziegler wurde entlassen und erhielt dann in Stuttgart eine Unterstützung. Hans Erasmus von Aschhausen nahm ihn wieder in Merchingen an. Dort ist er auch 1619 oder Anfang 1620 gestorben, worauf sein Sohn Johann Andreas die Pfarrei erhielt (387). Zwischen And-

---

384) PfB WFr 3035; PfB KrO 3990; beide sind zweifellos identisch.

385) Textor: PfB KrO 3598; von ihm konnte nichts weiter in Erfahrung gebracht werden. Lorenz: PfB KrO 2189 a.

386) G.Bossert, Die Liebestätigkeit ..., II, S.98; PfB KrO 3985

387) PfB KrO 3995; Neumaier S.151 f. macht Vater und Sohn zu einer Person. Der Pfarrvertrag vom 23.2.1620 war keine Erneuerung eines alten Vertrags, sondern die Neubestellung des Sohnes Johann Andreas Ziegler. Er kam direkt von seinem zweiten Studium (immatrikuliert Heidelberg 4.11.1619) nach dem Tod des Vaters auf die Merchinger Stelle. Zuvor hatte er in Tübingen studiert (immatrikuliert 9.5.

reas Zieglers erster und zweiter Amtszeit war 1596-1601 Christoph Hedinger Pfarrer in Merchingen gewesen (s.o.S. 119).1601 war er nach Leibenstadt gegangen. Wer 1601-1604 Merchingen versehen hat, ist unbekannt. Johann Andreas Ziegler starb schon 1622. Nachfolger war Erhard Agricola von Lichtenberg im Vogtland, der 1604-1605 Pfarrer in Deufringen, seit 1605 in Wankheim gewesen war. Auch er starb bereits nach zwei Jahren. Nun wurde Johann Hieber von Lauingen berufen (388), Tübinger Magister (immatrikuliert 27.11.1617, M. 3.2.1619). 1632 kam er nach Edelfingen und folgte im Frühjahr 1634 einem Ruf in seine Pfalz-Neuburgische Heimatkirche als Diaconus in Höchstädt. Dort wurde er bei der Rekatholisierung ein halbes Jahr später entlassen, fand aber im folgenden Jahr Aufnahme im Gebiet der Reichsstadt Ulm, wo er von 1635 bis zu seinem Tode 1656 Pfarrer in Wain war. Von Adelsheim, wo er seit 1631 Präzeptor und Vikar gewesen war, wurde M.Christoph Holzwarth aus Eßlingen 1633 nach Merchingen berufen (389). Nach seinem Tod 1635 kam der wegen des Krieges dienstlos in Wimpfen sitzende Peter Schechs nach Merchingen, nach ihm 1645-1646 für kurze Zeit Lorenz Bernhard Knörzer, dann ab 1647 Matthäus Ludovici (390). Damit ist also auch die Pfarrerliste von Merchingen fast vollständig bekannt. 1649/1657 erwarben die Herren von Berlichingen einen Teil des Dorfes, 1709 auch den restlichen Teil (391).

3.10. Künzelsau und die Herren von Stetten

An der Ganerbschaft der Stadt Künzelsau hatten im 16. Jahrhundert Anteile die Reichsstadt Schwäbisch Hall (1598

1613, M. 7.2.1616) und war Präzeptor bei Philipp Christoph von Helmstadt gewesen.

388) Agricola: PfB KrO 8; Hieber: PfB WFr 1008; PfB KrO 1392. Neumaier S.152 meint, er sei zuerst in Edelfingen und erst seit 1631 in Merchingen gewesen. Dies kann jedoch nicht sein, denn erstens war in Edelfingen bis 1628 Leonhard Wüst seit 1628 infolge bayrischer Besatzung nur katholischer Gottesdienst, und zweitens heißt es später von J.Hieber, er sei "neun Jahre in Merklingen Liebensteiner Herrschaft" gewesen (WVH 1903, S.466). Als Schwiegersohn des verstorbenen Hans Erasmus von Aschhausen war Ludwig von Liebenstein Mit-Ortsherr in Merchingen.

389) PfB KrO 1508. Ihn erwähnt Neumaier nicht mehr.

390) Schechs s.o. S.71; Knörzer: PfB WFr 1359; PfB KrO 1873; Ludovici s.o. S.70 f.; Neumaier S.290 mit Irrtümern.

391) Die von Neumaier S.152 angemahnte Lücke in der Merchinger Pfarrerliste existiert nicht. Auch seine nicht nachgeprüfte Übernahme der

an Hohenlohe abgegeben); ebenfalls als Comburgisches Lehen die Herren von Stetten, die ihren Anteil 1542 an die Herren von Berlichingen abgaben, ihn aber 1607 wieder zurückerwarben; die Grafen von Hohenlohe, die 1483 den Comburgischen Eigenanteil erworben hatten; schließlich der Erzbischof von Mainz. Künzelsau war ursprünglich Sitz eines Landkapitels, das 1487 wegen Streitigkeiten mit den Herren von Stetten nach Ingelfingen verlegt wurde, und 1542 sich infolge der reformatorischen Bewegung aufgelöst hat. Das Patronat besaß das Ritterstift Comburg, wobei aber sowohl Hohenlohe als auch die Herren von Stetten ein jus coepiscopale geltend machten. Darüber entstanden langwierige Auseinandersetzungen, die erst 1725 vom Reichskammergericht beendet wurden. Dabei wurde den Grafen von Hohenlohe das gesamte Recht uneingeschränkt zugesprochen, im einzelnen wie folgt spezifiziert: denominatio, examinatio, vocatio, ordinatio, praesentatio, installatio, confirmatio, correctio und restitutio.

Jörg Biermann von Mergentheim, der seit dem Sommer 1500 in Erfurt studiert hatte, war Pfarrer in Künzelsau 1517-1534 und der erste, der evangelisch gepredigt hat und heiratete (392). Sein Nachfolger Konrad Kling aus Nürnberg, ein früherer Mönch (Pauliner-Eremit), hatte ab 1507 in Wittenberg studiert. Er hat, so heißt es, seit etwa 1540 evangelisch gepredigt und 1548 wegen des Interims seine Stelle aufgegeben. Später war er Prediger im Frauenkloster in Rothenburg/Tauber und schließlich noch dort Spitalpfarrer 1559-1561 (393). Sein Nachfolger in Künzelsau wurde der bisherige Pfarrer von Gailenkirchen, Bernhard Dumelhart (Tummelhart) aus Öhringen, der bereit war, als Interimist zu amtieren. Er hatte seit 1511 in Erfurt studiert und war schon Pfarrer in Oberscheinfeld (1522-1525), Stiftsvikar in Comburg (1525-1529), Pfarrer in Gebsattel (1529-1531), in Dörrenzimmern (seit 1531), Kaplan in Kirchberg/Jagst (1540-1541) und wieder kurz in Dörrenzimmern gewesen (394). Nach seinem Tod 1563 wurde Wolfgang Kien, der Sohn des gleichnamigen Schulmeisters in Neuenstein und Waldenburg, von Pfedelbach nach Künzelsau versetzt. Er gehörte zu den Wittenberger Studenten

---

der von Neu angegebenen Jahreszahl bei Ludovici (1637) ist irrig.
392) PfB WFr 217; PfB KrO 278.
393) PfB WFr 1328; PfB KrO 1831.
394) PfB WFr 444; PfB KrO 569.

(immatrikuliert 1538), die sich nach ihrem Studium in Würzburg weihen ließen (Priesterweihe 12.3.1541), danach aber evangelisch amtierten: als Kaplan in Crailsheim 1542, als Pfarrer in Michelfeld bei Hall 1543, in Gailenkirchen 1549 und in Pfedelbach 1559. Obwohl er bei der hohenlohischen Visitation 1556 "im Examen ziemlich" bestand, führte er doch einen schlechten Lebenswandel: er war wegen Unzucht im Geschrei und wurde zweimal wegen skandalösen Lebens von einer Pfarrstelle entlassen (in Michelfeld und in Drusenheim/Elsaß, wohin er 1571 gekommen war. Zuletzt war noch Pfarrer in Marktlustenau 1571-1574 (395).

Das Diakonat Künzelsau war 1543-1549 mit Kilian Liebler von Dörzbach besetzt. Er war vorher Pfarrer in Habelsee bei Rothenburg gewesen und wurde 1549 als Interimist vom Meister von Stephansfeld auf die Pfarrei des Heilbronner Dorfes Flein berufen. Er las während des Interims die Messe, schied aber schon 1550 wieder aus Flein, unbekannt wohin (396). 1552 wurde, wie oben (S.31) gezeigt, Wendel Ganser Frühmesser in Künzelsau. Er hat wohl interimistisch die Diakonatsstelle versehen. 1556 erhielt diese Georg Büschler, der Sohn des comburgischen Schultheißen in Künzelsau. Ihm waren 1545 die Einkünfte der St.Anna-Kaplanei verliehen worden, wohl damit er studieren konnte. In Heidelberg wurde er immatrikuliert am 7.6.1548, in Ingolstadt am 24.4.1550. Im Anschluß an die Künzelsauer Diakonatszeit war Büschler 1559-1587 - er starb am 9.11.1587 - Pfarrer in Geifertshofen. Nach ihm wurde etwa 1560/61 Georg Herbolzheimer Diaconus in Künzelsau. Er stammte aus Windsheim und hatte seit dem Winter 1552 in Leipzig studiert, dann noch am 2.8.1556 in Würzburg die niederen Weihen empfangen. 1557 war er Kaplan in Gerabronn geworden, 1559 Pfarrer in Haßfelden. Valentin von Berlichingen berief ihn von Künzelsau nach Dörzbach, das Jahr ist nicht bekannt. 1572 kam er in das ansbachische Wieseth, wo er 1579 entlassen wurde. Danach war noch 1579 bis zu seinem Tod 1594 Pfarrer in Obersteinach. Evangelisch waren auch die seit 1551 bekannten Präzeptoren in Künzelsau: Michael Hanzelmann (bis 1573) und Michael Stauber aus

---

395) PfB WFr 1302; PfB KrO 1771, dort weitere Literatur.
396) PfB WFr 1563; PfB KrO 2145; Kanzleiprotokoll Heilbronn 1550. Schreibweise des Namens auch Liebker.

Memmingen 1573-1575 sowie M.Johann Fünfrock aus Saargemünd, der 1569 als 2.Präzeptor genannt wird (397).

Das Dorf Kocherstetten mit dem Schloß der Herren von Stetten ist spätestens 1550 evangelisch gewesen. Um diese Zeit war Balthasar Wegmann aus Höchstädt an der Donau dort erster bekannter Pfarrer. Laut seines Lebenslaufes im Visitationsprotokoll von Steinkirchen 1581 war er nach Schulbesuch in Höchstädt und Lauingen zuerst als Mönch im Kloster Mönchsdeggingen und dann Priester in Kleinsorheim bei Nördlingen, "dero enden aber er nit lang verharret, sondern sich von dem babstthumb gethon, das Euangelium angefangen zu predigen und durch gute beförderung gen Kocherstetten und von dannen gen Dettingen, volgends uff die pfarr Steinkirchen geordnet worden, dero enden er 26 jar die pfarr versehen" (398). Da er also 1555 nach Steinkirchen kam und zuvor kurze Zeit in Döttingen war, und da 1550 mit Johann Schwab aus Buchen ein interimistischer Pfarrer nach Kocherstetten ernannt wurde, ist seine Wirksamkeit in Kocherstetten vor 1550 sicher. Johann Schwab ist in Heidelberg am 10.6.1535 immatrikuliert; unter den geweihten Priestern ist er in Würzburg aber nicht zu finden. Er ist zwar nach dem Interim evangelisch geworden, wurde aber bei der hohenlohischen Visitation 1556, die die Stetten'schen Pfarreien einbezog, als untauglich entlassen. Der Rat der Reichstadt Rothenburg nahm ihn danach als Lehrer in Dienst (399). 1557 wurde der bisherige Pfarrer von Rot am See (ansbachisch, aber hohenlohisches Patronat), Johann Buchhorn aus Langenburg, nach Kocherstetten berufen. Er hatte am 18.2.1554 die Subdiaconatsweihe empfangen. 1562 kam er in das rothenburgische Bettwar. In Kocherstetten folgte ihm Friedrich Braun, wohl derselbe, der 1546 aus der Karthause Christgarten austrat. 1565 nahmen die Herren von Stetten Johann Seyboldt von Karlstadt an, der nach einjährigem Dienst in Ilshofen vom Haller Rat "propter morum improbitatem et alias causas" entlassen worden war. Zuvor hatte er in Wittenberg studiert (immatrikuliert 24.9.1553), und war Pfarrer in

---

397) Sie alle sind in beiden Pfarrerbüchern aufgeführt. Schon 1548 wird als Präzeptor und Gerichtsschreiber erwähnt Hans Hermann Endriß (Stadtarchiv Künzelsau B 267, Dorfbuch, S.44).

398) PfB WFr 2823; PfB KrO 3744; Lebenslauf anläßlich der Kirchenvisitation 1581 im Archiv Langenburg 72.12.

399) PfB WFr 2435; PfB KrO 3281.

Onolzheim und Leukershausen gewesen. Offenbar hat er sich nicht gebessert, denn 1572 wurde er in Wieseth, wohin er 1568 gekommen war, wegen ärgerlichen Verhaltens entlassen, schließlich nach jeweils zweijährigem Dienst in Lenkersheim, Kaubenheim und Östheim 1578 wegen Ehebruchs verhaftet, worauf er im Gefängnis aus Furcht vor Folter Selbstmord beging. 1568 kam der in Hardheim evangelisch gewordene Lorenz Groller (s.o.S. 24 f.) nach Kocherstetten, wurde aber 1573 trotz Bitten der Gemeinde unter dem Vorwand unordentlichen Lebens abgesetzt. Der eigentliche Grund der Absetzung war wohl die Tatsache, daß Groller die theologische Meinung seiner Ortsherrschaft nicht teilte, die der flacianischen Richtung anhingen. Sie beriefen nun den Flacianer Georg Huber aus Burgbernheim, der in Wittenberg (13.4.1569) und Jena (1571 uns 1573) studiert hatte und 1572-1573 Pfarrer in Remlingen gewesen war. Er wechselte 1577 nach Rechenberg, wo er 1580 wegen Flacianismus abgesetzt wurde, und wandte sich danach in die Kurpfalz. Bis 1584 war er Diaconus in Bubenheim, wurde als Lutheraner bei der Recalvinisierung abgesetzt, und war endlich 1584-1588 Diaconus in Wörrstadt und Pfarrer von Sulzheim (400). 1577 folgte ihm in Kocherstetten sein Bruder Johann Huber, der um 1562 Schulmeister in Ladenburg, danach Centschreiber in Schwetzingen gewesen war. 1585 zog er wohl nach Österreich, wo er noch 1596 als Pfarrer in Schönkirchen erwähnt wird (401). 1580 nahmen die Herren von Stetten auch den Vater der beiden Brüder, Sebastian Huber, als Schloßpfarrer auf Schloß Stetten auf. Dieser stammte aus Crailsheim, hatte 1540 in Wittenberg studiert (immatrikuliert 26.11.1540), war dann Diaconus an St. Jakob in Rothenburg und danach Pfarrer in Wörnitz gewesen, wo er 1563 als Flacianer abgesetzt wurde. Zwei Jahre war er, allerdings nur als Pfarrverweser, in Pfedelbach, dann Pfarrer in Burgbernheim, wurde dort 1580 ebenfalls wegen Flacianismus entlassen (402).

In dem anderen Stetten'schen Dorf Buchenbach wollte der katholische Pfarrer Johann Weber (1511-1544) nicht evan-

---

400) Buchhorn: PfB WFr 344; PfB KrO 401. Er ging vielleicht später in die Schweiz. Braun: PfB WFr 291; PfB KrO 358. Seyboldt: PfB WFr 2506; PfB KrO 3332; G.Huber: PfB WFr 1154; PfB KrO 1540.
401) J.Huber fehlt versehentlich in beiden Pfarrerbüchern.
402) PfB WFr 1156; PfB KrO 1544.

gelisch werden. Er wurde deshalb 1544 durch seinen Neffen Melchior Weber aus Kirchensall ersetzt, der seit 1532 Pfarrer in Ruppertshofen gewesen war. Bei der Visitation 1556 erklärt er, daß er in Buchenbach die Brandenburgische Kirchenordnung eingeführt habe, dann aber wieder "dritthalb Jahr" die päpstliche Messe gelesen habe, zweifellos in der Interimszeit. Das Urteil der Visitatoren war: "ungelehrt, unverständig und untauglich zu dem Kirchendienst erfunden". Doch wird im Protokoll hinzugefügt: "Gleichwohl durch die Herren Examinatoren wieder zu seiner Kirch gewiesen mit der Bescheidenheit, daß er indessen Fleiß tue, bis auf ferneren Bescheid, und daß er fürder den Kleinen Katechismus Martin Luther wie auch ... die Brandenburgische Kirchenordnung ... in der Kirche anrichte und fleißig treibe". So konnte er bis 1561 bleiben. Dann kam der oben schon bei Dörzbach erwähnte Georg Ziegler (s.o.S.115). 1570-1574 hatte M. Lukas Pregizer von Tübingen die Pfarrei inne, der ursprünglich Mönch in Denkendorf gewesen war, in Tübingen seit 1538 studiert und danach eine Reihe von Pfarreien in Württemberg und in Baden bekleidet hatte. M. Johann Heuser von Atzenrod bei Langenburg wurde 1574 sein Nachfolger. Hans Georg von Berlichingen hatte 1569 den Rat von Rothenburg um seine Examination und Ordination gebeten und ihn zum Pfarrer in Michelbach an der Lücke berufen. 1572-1574 war er Diaconus in Hall und kam dann nach Buchenbach. 1611 mußte er wegen Krankheit und Erblindung sein Amt aufgeben. Er starb im Januar 1612 in Buchenbach. Heuser war wie seine Ortsherren Flacianer. Unterstützung bekam er auch durch die in anderen Gebieten entlassenen und von den Herren von Stetten im Schloß Buchenbach aufgenommenen Pfarrer flacianischer Richtung: Christoph Irenäus, Jakob Menister und Kaspar Kittel (403).

Die Pfarrerlisten von Kocherstetten und Buchenbach, aber auch von Künzelsau zeigen, daß die Herren von Stetten lange vor dem Interim das Evangelium angenommen hatten. Wie die Berlichingen haben sie die Brandenburg-Ansbachische Kirchenordnung eingeführt (404). Einerseits haben

---

403) M.Weber: PfB WFr 2818; PfB KrO 3735. Pregizer: PfB WFr 1982; PfB KrO 2704. Heuser: PfB WFr 988; PfB KrO 1382. Irenäus: PfB WFr 1211; PfB KrO 1619. Menister: PfB WFr 1712; PfB KrO 2322. Kittel: PfB KrO 1801; Neumaier S.199. Die Schüpfer Ganerben Ägidius Reinhard von Dienheim und Eberhard von Stetten nominierten Kittel 1589 auf die Schüpfer Pfarrstelle; da jedoch Konrad von Rosenberg ihn ablehnte, kam er nicht dahin.

404) Auch hier war dies die Brandenburg-Nürnbergische Ordnung von 1533.

sie sich an die Grafen von Hohenlohe angelehnt (Visitation 1556), andererseits haben ihre Pfarrer wegen ihres Flacianismus die FC nicht unterschrieben.

3.11. Die adligen Besitzungen im Gebiet um Crailsheim

Im Umkreis des ansbachischen Amtsbezirks Crailsheim lagen einige dem Ritterkanton Odenwald incorporierte Besitzungen verschiedener, auch untereinander verschwägerter adliger Familien: der Herren von Crailsheim, von Ellrichshausen, von Vellberg und von Wolmershausen. Schon durch diese geographische Lage, aber auch aufgrund der Lehensverhältnisse und anderer bestimmter Rechte war auch bei der Frage der Reformationseinführung Einfluß und Vorbild der Ansbachischen Markgrafschaft deutlich und vorherrschend.

Am frühesten wurde in Hengstfeld reformiert. Hier hatten neben den Herren von Wolmershausen und denen von Crailsheim, die auch gemeinsam das Patronat besaßen, Ansbach, Rothenburg und der Johanniterorden Anteile. 1518 wurde Balthasar Schnurr aus Winterhausen auf die Pfarrei ernannt. Er hatte seit 1512 in Leipzig studiert und wurde 1520/1521 geweiht (Priesterweihe 21.9.1521). Die Pfarrstelle trat er aber erst 1521 auf Verlangen der Ortsherren an, nachdem der Vikar Andreas Mullner gestorben war. Schnurr führte die Reformation ein und war bis zu seinem Tod 1561 Pfarrer in Hengstfeld (405). 1535 heiratete er die Witwe des Crailsheimer Pfarrers Adam Weiß. 1561 wurde Johann Hetzner von Nördlingen zum Pfarrverweser ernannt, erst 1572 zum wirklichen Pfarrer. Er hatte 1552 in Jena studiert und war seit 1554 Pfarrer in Weidenbach und vermutlich seit 1559 in Alesheim gewesen. Er starb 1604 in Hengstfeld. Schnurr war also 40 bzw. 43 Jahre, Hetzner über 42 Jahre in Hengstfeld. Bis 1555 war auch das benachbarte Schainbach mit ähnlichen Besitzverhältnissen als Filial von Hengstfeld aus versehen worden. 1555 wurde diese Pfarrei wieder besetzt mit Johann Mack, wahrscheinlich von Hornberg, 1536 Wittenberger Student. Ihn löste 1563 Johann Schnurr, Sohn des Balthasar Schnurr, ab. Er hatte in Heidelberg studiert (immatrikuliert 11.3.1550)

---

405) PfB WFr 2355; PfB KrO 3191.

und war ein Jahr Collaborator und 3.Kaplan in Crailsheim gewesen. 1578-1622 endlich war Johann Sebastian Sutor als Pfarrer in Schainbach, dessen Herkunft nicht geklärt werden konnte (406).

In Amlishagen waren die Herren von Wolmershausen alleinige Ortsherren als Lehensträger von Hohenlohe und Ansbach. Von 1510-1530 war Pfarrer Andreas Semler, wohl aus Hardheim, zuvor seit 1498 Canonicus im Stift Möckmühl (407). Er hat wohl 1528 die ansbachische Reformation angenommen. Von seinem Nachfolger Wolfgang Kober 1530-1538 ist nichts Näheres bekannt. 1538-1560 ist kein Pfarrer bekannt; vielleicht wurde die Pfarrei aus der Nachbarschaft versehen. Philipp Volmar aus Öhringen (in Tübingen immatrikuliert 13.3.1557) wird 1560 Pfarrer in Amlishagen. 1565 geht er in das hohenlohische Gastenfelden. Ihm folgt Bartholomäus Ötinger 1565-1575. Auch von ihm weiß man nichts weiteres. Johann Seybold von Mergentheim (nicht mit dem gleichnamigen schon erwähnten in Kocherstetten zu verwechseln!), der ebenfalls in Tübingen studiert hatte (immatrikuliert 10.12.1557) ist von 1575-1578 da. Er kam wahrscheinlich als Diaconus nach Unterschüpf, wird 1585 Pfarrer in Rinderfeld und 1596 bis wohl 1607 in Wermutshausen (408). Der ihm in Amlishagen 1578 folgende Jodocus Nagengast hatte einen besonders interessanten Lebenslauf. Als Subdiacon am Bamberger Dom war er dort am 8.6.1566 zum Priester geweiht worden, war dann Kaplan in Scheßlitz und Deutschordenskaplan in Ellingen, danach katholischer Pfarrer in Ettenstadt, wo er 1572 als evangelisch geworden entlassen wurde. Ettenstadt war Ansbachisches Lehen der Herren von Enheim, deren Familie 1598 ausstarb, worauf Ansbach den Ort evangelisch machte. Ansbach stellte Nagengast 1572 als Pfarrverweser in Oberhochstatt an und versetzte ihn 1573 nach Wiesenbach. 1578 jedoch wurde er dort wegen ärgerlichen Lebens abgesetzt und kam nun nach Amlishagen. Hier unterschrieb er mit den Pfarrern des Kapitels Crailsheim die FC. Er scheint auch hier die Erwartungen nicht erfüllt zu haben. 1581 mußte er gehen. Im gleichen Jahr erscheint er jetzt als Kaplan in Königheim.

---

406) Hetzner: PfB WFr 984; PfB KrO 1379. Mack: PfB WFr 1618; PfB KrO 2224. J.Schnurr: PfB WFr 2357; PfB KrO 3193. Sutor PfB WFr 2678; PfB KrO 3589.
407) PfB WFr 2499; PfB KrO 3354. Kober: PfB WFr 1363; PfB KrO 1883.
408) Volmar: PfB WFr 2770; PfB KrO 846. Ötinger: PfB WFr 1889; PfB KrO 2593. Seybold: PfB WFr 2507; PfB KrO 3333.

Das Domkapitel Mainz, das dort das Patronat besaß, hoffte wohl, ihn dem Katholizismus zurückzugewinnen. Vielleicht hat er auch selbst diesen Eindruck erweckt. Jedenfalls sind ihm in Königheim noch zwei Kinder geboren (409), aber schon 1583 ging er weg. Möglicherweise war er zuletzt noch Pfarrer in Micheldorf im oberpfälzischen Gebiet der Landgrafschaft Leuchtenberg 1583-1588 (410).

In der Ganerbschaft Satteldorf teilten die Herren von Wolmershausen die Ortsherrschaft mit Ansbach, mit den Herren Fuchs von Dornheim und denen von Neidenfels. Das Patronat besaßen die Fuchs. Heinrich Reitheinz von Crailsheim nahm die ansbachische Reformation 1528 an. Er hatte seit 1519 in Leipzig studiert und war, wie es scheint, nicht mehr geweiht worden. Noch 1535 ist er in Satteldorf. Auch hier ist der nächste Pfarrer erst 1555 bekannt: Johann Arzt aus Crailsheim, in Tübingen immatrikuliert 23.5.1544, Cantor in Crailsheim 1548, Pfarrer in Onolzheim 1549. Er starb in Satteldorf am 6.8.1573. Johann Papa, wohl der in Marburg 1570 immatrikulierte Joannes Babst aus Alsfeld, ist von 1574-1577 da. Danach folgt Michael Linck aus Rothenburg 1577-1591, der vorher deutscher Schulmeister in seiner Heimatstadt war (411).

In Gröningen hatten neben den Herren von Crailsheim auch die von Wolmershausen und die von Ellrichshausen sowie Ansbach kleinere Anteile. Das Patronat hatten die Herren von Crailsheim. Auch hier wurde 1528 die Reformation eingeführt, die der Pfarrer Erasmus Scheuermann annahm. Er war in Würzburg geweiht worden (Priesterweihe 30.5.1523). 1540 wurde er als Kaplan nach Feuchtwangen versetzt, wo er wohl bis 1557 war. Seinen Sohn Jakob ließ er in Wittenberg studieren (1550). Dieser war dann Pfarrer in verschiedenen ansbachischen Gemeinden und zuletzt in Castell (412). Mit Hans Fürleger aus Weißenburg kam 1540 ein

---

409) PfB WFr 1842 a; PfB KrO 2504; KB Königheim.

410) F.Lippert, a.a.O. S.138.182. Dort heißt es S.138, in Micheldorf sei der frühere Mönch Jobst gewesen, "welcher zu Micheldorf anno 1588 gestorben und mehr Kinder als Gulden Gelts hinterlassen". Da der Nachname dieses Pfarrers nicht genannt ist, bleibt die Gleichsetzung mit Jodocus Nagengast vorerst eine Vermutung.

411) Reitheinz: PfB WFr 2056; PfB KrO 2785. Arzt: PfB WFr 57; PfB KrO 83. Papa: PfB WFr 1919; PfB KrO 2622. Linck: PfB WFr 1570; PfB KrO 2164.

412) PfB WFr 2270; PfB KrO 3067. Sohn Jakob: PfB WFr 2271; G.Kuhr, Ritterschaftliches Pfarrerbuch Franken 2418.

schon älterer Pfarrer nach Gröningen. Ursprünglich Benediktinermönch in Wülzburg, war er als evangelisch geworden 1523 aus dem Orden ausgeschieden und wurde auf verschiedenen nürnbergischen und ansbachischen Pfarreien angestellt: zunächst als Kaplan in Schwabach, dann als Pfarrer in Kornburg 1524, als Frühmeßkaplan in Kraftshof 1526, als Pfarrer in Großhabersdorf 1531 und 1535-1540 als Kaplan in Crailsheim. Er starb jedoch schon am 30.11. 1542 in Gröningen (413). Erst im Juni 1544 wurde die Pfarrei mit dem Crailsheimer Kaplan Georg Dietz aus Würzburg wieder besetzt. Dieser hatte seit 1539 in Wittenberg studiert. Spätestens 1562 ist er von Gröningen weggegangen. 1566 findet man ihn als Pfarrer in Dürnau. Von dort ging er 1572 nach Bauschlott, das damals noch nicht offiziell reformiert war. Darum verließ er Bauschlott auch schon 1573 wieder. Anschließend hat er wohl keine Stelle mehr bekommen. Er lebte in Stuttgart, wo er im November 1577 noch einmal heiratete (414). 1562 kam M.Jakob Kraushar aus Hall nach Gröningen. Sein Studium hatte er in Heidelberg absolviert (immatrikuliert 10.11.1541, M. 20.2.1544), war dann Collaborator in seiner Heimatstadt gewesen und 1554 Pfarrer in Bitzfeld geworden. Von dort kam er nach Gröningen, wechselte aber 1568 ins hohenlohische Lendsiedel, wo er zugleich Superintendent des Amtes Kirchberg-Gaggstatt war und am 31.12.1574 starb (415). Nächster Pfarrer in Gröningen war Ludwig Nußbaum von Crailsheim, immatrikuliert in Leipzig SS 1558, dann Pfarrer in Röthenbach bei Nürnberg 1562. Er kam 1574 nach Breitenau, 1579 nach Goldbach und 1580 nach Reubach, wo er 1582 entlassen wurde. Schon 1580 war er, eines Diebstahls angeklagt, in Rothenburg im Gefängnis. 1584 wird er in Crailsheim unterstützt, weil er als armer minister im Land umherzieht (416). Sein Gröninger Nachfolger seit Januar 1575, Philipp Hillenmayer - er hatte 1572 ff. in Wittenberg und Jena studiert - wurde vom Stift Neumünster Würzburg 1579 auf die Pfarrei Michelbach an der Heide be-

---

413) PfB WFr 652; PfB KrO 922.

414) PfB WFr 394; PfB KrO 502; G.Bossert, Die Reformation in Dürnau Oberamt Göppingen, in BWKG 1910, S.59 f. hält ihn in Dürnau für katholisch: "Eine Wendung brachte erst das Jahr 1572, als im Juli der katholische Pfarrer Georg Dietz nach fünfeinhalb-jährigem Dienst in Dürnau von Wolf von Züllenhard entlassen wurde und nach Bauschlott ging". Das kann kaum stimmen.

415) PfB WFr 1455; PfB KrO 1986.

416) PfB WFr 1877; PfB KrO 2577; Capitel.Rechnung Crailsheim 1584.

rufen, wo schon sein Vater Balthasar (zuletzt Stiftsprediger und Dekan in Feuchtwangen) und sein Bruder Elias Pfarrer gewesen waren. Da diese Berufung aber ohne Wissen Ansbachs geschehen war, das gegenüber dem Patronat des Stifts das Nominationsrecht beanspruchte, versetzte die Ansbacher Kirchenleitung ihn 1580 nach Gerabronn (wo im übrigen die gleiche Rechtslage bestand). Dort ist er 1585 gestorben (417). Der limpurgische Präzeptor in Obersontheim Michael Bischof wurde 1579 vom Haller Prediger geprüft, um Pfarrer in Gröningen werden zu können. Er blieb zehn Jahre da und war später Pfarrer in Ottersheim und Nußbaum/Rheinland (418). Friedrich Widmann aus Langenzenn, zuerst Schulmeister in Wildenholz und Pfarrer in Leukershausen, war 1579 dem Ruf in die lutherisch gewordene Kurpfalz gefolgt und Pfarrer in Rohrbach bei Sinsheim geworden. Bei Wiedereinführung des Calvinismus wurde er 1587 vertrieben, als Exulant in Stuttgart unterstützt, und hielt sich danach in Feuchtwangen auf. 1589 fand er in Gröningen seine neue und zugleich letzte Stelle. 1613 ist er wohl dort gestorben (419).

Das Dorf Braunsbach war im Besitz der bürgerlichen Haller Familie Spies, von der es 1549 durch weibliche Erbfolge an die Herren von Crailsheim kam. 1567 erwarben diese auch den restlichen Besitz der Stadt Hall einschließlich des Patronats, das zuvor die Grafen von Limpurg und die von Hohenlohe besessen hatten. Unter Einfluß von Hall erhielt Braunsbach schon 1529 einen evangelischen Pfarrer: Martin Schmidt, der bis 1537 dort war. Er traut 1529 den Reinsberger Pfarrer Johann Herolt. Er ist vielleicht identisch mit dem Martin Fabri aus Heilbronn, der 1505 in Heidelberg studiert hatte und seit 1525 Pfarrer in Obergriesheim war (420). Er hatte 1526 bei der Hochzeit des Heilbronner Reformators Johann Lachmann als Zeuge fungiert. 1537-1563 ist Thomas Schuhmacher Pfarrer in Braunsbach. 1542 nahm er am Haller Kapiteltag teil; bei der hohenlohischen Visitation 1556 hat er wohl bestanden. Im Jahr 1564 versetzte Hall Christoph Marstaller, der ein Jahr lang Stadtpfarrer an St.Katharina gewesen war, nach

---

417) PfB WFr 1014; PfB KrO 1398.
418) PfB WFr 232; PfB KrO 300; A.Rosenkranz, a.a.O. S.42.
419) PfB WFr 2931; PfB KrO 3851; G.Bossert, Die Liebestätigkeit ..., II, S.114
420) PfB WFr 2334; PfB KrO 3158 u. 713.

Braunsbach. Marstaller stammte aus Forchheim und hatte 1534 in Leipzig studiert. Seit 1538 war er Subdiacon am Bamberger Dom. Als Interimspfarrer kam er 1548/1549 nach Hall auf die Stadtpfarrstelle an St.Michael, die er bis 1563 versah. Da er sich in heftiger Auseinandersetzung mit dem Prediger Jakob Gräter befand, mußte er abgelöst werden, kam zuerst nach St.Katharina und dann nach Braunsbach, wo er 1587-1593 noch im Ruhestand lebte (421). Er hat 1587 Platz gemacht für seinen Sohn Johann (s.o.S.69), der schon 1568-1577 Adjunkt bei ihm gewesen war. Hall setzte Johann Marstaller 1591 ab und seinen Schwiegersohn Johann Greiß als Vikar an seine Stelle. Darüber gab es Streit zwischen Hall und Sebastian von Crailsheim, sodaß Hall Johann Greiß 1594 als Vikar nach Eschental versetzte, nun aber M.Nikolaus Wieland aus Tübingen, den Sohn des späteren Herrenalber Prälaten gleichen Namens, nach Braunsbach berief. Dieser wurde bei der Visitation 1595 als "still und eingezogen" bezeichnet (422). Er ging aber schon 1597 wieder weg (nach Oppenweiler), worauf Hall wieder einen gebürtigen Haller, Johann Agricola (Bauer), bisher Schulmeister in Hohebach, auf die Pfarrei Braunsbach brachte. Er war dann 1606-1624 noch Pfarrer in Orlach (423). Sebastian von Crailsheim hatte zweimal vergeblich versucht, Johann Marstaller nach Orlach zu bringen, konnte sich aber in keinem Fall gegenüber Hall durchsetzen.

Als hohenlohisches Lehen besaßen die Herren von Crailsheim Schloß Morstein, zu dem sie 1563 die Gemeinde Dünsbach hinzuerwarben. In Morstein errichteten sie 1571 eine Schloßpfarrei, die aber im Dreißigjährigen Krieg wieder einging. 1687 wurde stattdessen die Pfarrei Dünsbach errichtet. Als Schloßpfarrer in Morstein ist allerdings erst 1607 Johann Wilhelm Gräter bekannt, später Pfarrer in Wertheim, Sohn des Haller Pfarrers Christoph Gräter (424).

---

421) Schuhmacher: PfB WFr 2412; PfB KrO 3261. Marstaller: PfB WFr 1675; PfB KrO 2281.
422) Greiß: PfB WFr 784; PfB KrO 1096. Wieland: PfB WFr 2945; PfB KrO 3865.
423) PfB WFr 9; PfB KrO 10.
424) PfB WFr 755; PfB KrO 1074; G.Kuhr, Ritterschaftliches Pfarrerbuch 873.

Schloß Hornberg an der Jagst war Ansbachisches Lehen der Herren von Crailsheim und kirchliches Filial der hohenlohischen Pfarrei Lendsiedel. Auch hier errichteten die Ortsherren eine Schloßpfarrei, die bis 1750 Bestand hatte. Der Haller Cantor Leonhard Biber wurde 1588 erster Pfarrer. Er war ein Bruder des schon erwähnten Maximilian Biber (s.o.S.84). 1597 kam er nach Amlishagen und von 1604 -1619 war er in Hengstfeld. 1598 wurde nach einer kurzzeitigen Versehung durch Daniel Blumenhauer (425) Balthasar Schnurr, Sohn des gleichnamigen Hengstfelder Pfarrers, sein Nachfolger (426).

In Orlach, wo die Stadt Hall ihren Anteil 1521 durch Erwerb des Comburgischen Anteils vergrößerte und 1564 auch den Hohenlohischen Anteil erwarb, besaßen die Herren von Crailsheim das Patronat. Gemeinsam mit Hall reformierten sie die Pfarrei 1535/1540. Als erster Pfarrer ist Georg Stephan bekannt, Sohn des katholischen Kaplans an St.Nikolaus in Hall. Unter den in Würzburg Geweihten ist er nicht mehr zu finden. Er war Pfarrer in Haßfelden 1535 und wurde 1543 nach Orlach versetzt. 1549 ging er nach Bibersfeld und war 1553 bis zu seinem Tod 1557 Kaplan in Kirchberg/ Jagst (427). 1549-1553 war Orlach, wohl wegen des Interims, nicht besetzt. Elias Hillenmayer, ein Bruder des Philipp (s.o. S.139 f.), der in Tübingen und Wittenberg (immatrikuliert 21.6.1547 bzw. 4.5.1548) studiert hatte und seit 1549 Kaplan in Gerabronn gewesen war, wurde 1553 Pfarrer in Orlach, wechselte aber schon 1556 nach Michelbach an der Heide (als Nachfolger seines Vaters). 1556 wurde Johann Wernler (Wernlin, Werlin) Pfarrer in Orlach. Seine Herkunft ist unbekannt. Er protestierte 1578 ggen die FC, deren Annahme von Hall verlangt wurde. Hall schloß ihn deshalb aus dem Kapitel aus. Die Herren von Crailsheim hielten ihn aber. Erst 1592 gelang es Hall, ihn abzusetzen. Da er aber das Pfarrhaus nicht räumte, setzte Hall den Haller M. Johann Eberhard (immatrikuliert Tübingen 25.6.1586, M. 6.8.1589) als Vikar nach Orlach.

---

425) L.Biber: PfB WFr 213; PfB KrO 274; Blumenhauer: PfB WFr 244; PfB KrO 311.
426) PfB WFr 2356; PfB KrO 3192. Schnurr war ein fruchtbarer und bekannter Dichter.
427) PfB WFr 2609. Sein Bruder Michael Stephan war 1536-1537 Kaplan in Kirchberg/Jagst gewesen.

Die Herren von Crailsheim versuchten nun, 1595 den ohne Dienst in Braunsbach wohnenden Pfarrer Johann Marstaller (s.o.S.69) einzusetzen, den Hall aber sofort wieder absetzte und den Haller Diaconus David Vogelmann an seine Stelle setzte. Ihn haben die Herren von Crailsheim akzeptiert. Er war schon Pfarrer in Jagstheim 1568-1571, Diaconus in Waldenburg 1571-1573, Pfarrer in Großaltdorf 1573-1577, in Kupferzell 1577-1583, in Wolfsheim/Rheinhessen 1583-1584 und in Partenheim/Hunsrück seit 1584 gewesen, ehe er 1589 Diaconus an St.Michael in Hall wurde. 1606-1621 war er dann noch Pfarrer in Braunsbach (428).

Die Herren von Ellrichshausen waren Mitbesitzer in zwei Pfarrorten: dem namengebenden Dorf Ellrichshausen und in Jagstheim. In Ellrichshausen war die Markgrafschaft Ansbach der andere Ortsherr und besaß auch das Patronat. So war die Einführung der Reformation 1528 kein Problem. Der Crailsheimer Kaplan und Pfarrverweser Albert Klingler, der 1513 zugleich Pfarrer von Ellrichshausen geworden war, führte sie durch und versah die Pfarrei bis zu seinem Tod 1552 (429). Johann Dürr aus Neuhaus an der Pegnitz, seit 1535 Pfarrer in Mariäkappel, wurde ihm 1545 als Adjunkt bzw. Pfarrverweser beigegeben und trat 1552 seine Nachfolge an. 1567 ging er jedoch wieder auf seine frühere Pfarrei Mariäkappel zurück (430). 1567 wurde der Pfarrer von Wallhausen, M. Michael Rohrbach aus Heilbronn, nach Ellrichshausen versetzt. Er war der Stiefsohn des evangelisch gewordenen letzten Priors des Klosters Anhausen bei Crailsheim. Studiert hatte er in Heidelberg (immatrikuliert 21.6.1546, M. 19.8.1550), nachdem ihm schon 1545 die Pfarrei Oberaspach verliehen worden war, die er durch den Pfarrverweser Siegfried Wolmershäuser versehen ließ. 1551 war er dann Pfarrer in Wallhausen geworden. 1578 starb er in Ellrichshausen (431).

An der Ortsherrschaft von Jagstheim waren neben den Herren von Ellrichshausen und der Markgrafschaft Ansbach auch die Reichsstadt Dinkelsbühl und die Herren von Vell-

---

428) Alle Orlacher Pfarrer sind im PfB WFr aufgeführt.
429) PfB WFr 1331; PfB KrO 1835.
430) PfB WFr 441; PfB KrO 566.
431) PfB WFr 2125; PfB KrO 2877. Der Bruder seines Vaters war vermutlich der Heilbronner Bauernführer Jakob (Jäcklein) Rohrbach. Sein Stiefvater Leonhard Löß stammte von München, hatte 1533 als Freisinger Kleriker in Ingolstadt studiert und war in Anhausen evangelisch geworden. S.Wolmershäuser: PfB WFr 3001.

berg beteiligt. Die Ellrichshausen besaßen hier aber das Patronat als Limpurgisches Lehen. Auch hier wurde 1528 mit dem Pfarrer Johann Hüfelein die Reformation durchgeführt (432). Hüfelein stammte aus Ellwangen, hatte 1507 in Tübingen studiert, 1515 die Priesterweihe empfangen und war dann rector scolarum im Chorherrenstift Ellwangen gewesen, ehe er 1528 nach Jagstheim kam. 1534 wurde er als Diaconus nach Dinkelsbühl berufen, wurde dort nach dem Interim, das er ablehnte, Spitalpfarrer, aber bei der Gegenreformation 1555 entlassen. Seine letzten Jahre verbrachte er als Privatmann in Jagstheim. Er hat 1534 die Stelle mit Blasius Hofmann getauscht (433). Dieser, zuvor Mönch und Pfarrer in Kaubenheim, war 1533 Kaplan in Dinkelsbühl geworden. Schon 1536 ging er von Jagstheim wieder ab und als Kaplan nach Crailsheim. Jagstheim wurde dann wohl bis 1552 von dort aus versehen. Dann wurde mit Paul Stock aus Langenzenn wieder ein Pfarrer ernannt (434). Er war, 1545 Student in Wittenberg, Kaplan in seiner Heimatstadt und ab 1550 Pfarrer in Kirchfarrnbach gewesen. Als er 1563 starb, folgte ihm Georg Puchelius, zuvor kurze Zeit Collaborator in Crailsheim, wohl von Nördlingen stammend (435). 1568 begann David Vogelmann aus Hall in Jagstheim die lange Reihe seiner Amtsorte (436). Christoph Huber, ein weiterer Sohn des Sebastian Huber (s.o.S.133 f.), war 1570-1573 in Jagstheim, ehe er die Pfarrei Stöckenburg erhielt, die er bis zu seinem Tod 1632 betreute (437). Er hatte 1568 f. in Jena studiert. 1573-1590 war Lorenz Bauer aus Posseck bei Kronach Pfarrer in Jagstheim. Immatrikuliert wurde er in Wittenberg am 27.4.1558; seit 1564 war er Cantor in Crailsheim (438).

In Gaggstatt besaßen die Herren von Vellberg das Patronat und einen Besitzanteil neben Hohenlohe und dem Ritterstift Comburg. Bis 1544 war der Ort ein Filial von Lend-

---

432) PfB WFr 1166; PfB KrO 1551. Sein Sohn ist später Pfarrer in Merklingen bei Leonberg.
433) PfB WFr 1070; PfB KrO 1457.
434) PfB WFr 2632; PfB KrO 3512.
435) PfB WFr 1997; PfB KrO 2721.
436) S. S.135; PfB WFr 2758; PfB KrO 830.
437) PfB WFr 1152; PfB KrO 1538. Er hatte 1627-1632 als Adjunkt seinen Enkel Joseph Stadtmann.
438) PfB WFr 114; PfB KrO 137. Ihm war 1568 das Rektorat der Lateinschule Crailsheim abgeschlagen worden.

siedel mit einer eigenen Kaplanei. Diese Kaplanei hatte der Pfarrer Johann Steinmetz aus Heilbronn inne, der 1522 in Heidelberg studiert, aber offenbar keine Weihe empfangen hatte (439). Er wurde 1544 im Streit bei einem Spiel erschlagen. Nun errichteten die Herren von Vellberg eine eigene Pfarrei, die sie mit Philipp Jäger, einem ehemaligen Schöntaler Mönch, besetzten (Priesterweihe 15.6.1538). Jäger starb in Gaggstatt 1558. Nachfolger wurde der Lendsiedeler Diaconus Johann Egenthaler aus Wemding (440), der seit 1553 in Ingolstadt studiert hatte und 1556 ein Jahr lang Schulmeister in Pappenheim gewesen war. Er hat mit den Pfarrern der hohenlohischen Superintendentur Langenburg die FC unterschrieben, denn die Grafen von Hohenlohe hatten 1563 einen Teil der Patronatsrechte erworben. Der Vellbergische Anteil fiel nach Aussterben der Familie 1594 an die Herren von Crailsheim.

Als teilweise Ansbachisches, teilweise Hohenlohisches Lehen besaßen die Herren von Vellberg das Dorf Gründelhardt, als Ellwangisches Lehen auch das dortige Patronat. Infolge des Ellwangischen Einflusses konnte hier die Reformation erst 1556 eingeführt werden, nachdem das auch in Hohenlohe offiziell geschehen war. Unbekannt ist, wie die Verhältnisse vorher waren und welche Pfarrer da waren. Als ersten evangelischen Pfarrer versetzten die Herren von Vellberg ihren Stöckenburger Pfarrer Adrian Hamond aus Neer bei Roermond nach Gründelhardt (s.u.; 441). Er erhielt 1587 Johann Albrecht Huchbar als Vikar zur Hilfe, und als er 1588 starb, wurde dieser auch sein Nachfolger. Er war ein Sohn des Pfarrers Johann Huchbar in Rupertshofen und hatte in Tübingen (immatrikuliert 26.4.1583) und noch kurz in Wittenberg (immatrikuliert Mai 1587) studiert. Bis zu seinem Tod 1630 blieb er in Gründelhardt.

Die späte Reformation in Gründelhardt ist, wie gezeigt wurde, die Ausnahme unter den Pfarreien im Gebiet um Crailsheim. Zwar nicht so früh wie die unter direktem Ansbachischen Einfluß stehenden Pfarreien, doch schon um 1540 haben die Herren von Vellberg ihre beiden Pfarreien

---

439) PfB WFr 2598; PfB KrO 3484.

440) Jäger: PfB WFr 1185; PfB KrO 1592. Egenthaler: PfB WFr 476; PfB KrO 605.

441) PfB WFr 858; PfB KrO 1214; nach seinem Heimatort auch Nerlin genannt.

Stöckenburg und Anhausen reformiert. M. Johann Hoffmann aus Hall, der Tübingen (immatrikuliert 11.8.1541) und Heidelberg (immatrikuliert 21.4.1542) als Studienorte gewählt hatte, muß kurz danach 1543 oder 1544 Pfarrer in Stöckenburg geworden sein. Schon 1545 wurde er zum Diaconus in Bietigheim berufen, wo er aber 1549 wegen des Interims entlassen wurde. Er war dann Katechist in Oberriexingen, Pfarrer in Großingersheim und Oberriexingen und wurde am 26.11.1558 zum Prediger an St.Jakob und Generalsuperintendenten in Rothenburg berufen (442). Nach ihm, allerdings erst 1551-1556 war der erwähnte Adrian Hamond Pfarrer in Stöckenburg. Er war Ökonom im Karthäuserkloster Christgarten gewesen, dann evangelisch geworden, und hielt sich 1551 bei den Herren von Adelmannsfelden in Schechingen auf, die 1548 in ihrem Gebiet ebenfalls reformiert hatten. Vor und nach seiner Zeit in Stöckenburg hat wahrscheinlich der Anhauser Pfarrer Andreas Henfling die Pfarrei versehen. Im Oktober 1560 wurde der Crailsheimer Cantor Burkhard Sender nach Stöckenburg berufen, der in Jena studiert hatte (immatrikuliert 6.6.1556). Er wurde 1573 ins benachbarte Anhausen versetzt, worauf ihm der erwähnte Christoph Huber folgte (s.o.S.143; 443).

Anhausen hatte 1540-1573 den eingangs erwähnten Andreas Henfling als ersten evangelischen Pfarrer (s.o.S.9.), danach bis 1586 Burkhard Sender. Dann versah Christoph Huber die Pfarrei von Stöckenburg aus bis 1589. In diesem Jahr nahmen die Herren von Vellberg den in Stadecken bei Mainz entlassenen Pfarrer M. Martin Becker aus Kirchheim/Teck an, der bis 1612 blieb und dann wegen hohen Alters resignierte (444).

1528 wurde in Großaltdorf, das bis dahin Filial von Stöckenburg gewesen war, die dortige Kaplanei zur Pfarrei erhoben. Neben den Herren von Vellberg hatten dort die Reichsstadt Hall und Hohenlohe anteiligen Besitz. Das Patronat lag bei den Grafen von Hohenlohe-Waldenburg, Hall hatte aber ein Coepiscopalrecht. Daher ist anzunehmen, daß Hall bereits in diesem Jahr die Reformation ein-

---

442) PfB WFr 1079; PfB KrO 1470.
443) Sender: PfB WFr 2500; PfB KrO 3355.
444) PfB WFr 158; PfB KrO 191. Beckers gleichnamiger Sohn wurde 1610 Diaconus in Unterschüpf und 1616 Pfarrer in Affaltrach; vgl. Neumaier S.190.

führte. Doch scheint der Pfarrer Melchior Buchfelder aus Öttingen, der von 1516-1535 dort war, katholisch geblieben zu sein. Sicher evangelisch war aber der folgende Pfarrer Johannes Leonhard aus Hall 1535-1573. In Heidelberg hatte er studiert (immatrikuliert 13.10.1514) und steuerte in Hall seit 1517 als Priester (445). Am 21.4. 1535 heiratete er in Reinsberg im Beisein von 4 anderen evangelischen Pfarrern seine bisherige Magd Barbara Kraft (446). In diesem Fall war also die Heirat ein deutliches Zeichen evangelischer Gesinnung.

Weiter besaßen die Herren von Vellberg auch einen Anteil an Honhardt, das 1540 von Württemberg reformiert wurde und mit Valentin Bernhardi (s.o.S.9) den ersten evangelischen Pfarrer erhielt. In dem Honhardter Filial Oberspeltach wurde erst 1706 eine Pfarrei errichtet.

In Untersontheim, von dem die Herren von Vellberg 5/7 besaßen (neben Limpurg und Ellwangen, dem das Patronat zustand), wurde 1542 mit Hilfe von Hall und Limpurg reformiert. Bis 1569 versahen die Kapläne von Obersontheim die Pfarrei, von 1569-1618 die Pfarrer von Stöckenburg.

Ortsherren in Lorenzenzimmern waren neben den Herren von Vellberg die Herren von Stetten sowie das Ritterstift Comburg und Hohenlohe. Das Patronat gehörte aber den Herren von Gemmingen, die es 1550 an Hall abgaben. Peter Caspar (Gastpar) von Murrhardt, in Heidelberg immatrikuliert 24.5.1514, war spätestens 1530 erster evangelischer Pfarrer, sicher von den Herren von Gemmingen berufen (447). Nach dessen Tod (1557 oder 1560) wurde 1560 der Sülzbacher Pfarrer Jakob Textor aus Ulm nach Lorenzenzimmern berufen. 1602 wurde er zur Ruhe gesetzt und mit Frau und einer kranken Tochter ins Haller Spital aufgenommen, wo er im folgenden Jahr starb (448).

---

445) PfB WFr 1532. Er war Sohn eines Priesters.
446) Sie wurden von dem Reinsberger Pfarrer Herolt getraut.
447) PfB WFr 1249. Er ist der Stammvater der württembergischen Familie Gastpar.
448) PfB WFr 2694. Er war mit Euphrosyna Eisenmenger, einer Nichte des Haller Mitreformators Johann Isenmann, verheiratet (A.Rentschler, Zur Familiengeschichte des Reformators Johannes Brenz, Tübingen 1921, S.41).

Auch in Ruppertshofen besaßen die Herren von Vellberg zunächst eine Dorfhälfte, seit 1563 noch ein Drittel. Mitortsherr war Hohenlohe, das auch das Patronat besaß. Der noch als katholischer Pfarrer 1532 ernannte Melchior Weber von Kirchensall (s.o.S.134) wurde evangelisch und kam 1544 nach Buchenbach. Bis 1555 war Johann Cäsar in Ruppertshofen (449), danach bis 1606 Johann Huchbar (450), zuvor Diaconus in Wertheim und Kaplan in Gerabronn.

In Lendsiedel, das - außer einem kleinen Ansbachischen Teil - den drei Reichsstädten Rothenburg, Hall und Dinkelsbühl gehörte und von diesen 1562/1567 an Hohenlohe kam, besaßen die Herren von Vellberg das Patronat, von dem Hohenlohe 1563 die Hälfte kaufte. 1541-1544 war hier der katholische Pfarrer Nicolaus vom Berg aus Ilshofen. Bei der Reformation 1544 ging er weg und zwar nach Markelsheim im Gebiet des Deutschen Ritterordens (Patronat: Stift Neumünster in Würzburg). Adam Gantner 1544-1552 war der erste evangelische Pfarrer. Nach ihm kam Kilian Schwend 1552-1557 (451). Georg Schumann von Hessenau bei Großgerau, Wittenberger Student (immatrikuliert 2.10. 1541) und zuvor Conrektor in Öhringen 1546 und seit 1547 Diaconus in Lendsiedel gewesen, war der nächste Pfarrer (452), dem 1568 Jakob Kraushar (s.o.S.138) folgte. Schumanns Nachfolger als Diaconus und Pfarrer von Beimbach war Johann Egenthaler von Wemding. 1558 kam er als Pfarrer nach Gaggstatt (s.o.S.144).

1592 starb die Familie der Herren von Vellberg aus. Ihre Besitzungen fielen, mit Ausnahme der heimfallenden Ansbachischen Lehen, an die Reichsstadt Hall. Seitdem gehörten auch die betroffenen Pfarreien endgültig zum Haller Kirchengebiet.

3.11. Das Dorf Archshofen

Neben Ansbach und Rothenburg hatte die in Rothenburg ansässige adlige Familie Lochinger Besitz in Archshofen

---

449) PfB WFr 1228; vgl. auch 1127.
450) PfB WFr 1162; PfB KrO 1546; er war Flacianer.
451) Gantner: PfB WFr 675. Schwend: PfB WFr 2458.
452) PfB WFr 2418.

einschließlich des Patronats erworben. Wie in den meisten
an das markgräfliche Land angrenzenden Gebieten übte Ansbach auch bei der Reformation in Archshofen den entscheidenden Einfluß aus, sodaß das Dorf seit 1528 evangelisch
war. Erster Pfarrer 1528-1538 war Jörg Schneider (Tonsur
am 19.4.1522 in Würzburg; 453). Von 1538 bis 1555 wurde
Archshofen als Filial von Creglingen aus versehen. Samuel
Merker von Rothenburg erhielt 1555 die Pfarrei zugesagt,
mußte aber zunächst noch studieren: er wurde am 8.3.1555
in Wittenberg immatrikuliert und war 1557 Rothenburger
Stipendiat in Jena. Danach ließ er sich am 17.12.1558 in
Würzburg die niederen Weihen erteilen, und versah nun die
Pfarrei als evangelischer Pfarrer. 1562 wurde er in das
rothenburgische Dorf Bettwar versetzt, wo er aber nur
ganz kurze Zeit war. An seine Stelle in Archshofen trat
Bartholomäus Paulus. Von ihm ist sonst nichts bekannt
(454). 1565 nahmen die Ortsherren Peter Eckard von Ladenburg als Pfarrer an, der als Lutheraner aus der Kurpfalz
hatte abziehen müssen. Er hatte in Heidelberg studiert
(immatrikuliert 16.5.1556) und war Collaborator in Zweibrücken und Hornbach gewesen (455). 1575 wurde er Pfarrer
in Schönfeld (welches, ist unklar). Erst 1578 wurde der
Dörzbacher Pfarrer Gabriel Horn nach Archshofen berufen,
aber bereits 1580 nach Bettwar versetzt. Ihm folgte der
aus Ummerstadt stammende Pfarrer Johann Eberlein, Wittenberger und Jenaer Student und zuvor auf mehreren ritterschaftlichen Pfarreien (456).

3.12. Das Gebiet der Herren Geyer von Giebelstadt

Geographisch kehren wir mit der Betrachtung der Geyer'
schen Dörfer Goldbach bei Crailsheim, Neunkirchen bei
Mergentheim, Reinsbronn zwischen Rothenburg und Mergentheim, Giebelstadt und Ingolstadt auf dem Ochsenfurter Gau
wieder in die Nähe unseres Ausgangspunktes bei der rosenbergischen Herrschaft Gnötzheim-Waldmannshofen zurück.
Auch hier liegt der Einfluß Ansbachs am Beginn reformatorischen Wirkens deutlich zutage.

---

453) PfB WFr 2344; PfB KrO 3176.
454) Merker: PfB WFr 1716; PfB KrO 2326. Paulus: PfB WFr 1924; PfB KrO 2632.
455) PfB WFr 467; PfB KrO 597; G.Biundo, Pfälzisches Pfarrerbuch 1064.
456) PfB WFr 455; PfB KrO 581.

Der Pfarrer Hans Reß von Crailsheim, der 1496 seine Primiz gefeiert hatte und 1527 als Pfarrer in Gammesfeld erwähnt wird, wurde 1528 Pfarrer in Goldbach und heiratete seine Magd in diesem Jahr, in dem Ansbach die Reformation einführte (457). 1531 ist er wohl gestorben. Goldbach war dann wie schon früher Filial von Crailsheim bis 1570. In diesem Jahr wurde der bisherige Pfarrer von Waldtann, Sebastian Jung genannt Dorsch, nach Goldbach versetzt. In Feuchtwangen gebürtig, hatte er 1558 in Leipzig und anschließend in Wittenberg studiert, war 1564 Cantor in Crailsheim und 1567 Pfarrer in Waldtann geworden. 1579 kam er nach Leukershausen. Dort hat er im Dezember 1582 in Notwehr einen Mann erstochen, worauf er entlassen wurde. Daraufhin zog er in die damals lutherische Kurpfalz, wurde 1584 Diaconus in Weingarten und war 1585-1586 Pfarrverweser in Rinklingen (458). In Goldbach folgte ihm der oben erwähnte Ludwig Nußbaum (s.o.S.138), diesem 1580 M. Christoph Rupp aus Crailsheim (459), danach Nikolaus Athleta aus Schleusingen 1581, 1585-1587 Michael Schimmel aus Onolzheim, 1587-1589 Georg Grönagel aus Goldbach und 1589-1592 Martin Seufferlin aus Onolzheim (460).

In Neunkirchen bei Mergentheim waren wohl schon die Herren Sützel von Mergentheim evangelisch geworden. Sie veräußerten ihren Besitz 1550 an die Herren Geyer, die andere Hälfte, die würzburgisches Lehen war, 1559 an die Herren von Berlichingen, die sie 1591 ebenfalls an die Geyer abgaben. Ob schon unter dem Pfarrer Lorenz Kuchenbrot aus Mergentheim (seit 1512 in Neunkirchen) eine evangelische Bewegung entstand, ist ungewiß (461). Er hat jedenfalls als "Dominus" 1525 in Heidelberg noch studiert (immatrikuliert 21.7.1525). 1529 wurde er Pfarrer in Lauda. 1537 wird der Pfarrer Johann Engelfried erwähnt, ohne nähere Angaben. Dann ist wohl eine Lücke in der Pfarrerliste. 1556 kam Bernhard Schwab, zuvor Pfarrer in Schüpf, nach Neunkirchen (s.o.S.61), nach ihm 1567 Georg Gottfried, der seit 1559 Pfarrer in Neckarzimmern gewesen war. Er

---

457) PfB WFr 2079; PfB KrO 2809.
458) PfB WFr 1216; PfB KrO 1628.
459) PfB WFr 2196; PfB KrO 2946.
460) Alle drei sind in beiden Pfarrerbüchern aufgeführt.
461) PfB KrO 2023 a. In Lauda hatte die Universität Heidelberg das Patronat. Zu den folgenden Pfarrern: Engelfried: PfB WFr 511; PfB KrO 647. G.Gottfried: PfB WFr 742; PfB KrO 1061. M.Müller: PfB WFr 1809; PfB KrO 2466.

wurde 1573 auf ein Diakonat in Speyer berufen. Der folgende M. Michael Müller aus Sindringen hatte 1568/1569 in Basel, danach in Tübingen studiert (immatrikuliert 13.6. 1569, M.14.2.1572). Als er 1585 nach Kocherstetten ging, kam für ihn der erwähnte Johann Schad (s.o.S.78), nach ihm 1592-1611 Paul Wacker (s.o. S.61).

Das Filial Althausen teilte, obwohl der größere Teil dem Deutschen Ritterorden gehörte, die Geschichte von Neunkirchen. 1524 war da noch ein Frühmesser Heinrich Gumpel von Amöneburg gewesen (462). Seit der Reformation wurde diese Stelle nicht mehr besetzt.

Reinsbronn war im Besitz der Herren Motschidler von Reinsbronn und der Herren von Bieberehren und kirchliches Filial des benachbarten Bieberehren. Dort war bis 1541 Martin Kremer aus Marbach Pfarrer, der in Ingolstadt studiert (immatrikuliert 3.11.1516) und in Würzburg die Weihen empfangen hatte (Priesterweihe 24.3.1520). Er muß dort evangelisch geworden sein, denn 1541 wurde er von den Grafen von Löwenstein zum Pfarrer in Löwenstein berufen. Zuletzt war er 1549-1560 Pfarrer in Sulzbach an der Murr (463). In Bieberehren war nach ihm Kilian Röder, zuvor Pfarrer in Wachbach. Von ihm wird berichtet, daß er seit 1545 auch in Reinsbronn alle 14 Tage gepredigt habe (464). In diesem Jahr hatten die Ortsherren Motschidler auch den Anteil der Herren von Bieberehren erworben. 1580 wurde die von Bischof Julius Echter in Gang gesetzte Rekatholisierungswelle auch in Bieberehren spürbar. Daher trennten die Reinsbronner Ortsherren ihr Dorf von der Mutterpfarrei und wiesen es als Filial an das Ansbachische Creglingen. Als sie dann 1587 ihren Besitz an die Herren Geyer abgaben, errichteten diese auch sofort eine Pfarrei in Reinsbronn. Allerdings wurde erst 1598 ein eigener Pfarrer ernannt: Johann Cellarius von Hohenstadt (s.o.S.113). Schon 1601 wurde er nach Adelsheim gerufen. Von da an blieb Reinsbronn mit kurzer Unterbrechung in der Schwedenzeit bis 1665 Filial von Creglingen.

---

462) PfB KrO 1145.
463) PfB KrO 1995 u. 2018; Sulzbach gehörte zur Grafschaft Löwenstein.
464) S.o. S. ; PfB KrO 2862; M.Schlenker, Die Reformation in Reinsbronn, in BWKG 1910, S.139 f.

Schwierig war die Lage für die Herren Geyer an ihrem Stammsitz Giebelstadt und dem benachbarten Ingolstadt auf dem Ochsenfurter Gau, da die Mitbesitzer, die Herren Zobel von Giebelstadt, die Reformation ablehnten und katholisch blieben. Giebelstadt selbst war Filial von Herchsheim. Erst als die evangelische Witwe Stefan Zobels, Amalie geb. Löblin, im Jahr 1601 Herchsheim reformierte, wurde auch Giebelstadt evangelisch. 1609 konnten die Geyer dort eine Pfarrei errichten, die aber im dreißigjährigen Krieg wieder einging. Bekannt sind nur die dortigen Pfarrer Johann Wenzeslaus von Bibra 1609-1612 und Johann Christoph Vulpius aus Weimar (465).

Die Pfarrei Ingolstadt blieb, mit Ausnahme der Schwedenzeit, katholisch besetzt. Doch war dort der Pfarrer Georg Albrecht, der evangelisch wurde und deshalb 1596 abgesetzt und aus dem Bistum Würzburg vertrieben wurde (s.o. S.94). Gelegentlich hielten die Herren Geyer in Ingolstadt einen eigenen Schloßprediger, so 1558-1559 Konrad Kreß (s.o. S.56).

Die Herren Geyer von Giebelstadt waren schon früh eifrig evangelisch. Dies wird auch dadurch bestätigt, daß in dem Würzburger Liber collationum (II) bei der Nennung der Pfarrei Neunkirchen zugefügt ist: "Bastian Geyer luterisch" (466).

4. Ergebnisse und Folgerungen

4.1. Überblick

Der Rundblick über die Pfarreien und Pfarrer im ritterschaftlichen Bereich von Badisch und Württembergisch Franken bestätigt den Befund der statistischen Erhebungen, die im 1. Kapitel vorgelegt wurden. Nahezu alle Pfarrer, die in ihren Gemeinden zuerst im evangelischen Sinne predigten, waren zuvor katholische Priester oder zumindest zu solchen geweiht. In der Praxis bedeutete dies eine personelle und deshalb für die Gemeinden wesentliche Kontinuität innerhalb der christlichen Kirche.

---

465) Wenzeslaus: PfB KrO 3804. Vulpius: PfB KrO 928.
466) H.Ehrensberger, Zur Geschichte der Landkapitel Buchen un Mergentheim (Lauda), S.326.

Dabei erscheint ein zweiter Gesichtspunkt wichtig: Die meisten dieser Pfarrer stammten aus dem fränkischen Gebiet. Die Gemeinden und ihre einzelnen Glieder wußten in der Regel: Das sind keine Fremden; es sind unsere Leute, die unsere Probleme kennen.

Deshalb drittens auch: Verhalten und Amtsführung der Pfarrer kam den Reformwünschen der Bevölkerung entgegen: Mit der Heirat der Pfarrer verschwanden Zölibat und Konkubinat. Durch den Gebrauch der deutschen Sprache und durch die an der Bibel orientierte Predigt wurde der Gottesdienst verständlicher. Die Austeilung des Abendmahls in zweierlei Gestalt entsprach einem weit verbreiteten Wunsch. Wie die Praxis auch in vielen später katholisch gebliebenen Gemeinden zeigt, wurde dies zunächst nicht als Bruch mit der alten Ordnung empfunden, sondern als Verbesserung der Verhältnisse. Deshalb konnten sich die Gemeinden und ihre Ortsherren weithin auch mit der Ordnung des Interims zufriedengeben, zumal wenn sie in der Weise gehandhabt wurde, wie sie beispielhaft das ansbachische Auctuarium vorschrieb (467).

Für eine Reihe der Ritter wurde die Interimsordnung geradezu zum Anstoß, sich in der Folge für die reformatorische Seite zu entscheiden. Die Klärung der politisch-reichsrechtlichen Verhältnisse durch den Passauer Vertrag und den Augsburger Religionsfrieden hatte dann den Erlaß reformatorischer Ordnungen in den Gebieten bzw. Dörfern der adligen Ortsherren zur Folge. Damit war die Reformation offiziell. In den Familien der fränkischen Ritterschaft blieb aber das Bewußtsein lebendig, daß die Reformation mit der evangelischen Predigt vor oder während der Interimszeit begonnen hatte (468).

4.2. Der Reformationsprozeß in Franken

Damit stellt sich das, was man gemeinhin mit "Einführung der Reformation" bezeichnet, als ein länger dauernder Prozeß dar. Insofern unterscheidet sich die Reformation im fränkischen Gebiet von der in größeren Territorien

---

467) S.o. S.29 f.
468) Vgl. die Erklärung des Valentin Heinrich Rüdt vom Mai 1629.

(Markgrafschaft Brandenburg-Ansbach, Herzogtum Württemberg, Kurpfalz, Reichsstädte, aber auch Grafschaft Wertheim). Stellten dort eine Visitation oder bestimmte Religionsmandate die Pfarrer vor die Entscheidung für oder gegen die Reformation, so war in ritterschaftlichen Gemeinden der Pfarrer zunächst ganz auf sein persönliches Gewissen und auf die in der Bevölkerung herrschende Stimmung gewiesen. Ablehnende Haltung der Orts- und der Patronatsherren gegenüber Pfarrern, die sich als evangelisch gesinnt erwiesen, führte zu Konflikten bis hin zur Entlassung. Umgekehrt konnte eine duldsame Einstellung der für eine Pfarrei zuständigen Obrigkeit den Reformationsprozeß beschleunigen oder zumindest fördern. Erst die Jahre nach dem Ende des Interims brachten endgültige Scheidungen.

Teilweise vergleichbar sind die Vorgänge in den benachbarten Hohenlohischen Grafschaften. Auch wenn man dort die Generalvisitation von 1556 als Datum festlegen kann, an dem die Reformation offiziell eingeführt wurde, so bedeutete dies für viele einzelne Gemeinden ebenfalls den Schlußpunkt einer Entwicklung, die durch eine ganze Reihe von Pfarrern längst in Gang gekommen war. Dies wird auch an den folgenden Beobachtungen deutlich: Graf Wolfgang, Herr des Weikersheimer Gebiets, stellte seit 1540 mehr und mehr evangelische Pfarrer an; 1544 erlaubten die Grafen Georg und Albrecht wenigstens in Öhringen evangelische Predigt, seit 1550 wurde im Waldenburger Teil Abendmahl in zweierlei Gestalt ausgeteilt; nach seinem Regierungsantritt 1551 konnte Graf Ludwig Casimir im Neuensteiner Teil zügiger auf eine Reformation hinwirken (469). Auch in der benachbarten Kurpfalz geschah ähnliches unter der Regierung des zwar zögernden, aber der Reformation zugeneigten Kurfürsten Friedrich II. (470)

Es sind also parallele Entwicklungen festzustellen, die im ritterschaftlichen Bereich insgesamt vielfältiger waren und so z.T. auch ins Hohenlohische hinüberwirkten, wie umgekehrt nach 1556 die Hohenlohischen Ordnungen auch

---

469) G.Franz, Die Kirchenleitung in Hohenlohe ..., S.14; ders., Die Reformation im Tauberland, S.91 f.
470) K.F.Vierordt, a.a.O. S.339 f.

einen Teil der Ritterschaft beeinflußten (471). Im Verlauf des gesamten Prozesses war in der Frühphase der Einfluß der Markgrafschaft Brandenburg-Ansbach von entscheidender Bedeutung. Naturgemäß war er im östlichen Bereich von Badisch Franken und vor allem von Württembergisch Franken besonders stark. Er reichte aber weit nach Westen, im berlichingischen Gebiet bis an den Neckar. Er traf sich dort mit den Ausstrahlungen, die von der Ritterschaft im Kraichgau mit ihrer sehr frühen Reformation ausgingen (472). Wie im östlichen Bereich die Reichsstadt Schwäbisch Hall (später auch Rothenburg), so war es an der Westgrenze Frankens die Reichstadt Heilbronn, die in reger Verbindung mit den adligen Familien einen reformatorischen Stützpunkt bildete. Nach 1542 machte auch das Herzogtum Württemberg seinen Einfluß geltend, dem sich einige fränkische Ritter öffneten (z.B. Adelsheim und Hardheim). Der eigentlich naheliegende Einfluß der Kurpfalz wurde infolge der bald einsetzenden Calvinisierung zurückgedrängt und mußte sich auf das pfälzische Hoheitsgebiet beschränken (Ämter Boxberg und Mosbach).

Die ritterschaftlichen Gebiete in Franken blieben auch nach 1556 in der Reihe der evangelisch gewordenen Territorien die schwächsten Glieder. So konnten die katholischen Mächte (das Erzbistum Mainz und die Klöster Amorbach und Schöntal, besonders aber das Bistum Würzburg) aus der bloßen Defensive in der Jahrhundertmitte - gestärkt durch die Ergebnisse des Konzils von Trient - zum Gegenangriff übergehen. Unter kluger Ausnutzung aller möglichen Rechtspositionen gelang es ihnen, nicht nur den verbliebenen eigenen Bestand zu sichern, sondern auch schon verlorene Gebiete sowie Pfarrer, die der katholischen Ordnung bereits ferne gerückt waren, zurückzugewinnen. Streitigkeiten innerhalb einiger ritterlicher Familien (Rüdt, Berlichingen) sowie Konversionen einiger Familienzweige (Aschhausen, Walderdorff) und schließlich das Erlöschen bestimmter Familien (Hardheim, Rosenberg) kam ihnen dabei zu Hilfe.

Was aus diesem Reformations- (und Gegenreformations-) Prozeß hervorging, war eine konfessionelle Mischung, die

---

471) Neumaier S.179 f.

472) H.Ehmer, Die Reformation bei der Ritterschaft im Kraichgau und im Odenwald, in: Luther und die Reformation am Oberrhein, S.94 f.

bis zum Ende des zweiten Weltkriegs vor allem für das badische Frankenland charakteristisch war, aber auch in bestimmten Gebieten Württembergisch Frankens vorhanden war.

4.3. Die Bedeutung der Pfarrerforschung

Unzählige, in Aufbau und Darstellung sehr verschiedenartige Ortsgeschichten (meist sogennante Heimatbücher) versuchen aus lokalem Interesse, die Geschichte der örtlichen Kirche und Gemeinde und der bei ihr tätig gewesenen Pfarrer aufzuhellen. Sie tun das in der Regel, indem sie das Kapitel "Kirche und Pfarrer" als eines unter vielen anderen abhandeln. Das mag für das 20. Jahrhundert richtig sein, allenfalls auch für das 19. Jahrhundert, in dem sich nach und nach die Trennung von Gemeinde und Kirchengemeinde, von Staat und Kirche vollzog. Für die frühere Zeit ist diese aus moderner Sicht eingetragene Betrachtungsweise zumindest fragwürdig. Sie verkennt die entscheidende Bedeutung der kirchlichen Verkündigung und Lehre für die Ordnung des täglichen Lebens ebenso wie den prägenden Vorbildcharakter der Kirchendiener. Denn nicht nur, wo sie etwas Besonderes geleistet haben - auf welchem Gebiet auch immer -, haben Generationen von Pfarrern die Entwicklung "ihrer" Gemeinden nachhaltig beeinflußt, sondern mehr noch durch die kaum nach außen dringende Weitervermittlung christlicher Glaubensüberzeugungen und Verhaltensweisen für den Alltag.

Natürlich konnte das nur in grundsätzlichem Einvernehmen, ja oftnur im Gehorsam der jeweiligen Obrigkeit gegenüber geschehen. Sie war es ja, die vorwiegend die Pfarrstellen zu besetzen hatte bzw. wesentlichen Einfluß bei der Besetzung wahrnahm sowie direkt oder durch Konsistorium und Superintendenten eine Aufsicht über die Pfarrer ausübte. So erschien für die Obrigkeiten, aber auch für die Gemeinden ein relativ einheitlicher Pfarrstand mit entsprechender Ausbildung als eine Notwendigkeit. Die Bedeutung der Erforschung des Pfarrstandes für die Geschichte der Orte und Territorien ist aus all diesen Gründen evident.

Gerade für ein Gebiet wie die fränkische Adelslandschaft in der Zeit der Reformation und Gegenreformation gilt das in besonderem Maß. Bisherige Darstellungen der Reformationsgeschichte dieser Gebiete, die über das lokale Interesse hinausgehen, bleiben unbefriedigend, wenn sie nur als "Anhängsel" an die Geschichte "wichtigerer" Territorien erscheinen (473). Eine erhebliche Erschwerung für Forschung und Geschichtsschreibung bedeuteten ferner die zu Beginn des 19. Jahrhunderts festgeschriebenen Landesgrenzen, in ihrer Folge zugleich die Grenzen der heute noch bestehenden Landeskirchen. Auch in Franken wurden dadurch Gebiete voneinander getrennt, die zuvor durch Jahrhunderte miteinander verbunden waren. So hat die jeweilige landeskirchlich bestimmte Kirchengeschichtsforschung weitgehend an diesen Grenzen Halt gemacht (474). Die gesunkene Bedeutung der zu Randgebieten gewordenen fränkischen Landstriche spiegelt sich in ihrer Behandlung innerhalb der landeskirchlichen Geschichtsdarstellung wider. Die Ergebnisse der Pfarrerforschung, die aufgrund der Herkunfts- und Amtsdaten und der Mobilität der Pfarrer grenzüberschreitend sein muß, können zur Behebung dieses Mangels helfen und manches wieder ins richtige Licht rücken (475).

Eine genauere Kenntnis des Pfarrstandes kann aber auch, wie oben (Kapitel 3) gezeigt wurde, mangelhafte Informationen ergänzen und berichtigen sowie falsche Deutungen und zweifelhafte Schlußfolgerungen vermeiden helfen. Arbeiten, die den Anspruch erheben, Reformation und Gegenreformation darzustellen, können sich deshalb nicht auf die Erhebung archivalischer Quellen beschränken, deren Bedeutung im übrigen außer Zweifel steht. Erst in Verbindung mit einer umfassenden Kenntnis der Personen ergeben diese ein einigermaßen zutreffendes Bild der Vorgänge. Insoweit sind z.B. die Arbeiten von Ballweg und Neumaier zu ergänzen und teilweise auch zu berichtigen. Ihr Verdienst besteht darin, das verstreute Quellenmaterial für das badische Frankenland bzw. das Bauland aus den ver-

---

473) So bei K.F.Vierordt; Bei J.Rauscher, Württembergische Reformationsgeschichte, Stuttgart 1934; Bei H.Hermelink, Geschichte der Evanglischen Kirche in Württemberg von der Reformation bis zur Gegenwart, Stuttgart und Tübingen 1949; auch noch bei M.Brecht und H. Ehmer, Südwestdeutsche Reformationsgeschichte. Zur Einführung der Reformation im Herzogtum Württemberg 1534, Stuttgart 1984.

474) Ausnahmen sind z.B. einige Aufsätze von M.Simon; beispielhaft auch G.Bossert, Beiträge zur Badisch-pfälzischen Reformationsgeschichte in: ZGO Bd.56-59.

475) Die Vereinbarung zwischen den beiden Kirchengeschichtsvereinen von Baden und Württemberg, die Reihe der Pfarrerbücher gemeinsam zu erarbeiten und herauszugeben, ist zweifellos auch ein Schritt zur Überwindung trennender Grenzen auf dem Gebiet der kirchengeschicht-

schiedenen Archiven zugänglich gemacht zu haben. Bei der Interpretation dieser Quellen beginnen jedoch die Schwierigkeiten. Neumaier hat das selbst empfunden, wenn er über Ballwegs Arbeit schreibt: "Sie vermag aber auch beispielhaft die Schwierigkeiten aufzuzeigen." (476). Betrachtet man Neumaiers Arbeit im Licht der Ergebnisse, die durch die Untersuchung von Pfarreibesetzungen und Pfarrern gewonnen wurden, so gilt seine Feststellung gerade auch für seine eigene Darstellung.

Problematisch erscheint hier zunächst die Abgrenzung des Untersuchungsgebiets. Neumaier will die naturgeographische Einheit des Baulandes als "Historische Landschaft" verstehen und meint, daß sich hier "geschichtliches Spannungsfeld und Raumeinheit" decken (477). Doch widerspricht dieser Annahme schon seine eigene Einschränkung, daß das Gebiet der Kurpfalz weit ins Bauland hineinreiche. Viel mehr noch zeigen die Zusammengehörigkeit des fränkischen Pfarrstandes, die verwandtschaftlichen Beziehungen der adligen Familien und deren territorialer Besitzstand (besonders bei der Familie von Berlichingen), sowie deren politische Organisation in einem gemeinsamen Ritterkanton, daß das "geschichtliche Spannungsfeld" nicht auf einen Raum wie das Bauland beschränkt werden kann. Will man eine Untersuchung nicht auf ein kleineres historisches Gebiet begrenzen, etwa ein vorreformatorisches Landkapitel oder die Besitzungen einer adligen Familie, dann wird man den Gesamtbereich des Ritterkantons Odenwald oder gar ganz Frankens im Blick haben müssen.

Eine zweite prinzipielle Schwierigkeit liegt in der auch von Neumaier stillschweigend übernommenen Voraussetzung, unter dem Begriff "Einführung der Reformation" einen zu einer ganz bestimmten Zeit vollzogenen Rechtsakt zu verstehen. Der Schwerpunkt der Untersuchung liegt damit auf den rechtlich faßbaren Vorgaben und Ereignissen und muß außer acht lassen oder zumindest gering achten, was sich dem entzieht. Evangelische Kirchengeschichtsforschung wird selbstverständlich auch das Zustandekommen solcher Rechtsakte untersuchen und die dadurch bewirkten Realitäten darstellen. Sie wird aber nie vergessen dürfen, daß sich eine wesentliche Stoßrichtung der reformatorischen

---

lichen Arbeit, s. H.Ehmer, Geschichte der württembergischen Kirchengeschichtsschreibung, in: BWKG 1986, S.76.

476) Neumaier S.21   477) Neumaier S.16 f.

Bewegung gerade gegen die Rechtsstruktur der mittelalterlichen Kirche und gegen eine Vermengung von sogenanntem geistlichem (kanonischem) und weltlichem Recht gerichtet hat (478). Sie wird deshalb Entstehung und Entwicklung ihrer Konfessions-Kirche nicht allein in Rechtskategorien beschreiben können. Indizien für Bewegungen und Wirkkräfte haben für sie einen mindestens ebenso wichtigen Stellenwert. Wird Kirchengeschichte als die Geschichte der Auslegung der Heiligen Schrift und deren Auswirkungen verstanden, dann gewinnt die kirchliche Personen- und Sozialgeschichte eine besondere Bedeutung.

---

478) H.Bornkamm, Martin Luther, Chronik seines Lebens, in: Das Jahrhundert der Reformation. Gestalten und Kräfte, 2.Aufl., Göttingen 1966, S.19: "ein Zeichen, wo er den Krebsschaden der Papstkirche suchte".

Quellenverzeichnis

Generallandesarchiv Karlsruhe:
  229/3 Boxberger Stadtbuch

Landeskirchliches Archiv Stuttgart:
  Akten des Evangelischen Stifts Tübingen (handschriftliche Auszüge von Otto Schmoller)

Archiv der Familie von Gemmingen auf Burg Guttenberg:
  Pfarreiakten
  Handschriftlicher Nachlaß von Carl Wilhelm Friedrich Ludwig Stocker

Hohenlohe-Zentralarchiv Neuenstein:
  Rosenberg-Hatzfeldt'sche Herrschaften, Bd. 94 Archiv Langenburg 72,2

Stadtarchiv Crailsheim:
  Capitel-Rechnungen
  Bauregister

Stadtarchiv Grünsfeld
  Stadtgeschichts- und Pfarreiakten

Stadtarchiv Heilbronn:
  Kanzlei- und Ratsprotokolle der Jahre 1538-1662 (Abschriften der im 2. Weltkrieg verbrannten Originalhandschrift, angefertigt 1932 von Max Cramer)

Stadtarchiv Künzelsau:
  B 267, Dorfbuch

Pfarrarchiv Tauberbischofsheim:
  Pfarrei- und Dekanatsakten

Diözesanarchiv Würzburg:
  Libri Ordinationum 1520-1822 (Abschrift des im 2. Weltkrieg verbrannten Originals, von August Amrhein)

Kirchenbücher der Gemeinden in Badisch und Württembergisch Franken

Matrikeln der Universitäten:
  Altdorf
  Basel
  Erfurt
  Frankfurt/Oder
  Freiburg i.B.
  Gießen
  Greifswald
  Heidelberg
  Helmstedt
  Jena
  Ingolstadt
  Köln
  Königsberg
  Leipzig
  Marburg
  Rostock
  Straßburg
  Tübingen
  Wien
  Wittenberg

Literaturverzeichnis

Amrhein, August, Reformationsgeschichtliche Mitteilungen aus dem Bistum Würzburg 1517-1573 (Reformationsgeschichtliche Studien und Texte 41-42), Münster 1923

Ballweg, Emil, Einführung und Verlauf der Reformation im badischen Frankenland. Dissertation (masch.schr.), Freiburg 1944

Bartmann, Horst, Die badische Kirchenpolitik unter den Markgrafen Philipp I., Ernst und Bernhard III. von 1515 bis 1536. In: ZGO Bd.108, 1960, S.1-48

Bartmann, Horst, Die Kirchenpolitik der Markgrafen von Baden-Baden im Zeitalter der Glaubenskämpfe (1535-1622). In: FDA 81, Freiburg i.B. 1961

Benrath, Gustav Adolf, Reformation und Gegenreformation in den ehemals reichsritterschaftlichen Gemeinden der Freiherren Rüdt von Collenberg. In: ZGO 114, 1966, S.361 ff.

Biundo, Georg, Die evangelischen Geistlichen der Pfalz seit der Reformation (Genealogie und Landesgeschichte Bd. 15), Neustadt an der Aisch 1968

Bornkamm, Heinrich, Das Jahrhundert der Reformation. Gestalten und Kräfte, 2. Aufl. Göttingen 1966

Bossert, Gustav, Das Interim in Württemberg (Schriften des Vereins für Reformationsgeschichte Nr.46/47), Halle 1895

Bossert, Gustav, Die Liebestätigkeit der evangelischen Kirche Württembergs von der Zeit des Herzogs Christoph bis 1650, II. In: WJB 1905, S.66 -117

Bossert, Gustav, Die Reformation in Blaufelden. In: BWKG 1902, S.12 f.

Bossert, Gustav, Die Reformation in Dürnau Oberamt Göppingen. In: BWKG 1910, S.59 f.

Bossert, Gustav jr., Johann Geyling, ein Lutherschüler und Brenzfreund, der erste evangelische Prediger in Württemberg (ca. 1495-1559). Untersuchungen und Beiträge zu seiner Lebensbeschreibung. In: Aus dem Lande von Brenz und Bengel, Stuttgart 1946

Brecht, Martin, Reformation zwischen Politik und Bekenntnis. Grundbedingungen der württembergischen Reformation. In: BWKG 1983/1984, S. 12 ff.

Brecht, Martin, Die Bedeutung der Herren von Gemmingen für die Reformation im pfälzisch-fränkischen Bereich. In: Württembergisch Franken, 58, 1974, S.109-119

Brecht, Martin, und Ehmer, Hermann, Südwestdeutsche Reformationsgeschichte, Stuttgart 1984

BWKG = Blätter für Württembergische Kirchengeschichte.

Cramer, Max-Adolf, Herkunft und Verbleib der lutherischen Pfarrer in der Kurpfalz unter der Regierung Kurfürst Ludwigs VI. (1576-1583). Ein Beitrag zum Gedenkjahr der Konkordienformel. In: BWKG 1979, S. 153-168

Cramer, Max-Adolf, Pfarrerbuch Kraichgau-Odenwald (Baden-Württembergisches Pfarrerbuch, Bd. I), Teil 1 Karlsruhe 1979, Teil 2 Karlsruhe 1988

Cramer, Max-Adolf, Pfarrerbuch Württembergisch Franken (Baden-Württembergisches Pfarrerbuch, Bd. II), Teil 1 Stuttgart 1985

Dannheimer, Wilhelm, Verzeichnis der im Gebiete der freien Reichsstadt Rothenburg o.T. von 1544 bis 1803 wirkenden ev.-luth. Geistlichen (Einzelarbeiten aus der Kirchengeschichte Bayerns XXVI. Bd.), Nürnberg 1952

Diehl, Wilhelm, Hassia Sacra, Bde. I-VIII, Friedberg und Darmstadt 1921 ff.

Dürr, Johann, Verzeichnis aller Ulmischen evang. Prediger, 1783 (Mskr. im Stadtarchiv Ulm)

Eckert, Alfred, Die deutschen evangelischen Pfarrer der Reformationszeit in Westböhmen (Biographisches Handbuch zur böhmischen Reformationsgeschichte Bd.II), Kirnbach 1974 ff.

Ehmer, Hermann, Die Grafen von Wertheim und die Reformation der Herrschaft Breuberg. In: Kirchen im Breuberger Land, Höchst/Odenwald 1989, S.9-35

Ehmer, Hermann, Geschichte der württembergischen Kirchengeschichtsschreibung. In: BWKG 1986, S.5-87

Ehmer, Hermann, Die Reformation in der Grafschaft Wertheim und bei der Ritterschaft im Kraichgau und im Odenwald. In: Luther und die Reformation am Oberrhein, Karlsruhe 1983, S.77 ff.

Ehrensberger, Hugo, Zur Geschichte der Beneficien in Tauberbischofsheim. In: FDA 23, 1902, S.121-213

Ehrensberger, Hugo, Zur Geschichte der Landkapitel Buchen und Mergentheim (Lauda). In: FDA 30, 1902, S.325-171, und FDA 31, 1903, S.322-357

Ernst, Albrecht, Die spätmittelalterlichen Kirchengeräte im kurpfälzischen Oberamt Mosbach nach einem Verzeichnis von 1565. In: Eberbacher Geschichtsblatt 1988, S.7 ff.

FDA = Freiburger Diözesan-Archiv

Feineis, Dieter Michael, Das Ritterstift St.Burkard zu Würzburg unter der Regierung von Fürstbischof Julius Echter von Mespelbrunn (1573-1617), (Quellen und Forschungen zur Geschichte des Bistums und Hochstifts Würzburg, Bd. XXXVI), Würzburg 1986

Franz, Gunther, Die Kirchenleitung in Hohenlohe in den Jahrzehnten nach der Reformation (Quellen und Forschungen zur Württembergischen Kirchengeschichte Bd.3), Stuttgart 1971

Franz, Gunther, Die Reformation im Tauberland. In: BWKG 1988, S.78-110.

Gaier, Albert, Die Pfarrer-Dynastie der Maier-Crusiani in Alt-Württemberg und Nordbaden, im Kraichgau und im Zabergäu. In: BWKG 1975, S. 109 ff.

Gehrig, Franz, Hilsbach. Chronik der höchstgelegenen Stadt im Kraichgau, Sinsheim 1979

Hartmann, Willi, und Walter, Heinz Erich, Das Heimatbuch von Neibsheim, Ludwigsburg 1970

Haug, Otto, Pfarrerbuch Württembergisch Franken (Baden-Württembergisches Pfarrerbuch Bd. II), Teil 2, Stuttgart 1979

Heilig, Konrad Josef, Wie Gerichtstetten wieder katholisch wurde. In: FDA 67, 1940, S.1-89

Hermelink, Heinrich, Geschichte der Evangelischen Kirche in Württemberg von der Reformation bis zur Gegenwart, Stuttgart und Tübingen 1949

Herrmann, Fritz, Die evangelische Bewegung zu Mainz im Reformationszeitalter, Mainz 1907

Hütteroth, Oskar, Die althessischen Pfarrer der Reformationszeit (Veröffentlichungen der Historischen Kommission für Hessen und Waldeck Bd. 22), Marburg und Kassel 1966

Humpert, Theodor, Geschichte der Pfarrei Waldhausen. In: FDA 59, 1931, S.239 ff.

Jöcher, Christian Gottlieb, Allgemeines Gelehrtenlexicon, 1.-4., Leipzig 1750.1751

Kaiser, Richard, Geschichte des Orts und der Pfarrei Höpfingen, Tauberbischofsheim 1900

Kaiser, Richard, Die Wiedererrichtung der katholischen Pfarrei Pülfringen im Jahre 1613 durch Fürstbischof Julius Echter von Mespelbrunn. In: FDA 59, 1931, S.319-323

Kattermann, Gerhard, Die Kirchenpolitik Markgraf Philipps I. von Baden (1515-1533), (Veröffentlichungen des Vereins für Kirchengeschichte in der evang. Landeskirche Badens, Bd.XI), Lahr 1936

Kobe, Fritz, Die erste lutherische Kirchenordnung in der Grafschaft Wertheim (Veröffentlichungen des Vereins für Kirchengeschichte in der evang. Landeskirche Badens, Bd. VIII), Lahr 1933

Kuhr, Georg (Dannheimer, Wilhelm; Zahn, Wilhelm; Kuhr Georg), Ritterschaftliches Pfarrerbuch Franken (Einzelarbeiten aus der Kirchengeschichte Bayerns, 58.Bd.), Neustadt a.d.Aisch 1979

Langguth, Erich, Zur Reformationsgeschichte der Grafschaft. In: Main-Tauber-Post 30.6., 7.7., 31.7.1956 und 23.4.1957

Langguth, Erich, Einmütig in der neuen Lehre: Dr.Johann Eberlin - Graf Michael II. - Dr.Andreas Hofrichter. Der Wechsel im Wertheimer Pfarramt 1530. In: Wertheimer Jahrbuch 1983

Langguth, Erich, Pfarrer, Vikarier, Altaristen, Chorherren. Zur Entwicklungs- und Personengeschichte von Pfarrei und Stift Wertheim im Mittelalter. In: Wertheimer Jahrbuch 1984/85

Lippert, Friedrich, Reformation und Gegenreformation in der Landgrafschaft Leuchtenberg. In: Blätter für bayrische Kirchengeschichte, VII. Bd., Erlangen 1902, S.131-139 und 170-183

Ludwig, Albert, Die evangelischen Pfarrer des badischen Oberlandes im 16. und 17. Jahrhundert (Veröffentlichungen des Vereins für Kirchengeschichte in der evang. Landeskirche Badens Bd.IX), Lahr 1934

Neu, Heinrich, Pfarrerbuch der evangelischen Kirche Badens von der Reformation bis zur Gegenwart (Veröffentlichungen des Vereins für Kirchengeschichte in der evang. Landeskirche Badens Bd. XIII), Teil 1, Lahr 1938, Teil 2 Lahr 1939

Neumaier, Helmut, Reformation und Gegenreformation im Bauland unter besonderer Berücksichtigung der Ritterschaft (Forschungen aus Württembergisch Franken Bd.13), Schwäbisch Hall 1978

Prailes, Jakob Albert, Die Einführung der Reformation in Hardheim (Amt Buchen). In: FDA 33, 1905, S.258-341

Rauch, Moritz von, Urkundenbuch der Stadt Heilbronn, Bd. IV (Württtembergische Geschichtsquellen 20), Stuttgart 1922

Rauscher, Julius, Württembergische Reformationsgeschichte (Württembergische Kirchengeschichte. Hrsg. vom Calwer Verlagsverein 3.Bd., Reformation 1500-1559), Stuttgart 1934

Remling, Ludwig, Bruderschaften in Franken. Kirchen- und sozialgeschichtliche Untersuchungen zum spätmittelalterlichen und frühneuzeitlichen Bruderschaftswesen, (Quellen und Forschungen zur Geschichte des Bistums und Hochstifts Würzburg Bd.XXXV), Würzburg 1986

Rentschler, Adolf, Zur Familiengeschichte des Reformators Johannes Brenz, Tübingen 1921

Rieder, Karl, Zur Geschichte des Landkapitels Mergentheim (Lauda) in vor- und nachreformatorischer Zeit. In: FDA 39, 1911, S.135-189. Nachtrag dazu in FDA 59, 1931, S.340-342

Rosenkranz, Albert, Das Evangelische Rheinland, ein rheinisches Gemeinde- und Pfarrerbuch, II.Bd.: Die Pfarrer (Schriftenreihe des Vereins für Rheinische Kirchengeschichte Nr.7), Düsseldorf 1958

Rothenhäusler, Konrad, Die Abteien und Stifte des Herzogthums Württemberg im Zeitalter der Reformation, Stuttgart 1886

Rothermel, L., Königheim und Filiale Dienstadt, Würzburg 1938

Schattenmann, Paul, Die Einführung der Reformation in der ehemaligen Reichsstadt Rothenburg o.T. (1520-1580), (Einzelarbeiten aus der Kirchengeschichte Bayerns VII.Bd.), Nürnberg 1928

Schlenker, M., Die Reformation in Reinsbronn. In: BWKG 1910, S.139 ff.

Schneider, Gerhard, Buchener Studenten im ausgehenden Mittelalter und zu Beginn der Neuzeit (1375-1648). In: FDA 91, 1971, S.81-105

Schön, Theodor, Die Liebestätigkeit der Reichsstadt Reutlingen gegen evang. Glaubensgenossen. In: BWKG 1907, Nachtrag

Schönhuth, Ottmar F.H., Eine Präsentationsurkunde vom Jahr 1550. In: Zeitschrift des Historischen Vereins für das wirtembergische Franken, 3. Bd. 2. Heft, 1854, S.87

Simon, Matthias, Ansbachisches Pfarrerbuch (Einzelarbeiten aus der Kirchengeschichte Bayerns XXVIII. Bd.), Nürnberg 1957

Simon, Matthias und andere, Pfarrerbuch der Reichsstädte Dinkelsbühl, Schweinfurt, Weißenburg i.Bay. und Windsheim (Einzelarbeiten aus der Kirchengeschichte Bayerns XXXIX. Bd.), Nürnberg 1962

Steger, Johann, Quellenbüchlein zur Kirchen- und Familiengeschichte des Dorfes und Marktfleckens Wenkheim, Wertheim 1929

Stocker, Carl Wilhelm Friedrich Ludwig, Der Schüpfergrund und seine Besitzer. In: FDA 25, 1896, S.151-193

Stocker, Carl Wilhelm Friedrich Ludwig, Schematismus der evang.-protest. Kirche im Großherzogthum Baden, Heilbronn 1878. 1. Nachtrag Heilbronn 1879. 2. Nachtrag Karlsruhe 1886. 3. Nachtrag aus dem Nachlaß hrsg. von F.Hagenmayer, Fürstenwalde/Spree 1894

Stolberg: Katalog der fürstlich Stolberg-Stolberg'schen Leichenpredigten-Sammlung, 4. Bde., Leipzig 1927 ff.

Veit, Andreas Ludwig, Eine Visitation der Pfarreien des Landkapitels Taubergau im Jahre 1549. In: FDA 45, 1917, S.179-193

Veit, Andreas Ludwig, Episoden aus dem Taubergrund zur Zeit des Bauernaufstandes in den Jahren 1525/26. In: FDA 45, 1917, S.196 ff.

Veit, Andreas Ludwig, Kirche und Kirchenreform in der Erzdiözese Mainz im Zeitalter der Glaubensspaltung und der beginnenden tridentinischen Reformation (1517-1613), (Erläuterungen und Ergänzungen zu Johannes Jansens Geschichte des deutschen Volkes, 10. Bd., 3. Heft, Freiburg 1928

Vierordt, Karl Friedrich, Geschichte der evangelischen Kirche im Großherzogthum Baden, 2 Bde., Karlsruhe 1847/1856

Wagner, Illuminatus, Geschichte der Landgrafen von Leuchtenberg, 4. und 5. Teil, Kallmünz 1953/1956

Weigel - Wopper - Ammon, Ambergisches Pfarrerbuch, Kallmünz 1967

Weigel - Wopper - Ammon, Neuburgisches Pfarrerbuch, Kallmünz 1967

Wendehorst, Alfred, Das Bistum Würzburg. Ein Überblick von den Anfängen bis zur Säkularisation. In: FDA 86, 1966, S.9-93

Wibel, Johann Christian, Hohenlohische Kyrchen- und Reformationshistorie, 4 Bde., Onolzbach (=Ansbach) 1752-1755

Wiedemann, Hans, Augsburger Pfarrerbuch. Die evangelischen Geistlichen der Reichsstadt Augsburg 1524-1806 (Einzelarbeiten aus der Kirchengeschichte Bayerns XXXVIII. Bd.), Nürnberg 1962

Zimmermann, Julius, Das sogenannte "Rote Buch". Ein kurpfälzisches Pfarrer- und Lehrerverzeichnis aus dem Ausgang des XVI.Jahrhunderts (1585-1621), (Quellen und Studien zur hessischen Schul- und Universitätsgeschichte Heft 7), Darmstadt 1911

Personenregister

Adam, Herr zu Stuttgart 03
Adam, Johannes 49
Adelmannsfelden, Herren von 145
Adelsheim, Franz von 20
--- Herren von 112, 122, 127, 154
--- Stefan von 20, 21, 31
Agricola, Erhard 129
--- Joachim 65
--- Johann 140
--- Markus 85
--- s. auch Bauer
Alberti, Peter 57
Albrecht, Christoph 94, 99
--- Conrad 95
--- Georg 94, 95, 151
Alemann, Pankratius 40
Amerbacher, Georg 23, 25, 114
Ammerbach, Michael 23, 82, 86
Ammon, Johann 66
Amrhein, August 13
Appel, Johann 84
--- Nikolaus 84
Arnold, Stephan d.Ä. 24, 25, 118
--- Stephan d.j. 118
Arzt, Johann 137
Aschhausen, Herren von 123, 127, 151
--- Götz von 127
--- Hans Erasmus von 128
Aspach, Simon 97
Athleta, Nikolaus 149
Augustin, Kaspar 126

Babst s. Papa
Baden-Baden, Philipp Markgraf von 54
Baden-Durlach, Ernst Friedrich, Markgraf von 94
Balbach, Jodocus 24, 120
Baldersheim, Truchsessen von 54, 56, 59
Ballweg, Emil 10, 11, 12, 156
Balthasar 49
Bartholmeß, Bartholomäus 117
--- Daniel 117, 120
Bartholomäus, Johann 63
Bauer, Lorenz 143
--- Thomas 24, 25, 124
--- Wilhelm 101
--- s. auch Agricola
Bauersdorfer, Georg 97
Baumann, Georg 127
Baußback, Valentin 111
Bavarus s. Bayer
Bayer, Johann 76
--- Jonas 76
Bayern, Albrecht Herzog von 54
Bechtold, Andreas 100
--- Ludwig 68
Beck, Michael 60

Becker, Martin d.Ä. 145
--- Martin d.J. 145
--- Ulrich 36
Beger, Friedrich 101
--- Sebastian 101
Beihel, Christoph 24, 31, 112
Berg, Nicolaus vom 147
Berlichingen, Herren von 29. 66, 77, 96, 103, 112, 113, 114, 115, 117, 122, 123, 124, 127, 129, 130, 134, 149, 154, 157
--- Georg Philipp von 116
--- Götz von 103, 114, 116, 123
--- Gottfried von 20
--- Hans Christoph von 125
--- Hans Georg von 134
--- Hans Konrad von 20, 125
--- Hans reinhard von 80
--- Margarete von 103
--- Valentin von 131
Bernhard 50
Bernhardi, Valentin 9, 21, 37, 146
Beuschlyn, Johann 39
Biber, Leonhard 141
--- Maximilian 84, 141
Bieberehren, Herren von 150
Bierer, Johann 101, 117
Biermann, Jörg 130
Bildhauer, Abraham 57
Binau, Günther von 20
--- Rudolf von 20
Binnicker, Johann d.Ä. 37
--- Johann d.J. 37
--- Melchior 36
--- Stephan 36, 37
Bischof, Michael 139
Blumenhauer, Daniel 141
Blumenschein, Peter 109
Bölmann s. Bulmann
Bopp, Andreas 24, 113
Bordenbach, Jeremias 98
Bossert, Gustav 32
Boxberger, Matthäus 75
Brandenburg-Ansbach, Barbara von 48
--- Georg Markgraf von 48
Brand, Bartholomäus 46
Brandner, Bartholomäus 46
Braun, Friedrich 132
--- Nikolaus 55, 59
Brecht, Martin 10
Brenz, Johannes 13, 16, 104, 146
Brosamer, Ambrosius 97
Buchfelder, Melchior 146
Buchhorn, Johann 132
Büschler, Georg 131
Buhl, Johann 39
Bulmann, Johann 24, 25, 63, 65, 72
Burck, Kilian 24, 25, 124
Busch, Martin 49

Cäsar, Johann 147
Canzler, Johann 24, 117
--- Martin 24, 75
Carolus, Andreas 124
--- David 124
Caspar, Peter 146
Castell, Grafen von 91
Cellarius, Johann 78, 113, 150
Clabina, Christoph 70
Clauser, Johannes 48
Coci (Koch), Johannes 48
Conradi, Matthäus 79
Coppelius, Cyriacus 98
Crafft s. Crato
Crailsheim, Herren von 69, 135, 137, 139, 141, 142, 144
--- Anna Maria von 43
--- Sebastian von 140
Crato, Hieronymus 124

Diemer, Jodocus 24, 25, 90, 91, 101, 120
Dienheim, Herren von 70
--- Ägidius Reinhard von 70, 71, 134
Dietrich, Johann Wendel 98
Dietz, Georg 138
Dinkel, Abraham 58
Dirlein, Kaspar 47
Dörzbach, Helias 24, 25, 61
Dopff, Johann Georg 121, 122
Dorn, Georg 37
Düll, Walpurgis 58
Düren, Georg von 20
Dürr, Erhard 53
--- Johann 142
Dumelhart, Bernhard 130

Eberhard, Johann 141
Eberlein, Johann 148
Eberlin, Johann 11, 16
Eber, Sigel 56
Echter von Mespelbrunn, Herren 45
--- Julius 55, 74, 116, 150
Eck, Johann 115
Eckard, Peter 148
Eckhardt, Johann 123
Egenthaler, Johann 144, 147
Ehmer, Hermann 39
Ehrensberger, Hugo 50, 61
Eichbüchler, Friedrich 56
Eisenmann, Matthäus 124
Eisenmenger, Euphrosyna 146
--- Thomas 107
Ellrichshausen, Herren von 135, 137, 142, 143
Elner (Eldner), Sigmund 56
Endriß, Hans Hermann 132
Engelfried, Johann 149
Engelhardt, Conrad 49
Engel, Caspar 49
Enheim, Herren von 136
Ernst, Martin 36

Eyb, Herren von 45
--- Petrus von 20

Fabri, Bernhard (Leonhard) 41, 42, 50, 53, 109
--- Martin 139
--- Valentin 48
--- Veit 18
--- s. auch Schmidt
Fasold, Martin 96, 117
Fechenbach, Philipp von 20
Felsheim, Andreas 49
Fend, Nikolaus 87, 88
Fierer, Christoph 65
Figulus, Petrus 24, 25, 93
Finsterlohe, Herren von 31, 56, 60
Fischer, Bernhard 79
--- (Fleischer), Friedrich 56, 58
--- Georg 57
--- Johann 80, 92
--- Tobias 78, 79, 80
--- s. auch Vischer
Fleischer s. Fischer
Flurer, Georg 49
--- Matthias 48
--- Thomas 49
Franz, Andreas 94
--- Gunther 11, 12
--- Kaspar 24, 93, 94
Freund, Peter 119
Fridel, Kilian 12
--- Wolfgang 12
Friedlein, Oskar 61
Friedrich, Johann 24, 26, 119
Fuchs von Dornheim, Herren 137
Fuchs, Konrad 101, 111
--- Valentin 101, 111
Fünfrock, Johann 132
Fürleger, Hans 137
Fuss, Kilianus 72

Gabler, Johann 89
Gallmayer, Balthasar 87, 88
Gans, Friedrich 31
Ganser, Daniel 31
--- David 31
--- Wendel 31, 32, 112, 131
Gantner, Adam 147
Gastpar s. Caspar
Gebsattel, Johann Philipp von 96
--- Maria von 96
Geiger, Balthasar 51
--- Johann 43, 44
Gemmingen, Herren von 88, 113, 146
--- Leonhard von 20
--- Pleickhard von 20
Geyer von Gibelstadt, Herren 94, 108, 148, 149, 150, 151
--- Sebastian 61, 151
Göbel, Wolfgang d.Ä. 48
--- Wolfgang d.J. 48, 49
Götz, Michael 46
Gottfried, Georg 149

Gräter, Christoph 140
--- Jakob 140
--- Johann Wilhelm 140
Gramlich, Elias 46
--- Georg 100
--- Sebastian 74
--- Simon 100
--- Stefan 74
--- Theobald 46
Greiß, Johann 69, 140
--- Kilian 15
Grönagel, Georg 149
Grönninger, Salomo 55
Groller, Lorenz 24, 105, 133
Grünewald, Georg 60
Gumbrech s. Mumbrecht
Gumpel, Heinrich 150
Guth, Theobald 39
Gwaldt, Wolfgang 68, 88

Habern, Herren von 117
Hack, Stephan 49
Hagel, Jakob 115
Hallis, Johann 43, 45, 47
Hamons, Adrian 144, 145
Hanau-Lichtenberg, Grafen von 118
Hans 49, 50
Hanß 57
Hanzelmann, Michael 131
Happach, Albert 56, 72
--- Benedikt 71, 72
--- Erhard 71, 91, 92
--- Michael Erhard 80
Hardheim, Herren von 83, 100, 101, 108, 110, 127, 154
--- Bernhard von 101
--- Georg Wolf von 106, 108, 111
--- (Johann) Philipp von 20, 103
--- Wolf (Wolfgang Reinhard) von 20, 21, 101, 103, 104, 105, 106, 108, 110, 111
Hartmann, Elisabeth Sibylla 79
--- Georg 79
--- Jakob 121
--- Wolfgang 24, 123
Hatzfeld, Grafen von 60, 72, 80, 91
--- Melchior, Graf von 78
Hedinger, Christoph 119, 120, 129
--- Johann Reinhard d.Ä. 120
--- Johann Reinhard d.J. 120
Hefelein, Augustin 126
Heffner, Heinrich 75, 76
--- Michael 76
--- Philipp 76
Hefner, Augustin 126
--- Johann 82
Heim s. Heun
Heimherich s. Heinrich
Heiner, Caspar 42, 43
Heinrich, Andreas 116, 125
Heinricus, Johannes 49

Held, Daniel 24, 36
Helmstadt, Philipp Christoph von 129
Hend (Henn, Heun),
--- Hieronymus 101
--- Thomas d.Ä. 101
--- Thomas d.J. 101
Henfling, Andreas 9, 145
Herbolzheimer, Georg 116, 131
Herda, Herren von 45
Hergenröther, Johann 92
Hermann, Georg (Gregor) 53
Herold, Melchior 35, 36
Herolt, Johann 139, 146
Hetzner, Johann 135
Heun (Heim), Heinrich 66, 85
Heusenstamm, Sebastian von 50
Heuser, Johann 134
Hiber s. Biber
Hieber, Johann 129
Hillenmayer, Balthasar 139
--- Elias 139, 141
--- Philipp 139, 141
Hinzer, Balthasar 65
Hirschhorn, Herren von 88
Hochmuth, Konrad 61, 62, 64, 67, 71
Höfer, Alban 11
Höniger, Nikolaus 22
Hoffmann, Johann 145
--- Philipp 43
--- Simon 106
Hofmann, Blasius 143
--- Karl 61
Hofrichter, Andreas 11, 16
Hohenlohe, Grafen von 73, 105, 112, 130, 135, 136, 139, 143, 144
Hohenlohe-Waldenburg, Grafen von 105
Hohenlohe, Albrecht Graf von 153
--- Eberhard Graf von 72
--- Georg Graf von 153
--- Ludwig Casimis Graf von 61, 62, 63, 72, 153
Hohenlohe-Weikersheim, Wolfgang Graf von 59, 153
Hollenbach, Georg 91
--- Hans 91
--- Johann Jakob 92
--- Lorenz 92
--- Markus 91, 92, 109, 126
Holzhauser, Georg 52
Holzmann, Johannes 55
Holzwarth, Christoph 129
Horn, Gabriel 116, 148
--- Georg 116
Horneck von Hornberg, Melchior 22
Huber, Christoph 143, 145
--- Georg 133
--- Johann 133
--- Sebastian 133, 143

Huchbar, Johann 144, 147
--- Johann Albrecht 144
Hüfelein, Johann 143
Hünerbüchler, Peter 11
Hurtlig, Johannes Chrysostomus 93
Hutten, Herren von 45

Irenäus, Christoph 134
Isenmann, Johann 146

Jäger, Daniel 56
--- Joachim 96
--- Michael 103, 104, 108, 110
--- Philipp 24, 144
Jakob, Herr s. Diemer, Jodocus
Jakob, Petrus 22
Janus, Johann 86, 87, 128
Jennich, Konrad 117
Joann, Johannes 43
Job, Sebastian 86
Jöcher, Katharina 45
Jörg, Paulus 51
Johannes, Herr 101, 117
Jung, Martin 88
Jung gen. Dorsch, Sebastian 149

Kaiser, Brigitte 122
--- Jakob 122
Kapler, Georg 52
Karl, Martin 24, 26, 123
Kautzmann, Bartholomäus 85
Kayser, Conrad 102
--- Valentin 102
Keim, Johannes 103
Keller, Christoph 95, 96
Kellermann, Familie 34
--- Andreas 67
--- Johann 24, 26, 64, 67
--- Paul 67
Kercher, Melchior 75
Kern, Adam 46, 47
Keßmann, Bernhard 28
Kestner, Johann 60
--- Veit 60
Kien, Wolfgang d.Ä. 130
--- Wolfgang d.J. 130
Kieser, Christoph 124
--- Sebastian 123
Kießling, Georg 55
Killinger, Johannes 120
Kindianus, Johann 65
Kisser, Wilhelm 24
Kittel, Kaspar 72, 134
Kleiber, Matthias 70
Klein, Christoph von 24, 26, 41
--- Martin 48
Kleinmann, Konrad 48
Kling, N. 98
--- Konrad 130
Klingler, Albert 142
--- Johannes 98
Knapp, Familie 34

Knapp, Johann 92
--- Johann Sebastian 86, 89, 93
--- Valentin d.Ä. 24, 99, 100
--- Valentin d.J. 100
--- Wolfgang Dietrich 89
Knechtlin, Arnold 108
Knetzel, Leonhard 11, 105
--- Philipp 45, 105, 106, 113, 122
Knobloch, Peter 62
Knörzer, Lorenz Bernhard 129
Knoll, Johann 75
Kober, Wolfgang 136
Koch gen. Wimpina, Konrad 19
Köberer, Johann 66
Körner, Familie 34
--- Georg (Gregor) 24, 26, 42
--- Kaspar 24, 26, 83, 84, 101
--- Lorenz 75
Kolb, Barbara 74
--- Johann 24, 26, 74, 75, 86
--- Kilian 125
Korner, Christoph 19, 42, 83, 95
Krafft, Balthasar 55, 58
Kraft, Barbara 146
--- Georg 24, 61, 62
--- Leonhard 17
Kraibold, Johann Jakob 120
Kraushaar, Jakob 138, 147
Kremer, Martin 24, 26, 150
Kreß, Konrad 56, 57, 127, 151
Kriechingen, Elisabeth von 42
Kuchenbrot, Lorenz 62, 149

Lchmann, Johann 139
Lagus, Josua 65
Lnndschad von Steinach, Herren 89
Langguth, Erich 11
Lauer, Johann 118
--- Ottilia 118
Lautenbach, Georg 54
Lauterbach, Erastus 67
Leikauf, Johann 24, 26, 50, 51
--- Johannes d.J. 51
Leonhard, Johannes 146
Leuchtenberg, Lndgrafen von 21, 22, 41, 47
--- Friedrich V. Landgraf von 48
--- Georg III., Landgraf von 48, 49
--- Georg Ludwig, Landgraf von 52
--- Johann IV., Landgraf von 49
--- Ludwig Heinrich, Landgraf von 52, 53, 54
--- Mechtild, Landgräfin von 54
Leuchtenberger, Georg 49
Leuser, Familie 34
Leusser, Clemens 83
Leutz, Jakob 102
Liebenstein, Ludwig von 129
Liebler, Erasmus 16
--- Johann 84

Liebler, Kilian 131
Limpurg, Grafen von 139, 143
Linck, Michael 137
--- Peter 24, 26, 95
Lochinger, Herren 147
--- Johann Dieter 20
--- Sixtus 20
Löblin, Amalie 151
Löher, Bernhard Ludwig 122
--- Daniel 117, 122
--- Engelhard 124
--- Peter d.Ä. 107
--- Peter d.J. 107
Lösch, Johannes 49
Löß, Leonhard 142
Löwenstein, Grafen von 150
Löwenstein-Scharffeneck, Wolfgang Graf von 37
Löwenstein-Wertheim, Ludwig Graf von 125
Lomarus, Egidius 68
Lorenz 128
Ludovici, Matthäus 78, 79, 80, 81, 129, 130
Ludwig, Veit 78
Luther, Martin 15, 134

Mack, Johann 135
Manderscheid, Johann 37
Mark und Arensberg, Mechtild von 52
Marstaller, Christoph 69, 140
--- Johann 69, 73, 139, 140, 142
Mauck, Johann 71
Maurer s. Meurer
Mayer-Crusianus, Philipp Ludwig 110
Mayerbeck, Georg 53
Mayus, Lorenz 40
Meccard, Johann Baptist 68
Meder, Nikolaus 46
Meingas, Georg 22
Melanchthon, Philipp 63
Menister, Jakob 134
Merker, Samuel 24, 26, 148
Merwart, Felicitas 120
--- Wendel 120
Metzler, Melchior 61
Meurer, Balthasar 122
Miltenberger, Georg 53
--- Jakob 53
--- Johann 53
Mochel, Johann 56
Mörlin, Abraham 22
Molitor s. Müller
Mosbach von Lindenfels, Balthasar 20
--- Eberhard 20
--- Johann Andreas 53, 99, 116
--- Johann Reinhard 20, 116
Most, Jakob 74
--- Johann 17, 74

Most, Konrad 54
Motschidler von Reinsbronn, Herren 150
Mügling, Ulrich 92, 109
Müller, Anna Barbara 121
--- Bernhard 59, 121, 128
--- Johann alias Zwick 89
--- Johann d.Ä. 119, 121
--- Johann d.J. 119
--- Katharina 119, 121
--- Michael 149, 150
--- Paul 57
--- Stephan 38
--- s. auch Mylius
Müßlin, Michael 89
Mullner, Andreas 135
Mumbrecht, Johann 49
Munz, Johann 74
Mylius, Bernhard 121
--- s. auch Müller

Nagengast, Jodocus 136, 137
Neideck, Herren von 90
Neidenfels, Herren von 137
Neiß, Johann Sebastian 118
Nemo, Laurentius 70
Nerlin s. Hamond
Nestel, Johann 21
Netzely, Johann 21
Neu, Heinrich 76, 81, 130
Neumaier, Helmut 10, 11, 18, 19, 21, 26, 30, 40, 61, 77, 78, 81, 103, 104, 105, 106, 108, 111, 114, 115, 119, 124, 129, 156, 157
Neunhöfer, Kaspar 88, 89
Neutellius, Franz 104
Nickel, Sebastian 24, 84
Nuber, Elias 36, 108
--- Johann 36, 108
Nuß, Kilian 72
Nußbaum, Ludwig 138, 149

Ötinger, Bartholomäus 136
Ötler, Johann 70
Ostertag, Johann 101

Papa, Johann 137
Paulus, Bartholomäus 148
Pfalz, Friedrich II., Kurfürst von der 153
--- Friedrich III., Kurfürst von der 64
--- Johann Casimir, Pfalzgraf 65, 70, 71
--- Ludwig VI., Kurfürst von der 64, 65, 79, 87
Pfeffer, Jakob 46
Pistorius, Johann Paul 97
Plitz, Anna Maria 78
--- Christoph Bernhard 78, 79
Portenbach s. Bordenbach

Poyger, Johann 89
Pregizer, Lukas 134
Preuner, Johann Jakob 79
Prozeller, Georg 84
Puchelius, Georg 143
Pulmann s. Bulmann

Rabanus, Hartmann 91
Rabenstein, Veronika von 81, 90
Rathmann, Valentin 89
Ratz, Jakob 16, 35
Raup, Jakob 115
--- Wilhelm d.Ä. 24, 114, 117
--- Wilhelm d.J. 115
Rechberg, Ulrich IV. von 89
Reichard, Anna 35
--- Catharina 36
--- Fabian 35
--- Hans 35
--- Kilian 35
Reitheinz, Heinrich 24, 26, 137
Reß, Hans 149
Reuß, Ewald 16, 24, 26, 62
Reuttin, Katharina 87
Rhenanus, Beatus 99
Riedberger, Leonhard 92, 118
Riedern, Herren von 43, 45
--- Alexander von 43
--- Christoph von 20, 21, 43, 47
--- Wendelin von 20, 21
Riegler, Michael 126
Rieneck, Grafen von 48
--- Dorothea von 48
--- Philipp Graf von 48
Ris, Johann Heinrich 91
Röder, Kilian 112, 150
Rohrbach, Jakob (Jäcklein) 142
--- Michael 142
Rosenberg, Herren von 54, 59, 60, 70, 74, 75, 77, 89, 108, 112, 113, 154
--- Albrecht von 61, 62, 63, 64, 65, 67, 68, 71, 72, 73, 77, 81, 82, 83, 84, 85, 94, 95, 96, 97
--- Albrecht Christoph von 77, 78, 80, 91, 93
--- Georg Sigmund von 77
--- Johann Conrad von 20
--- Konrad von 57, 68, 71, 72, 77, 134
--- Philipp Jakob von 74
--- Zeisolf d.J. von 59, 62, 77
--- Zeisolph d.Ä. von 59
Rosenberger, Johann Bernhard 20
Rosenberger von Elz, Heinrich 20
Roßhart, Johann 74
Rott, Veit 24, 59
Rucker, Franz 69
Rudolph, Michael 113
Rübener, Georg 45
--- Johann Georg 44
--- Liborius 44

Rücker, Balthasar 55, 57, 70
--- Kilian 55, 56
--- Sebastian 57
Rüdinger, Burkhard 76, 107, 119
--- Heinrich 101
Rüdt, Herren 81, 154
Rüdt von Bödigheim, Herren 98, 100, 109, 110, 111, 112
--- Georg Christoph 84, 86
--- Ruffina 83
--- Stefan 86, 87, 88
--- Valentin Heinrich d.Ä. 81
--- Valentin Heinrich d.J. 30, 82, 83, 93, 152
--- Wolfgang Albrecht 30, 82
Rüdt von Collenberg, Herren 66, 98
--- Adam Julius 98
--- Eberhard 20, 81, 86, 94, 98
--- Felicitas 100
--- Ludwig Graf 30
--- Sebastian 50, 51, 53, 81, 85, 86, 90, 92, 93, 103, 109
--- Wolfgang Albrecht 98
--- Wolfgang Dietrich 86, 87, 98, 99
--- Wolfgang Konrad 98, 100
Rüdt von Eubigheim, Herren 93, 94, 97
--- Christoph 86, 96, 98
--- Conz 81, 85, 90
--- Eberhard 86, 95, 96, 97
--- Maria 97
--- Veronika 95
Rueger, Egidius 58
Rugh, Caspar 40
Rupp, Christoph 149
Ruppert, Philipp 11, 59

Schad, Johann 108, 150
Schärer, Melchior 118
Schechs, Paul 79
--- Peter 78, 79, 80, 89, 129
Scheffel, Johann 41
Schelliger s. Schilling
Scherer, Friedrich 24, 106
--- Johann 24, 26, 83
Scheuer s. Scherer
Scheuermann, Erasmus 137
--- Jakob 137
Schilling, Nikolaus 125
Schiltknecht, Johann 36
Schimmel, Michael 149
Schinder, Philipp 92
Schipf, Ulrich 99
Schleud (Schleid), Ernst 122
--- Jakob 122
Schmid, Hans 38
--- Joachim 53
--- Johann 82
--- Nikolaus 16, 39
Schmidt, Balthasar 24, 102, 112
--- Johann Caspar 24, 26, 44, 45
--- Kaspar 15, 42

Schmidt, Kilian 112
--- Martin 139
--- s. auch Fabri
Schneider, Jörg 24, 148
--- Johann 45, 82
Schnurr, Balthasar d.Ä. 24, 26, 135
--- Balthasar d.J. 141µ
--- Johann 135
--- Petrus 22
Schönbrot, Sebastian 25, 103, 104, 108, 110, 118
Schoff, Johann 40
Scholz (Schultheiß), Peter 63, 65
Schott, Wolfgang 79
Schragmüller, Valentin 24
Schüßler, Bartholomäus 106
--- Johann 64, 86, 106, 109
Schütz, Heinrich 24, 26, 52
--- Johann 52
Schuhmacher, Thomas 139
Schultheiß s. Scholz
Schumann, Georg 147
Schwab, Bernhard 24, 61, 67, 149
--- Caspar 40
--- Jakob 39, 40
--- Johann 132
Schwägerlin, Johann 69
Schweickel, Katharina 119
--- Wolfgang 119
Schwend, Kilian 147
Seitz, Johann 71, 110
Selzam, Johann 11
Semler, Andreas 136
Sender, Burkhard 145
Sendler, Alexander 90, 101, 102
Seufferlin, Martin 149
Seybold, Johann 71, 136
Seyboldt, Johann 132
Simon, Georg 116
Sinden, Jakob Israel 122
--- Johann Bernhard 122
Som, Bartholomäus d.Ä. 24, 32, 33, 37
--- Bartholomäus d.J. 33
--- Matthias 33
--- Paulus 33
--- Peter 33
--- Philipp (Jakob) 32, 33
Spies, Familie 139
Spitzig, Stefan 24, 51
Spitzweck, Daniel 98
Sprenger, Engel 62
--- Johannes 62
--- Wolfgang 62, 63
Springer, Tobias 62, 112
Stadtmann, Joseph 143
Stäudlin, Johann 104, 112
Stainer, Alexander 85
Stang, Konrad 24, 26, 59, 62, 64, 71
Starck, Simon 16, 24, 26, 48, 49
Stauber, Michael 131

Staudacher, Paul 63, 65
--- Sigismund 63
Stecher, Georg 38
Steinbach, Johann 73
Steinle, Hans 38
Steinmetz, Johann 144
Stellwag, Georg 53
Stephan, Georg 141
--- Michael 141
Stetten, Herren von 129, 130, 132, 133, 134, 146
--- Eberhard von 71, 134
Stiebar von Buttenheim, Ruffina 81
Stock, Paul 143
Stocker, Carl Wilhelm Friedrich Ludwig 61, 64
Stöcklin, Sebastian 117
Stoll, Melchior 115
Stolz, Georg 96, 97
--- Johann 47, 124
--- Leonhard 24, 66, 85, 86, 94
Storch, Johann 11, 39
Strahl, Johann 53
Streck, Barbara 42
--- (Steck), Johann 110
--- Peter 42, 110
Streit, Johann 55
Stumpf, Simon 98
Sturmer, Jakob 95
Sturmkorb, Thomas 112
Süß, Friedrich 58
Sützel von Mergentheim, Herren 22, 61, 149
--- Caspar 20
Suffan, Familie 34
--- Oswald 58
Sutor, Johann Sebastian 136

Textor, Anton 128
--- Jakob 146
--- Simon 109
Thren, Johannes 13
Timannus, Justus 70
Trautmann 111
Treu, Vitus 65
Trösch, Wolfgang 53
Tromann, Johann 125
Tummelhart s. Dumelhart

Udalrici, Markus 94
Ulinus, Nikolaus 46, 52
Ulner, Nikolaus 46
Unger, Philipp 48
Unschlitt, Johann 114
Urbanus, Johann 65
Ursinus, Jakob 68

Vellberg, Herren von 38, 135, 142, 143, 144, 145, 146, 147
Vietor, Nikolaus 37, 38
Vischer, Martin 37, 38
--- s. auch Fischer
Vogelmann, David 142, 243

Vogt, Johann 75
Volmar, Johann 114
--- Philipp 136
Vulpius, Johann Christoph 151

Wacker, Paul 61, 63, 68, 73, 150
Wagner, Leonhard 60
Walderdorff, Herren von 154
--- Gottfried von 20, 21
--- Wilderich von 90, 110, 112
Waldhof, Sigmund von 80
Wanck, Peter 50
Wangsigel, Johann 104
Weber, Johann 133
--- Melchior 134, 147
Wegmann, Balthasar 132
--- Simon 75
Weidner, Hans 49
Weigand, Adam 57
Weigenmaier, Georg 37
Weinlein, Johann 25, 106, 112
Weißkircher, Heinrich 113
Weiß, Adam 135
--- Hieronymus 17
Wenzeslaus, Johann 151
Werndt, Adam 55
--- Jakob 11
Werner, Paul 116
Wernler, Johann 141
Wertheim, Grafen von 47, 108
--- Asmus Graf von 48
--- Georg II. Graf von 11, 39, 40
--- Michael Graf von 21
Wetz, Heinrich von 41
--- Melchior von 41
Weydmann, Johann 49
Wichsenstein, Herren von 45, 66
Widmann, Friedrich 139
--- Hans 128
--- Johann 40
--- Katharina 128
--- s. auch Weydmann
Wieland, Nikolaus 140
Wimpina s. Koch
Wirsberg, Conrad von 20
--- Johannes von 20
Wittich, Martin 22
Wölfing, Konrad 78

Wölfing, Philipp Heinrich 78, 79, 80
--- Philipp Jakob 78
--- Ursula Katharina 79
Wolbach, Konrad 127
Wolf, Paulus 73, 76, 77, 91
Wolfahrt, Daniel 117
--- Friedrich 116, 117
--- Leonhard 117
--- Martin 117
Wolmershausen, Herren von 135, 136, 137
Wolmershäuser, Siegfried 142
Württemberg, Christoph Herzog von 103
--- Ulrich Herzog von 32, 35
Würtzburg, Heinrich von 20
--- Veit von 20
Wüst, Leonhard 129
Wunderer, Georg 56
Wurst, Elias 123

Ziegler, Andreas 128
--- Daniel 128
--- Georg 115, 134
--- Gottfried 128
--- Johann 121, 127, 128
--- Johann Andreas 128, 129
--- Johann Erasmus 128
--- Katharina 121, 128
Zimmermann, Wilhelm 38
Zingel, Georg 19
Zobel von Giebelstadt, Herren 46, 73, 94, 111, 151
--- Amalie geb. Löblin 46, 151
--- Brigitta 127
--- Johann 20
--- Melchior 27, 28
--- Stefan 151
Zolt, Nikolaus 37
Zorn, Johann 45
Zückwolf, Johann Jakob 118
Züllenhard zu Widdern, Hans Israel 19
--- Wolf 138
Zünlin, Elisabeth 122
Zwick s. Müller

Ortsregister

Adelhofen b. Rothenburg 58
Adelsheim 24, 76, 78, 80, 112, 113, 119, 122, 129, 150
Adolzhausen 22, 31
Affaltrach 145
Albertshausen 98
Alesheim 135
Allenbach 33
Alsfeld 137
Altenstadt/Oberpfalz 53
Althausen 150
Altheim/Buchen 47, 53
Alzey 68, 69
Amlishagen 136, 141
Amöneburg 150
Amorbach 23, 32, 35, 37, 38, 40, 42, 46, 51, 63, 66, 81, 84, 85, 86, 92, 93, 95, 96, 97, 98, 100, 107, 109, 112, 117, 122, 124, 125, 154
Aneltürn 70
Anhausen-Vellberg 9, 145
Anhausen/Crailsheim 142
Ansbach 12, 15, 18, 29, 34, 45, 48, 54, 57, 58, 60, 68, 85, 87, 115, 135, 136, 137, 139, 142, 144, 147, 148, 149
Archshofen 24, 116, 147, 148
Asbach 117
Aschaffenburg 23, 41
Aschhausen 127
Assamstadt 63, 72, 100
Assumstadt 24, 90, 101, 102, 103, 106, 112, 121
Atzenrod 134
Aub 54
Auenstein 118
Aufkirchen 87
Aufstetten 94
Augsburg 68, 76, 98
Aulendorf 37

Baden 99, 134
Baden-Baden 94
Baden-Durlach 116
Baden-Württemberg 13, 54
Balingen 83, 109
Ballenberg 23, 25, 28, 32, 93, 113, 125
Bamberg 96, 136, 140
Bargen 119
Basel 22, 39, 98
Bauland 10, 18, 19, 23, 90, 157
Baumerlenbach 24, 114, 124
Bauschlott 138
Beckstein 22
Beedenkirchen 118
Beerfelden 98
Beimbach 147
Bergzabern 121

Berlichingen 114, 123
Bernsfelden 28
Berolzheim 28, 77, 92, 109, 114, 126
Bettingen 110
Bettwar 132, 148
Biberach/Heilbronn 122
Bibersfeld 141
Bibra 151
Bieberehren 112, 150
Bieringen 24, 111, 114, 123, 124
Bietigheim 145
Billingshausen 11, 91
Bitsch 118
Bitzfeld 138
Blaufelden 114
Bobstadt 61, 63, 68, 69
Bödigheim 24, 25, 66, 79, 81, 82, 85, 86, 87, 88, 89, 92, 94, 96, 98, 128
Bönnigheim 120
Böttigheim 53
Bofsheim 24, 34, 43, 73, 74, 75, 76, 80, 85
Bonfeld 79
Boxberg 25, 59, 61, 62, 63, 64, 65, 67, 68, 69, 70, 71, 72, 73, 75, 77, 87, 111, 154
Boxberg (Herrschaft) 108
Brandenburg- Ansbach 12, 29, 38, 54, 127, 153, 154
Braunsbach 69, 139, 140, 142
Brehmen 43, 72, 91, 92, 126
Breitenau 138
Brettach 69, 128
Bretten 68, 70
Bretzingen 81, 92, 100, 101, 106, 110, 112
Breuberg 33, 47
Bronnbach 42, 45, 52, 61, 83
Bubenheim 133
Buch a.A. 24, 43, 63, 72, 91, 92, 109
Buchen 19, 23, 26, 34, 42, 62, 66, 74, 83, 84, 85, 93, 95, 96, 99, 101, 107, 123, 124, 132
Buchenbach 115, 133, 134, 147
Bürstadt 67
Burgbernheim 133
Burgreppach 84
Burgsinn 88
Bursfelde 40
Butzbach 91

Castell 137
Christgarten 132, 145
Coburg 122
Collenberg, Burg 98
Comburg 28, 130, 141, 143, 146

Crailsheim 22, 26, 45, 59, 89, 110, 131, 133, 135, 136, 137, 138, 143, 144, 145, 148, 149
Creglingen 35, 60, 114, 148, 150
Crispenhofen 33, 66

Dainbach 72
Daudenzell 107
Denkendorf 134
Denklingen 38
Dertingen 39
Dettingen/Rottenburg 99
Deufringen 129
Deutenheim 57
Dinkelsbühl 13, 15, 35, 142, 143, 147
Dittigheim 14, 47, 50, 52
Ditzingen 65
Dörrenzimmern 130
Dörzbach 114, 115, 116, 128, 131, 143, 148
Döttingen 132
Domeneck 101, 106, 117
Donauwörth 76
Dornberg 107
Drusenheim/Elsaß 131
Dühren/Kraichgau 33
Dünsbach 140
Dürnau 138

Eberstadt 23, 24, 81, 82, 83, 84, 86, 89, 93, 98, 101, 106
Ebrach 45, 61, 75
Eckfeld 123
Edelfingen 69, 72, 73, 76, 129
Ehingen 87
Eichel 12
Eichstätt 19
Ellingen 136
Ellrichshausen 142
Ellwangen 128, 143, 144, 146
Enheim 57
Entringen 104
Epplingen 63, 72
Erbach 41
Erfeld 43
Erlenbach/Miltenberg 47
Eschental 140
Esslingen 36, 80, 129
Ettenstadt 136
Ettleben 26
Eubigheim 24, 81, 82, 89, 90, 91, 92, 118

Fechenbach 81, 98
Feuchtwangen 60, 115, 128, 137, 139
Flein 131
Flözlingen 78
Forheim/Öttingen 37
Forchheim 140
Franken (Herzogtum) 105
Frankenbach 83, 101

Frauenalb 94
Freimersheim/Alzey 65
Freising 142
Freudenberg 39, 51
Freystadt 60

Gaggstatt 24, 144, 147
Gailenkirchen 130, 131
Gammesfeld 149
Gastenfelden 22, 136
Gattenhofen 57
Gebersheim 38
Gebsattel 130
Geckenheim 45
Geifertshofen 67, 131
Geilsheim 88
Geislingen/Kocher 66, 76
Gemeinfeld 84
Gerabronn 114, 115, 131, 139, 141, 147
Gerchsheim 44, 52
Gerichtstetten 36, 92, 101, 107, 108, 110, 126
Germersheim 48
Gerolzhofen 46, 115
Giebelstadt 148, 151
Giengen/Brenz 119
Gissigheim 24, 39, 43, 44, 45, 110
Glashofen 85
Gnötzheim 54, 55, 56, 72, 77, 148
Göcklingen 118
Göppingen 35
Görsdorf/Bitsch 118
Götzingen 100
Goldbach 108, 138, 148, 149
Gollachostheim 54, 55, 57
Gröningen 137, 138, 139
Großaltdorf 142, 145
Großeicholzheim 82
Großeislingen 89
Großhabersdorf 138
Großingersheim 145
Gründelhardt 144
Grünsfeld 21, 23, 25, 26, 41, 46, 47, 48, 49, 50, 51, 52, 53, 83
Guben 84
Gülchsheim 54, 55, 56, 57, 58
Gültlingen 38
Gunzenhausen 63
Gutenstetten 115

Haag 68
Habelsee 131
Hadamar 36
Hagsfeld 22
Hahnbach/Oberpfalz 46
Hainstadt 25, 66, 81, 82, 84, 85, 114
Haldenbergstetten 59, 60
Hall 12, 13, 38, 66, 68, 69, 73, 84, 120, 122, 129, 132, 134, 138, 139, 140, 141, 142, 145, 146, 147, 154

Hallstadt 115
Haltingen 22
Happertshofen 84
Hardheim 24, 39, 40, 45, 47, 75, 82, 84, 91, 100, 101, 102, 103, 104, 105, 106, 107, 110, 119, 122, 125, 133, 136
Haßfelden 131, 141
Haßfurt 39, 72, 73, 84
Haßmersheim 109
Heideck 21
Heidelberg 38, 65, 68, 69, 79, 108
Heidelsheim 68, 70
Heidingsfeld 45
Heilbronn 14, 24, 38, 67, 83, 85, 90, 91, 102, 108, 123, 131, 139, 142, 144, 154
Heilsberg/Preußen 66
Heimerdingen 78
Heldenbergen 91
Hemmersheim 54, 55, 56, 58
Hemsbach 18, 73, 74
Hendungen 9
Hengstfeld 25, 135, 141
Heppdiel/Miltenberg 106
Heppenheim/Bergstraße 44
Herbolzheim/Jagst 96
Herborn 68
Herchsheim 46, 151
Herleshausen 115
Herrenalb 140
Herrenberg 120
Herrnbergtheim 26, 50
Hersfeld 98
Hessenau/Großgerau 147
Hettigenbeuren 47, 112, 114, 124, 125
Hettingen 43, 99, 111
Heutingsheim 35
Hildburghausen 87
Hilsbach 41, 68
Hirsau 38
Hirschhorn 36
Hirschlanden 73, 76, 91, 126
Hölzern/Weinsberg 90
Höngg/Zürich 98
Höpfingen 24, 25, 100, 101, 106, 107, 110, 112, 119
Hohebach 17, 18, 60, 121, 123, 140
Hohenlohe 11, 12, 13, 18, 31, 34, 51, 59, 60, 64, 77, 101, 105, 120, 130, 141, 144, 146, 147, 153
Hohenlohe-Weikersheim 59
Hohenstadt 73, 77, 91, 113, 150
Hollenbach 65, 92
Hollerbach 24, 94, 98, 99, 100
Holnstein 53
Honhardt 9, 37, 146
Hopferstadt 57
Horburg/Elsaß 89

Hornbach 148
Hornberg (Schloß) 135, 141
Hüngheim 92, 114, 125, 126

Iffigheim 84
Igersheim 26
Ilgesheim 33
Illesheim/Windsheim 114, 127
Ilmspan 46, 47, 52, 111
Ilshofen 132, 147
Impfingen 47
Ingelfingen 78, 125, 130
Ingolstadt/Gau 57, 94, 111, 148, 151
Insheim 33
Iphofen 55
Ippesheim 55, 58

Jagsthausen 24, 114, 117, 118, 120
Jagsthausen/Ellwangen 128
Jagstheim 24, 142, 143
Jagsttal 90

Kappeln 33
Karlstadt 75, 132
Kaubenheim 133, 143
Kirchberg/Jagst 130, 138, 141
Kirchbrombach 47
Kirchensall 72, 112, 134, 147
Kirchfarrnbach 143
Kirchheim/Rheinland 69
Kirchheim/Teck 109, 145
Kirchschönbach 88
Kitzingen 58
Klapfenberg 53
Kleinsorheim 132
Kleinumstadt 67
Knittlingen 35
Kocherstetten 105, 132, 133, 134, 136, 150
Königheim 18, 23, 29, 38, 43, 44, 45, 46, 47, 51, 52, 91, 101, 107, 136, 137
Königshofen 9, 18, 21, 22, 23, 47, 53
Korb/Adelsheim 24, 32, 90, 91, 114, 118, 120, 121, 128
Kornburg 138
Kraftshof 138
Kraichgau 14, 90, 110, 154
Krailshausen 115
Krautheim 18, 23, 28, 99, 100, 102, 116, 117, 121
Krems 76
Krensheim 47, 50, 52
Kreuzwertheim 39
Kronach 143
Krumbach 125
Kuchen/Geislingen 87
Külsheim 23, 93, 103, 107
Künzelsau 31, 114, 129, 130, 131, 134
Kürnbach 108

Kupferzell 142
Kupprichhausen 24, 61, 62, 63, 92
Kurpfalz 33, 44, 62, 64, 65, 67, 69, 70, 87, 88, 93, 108, 109, 117, 118, 119, 121, 128, 133, 139, 148, 149, 153, 157

Ladenburg 44, 133, 148
Laibach 114, 116, 125
Lampoldshausen 37, 38
Langenbeutingen 33, 124
Langenburg 79, 132, 134, 144
Langenzenn 139, 143
Lauda 18, 22, 23, 26, 52, 62, 149
Laudenbach/Karlstadt 39
Laudenbahc/Mergentheim 59
Lauingen 129, 132
Leibenstadt 113, 120, 129
Leimen 87
Lendsiedel 138, 141, 143, 144, 147
Lengfeld/Umstadt 67
Lenkersheim 133
Leonberg 38, 143
Leuchtenberg 29, 48, 137
Leukershausen 133, 139, 149
Leutershausen 115
Leutkirch 121
Lichtenberg/Vogtland 129
Limbach 95, 98
Limburg 97
Limpurg 12, 18, 146
Lindenau/Heldburg 39
Lipprichhausen 54, 55, 58
Löwenstein 24, 79, 150
Lorenzenzimmern 146
Lothringen 33
Luhe/Oberpfalz 52

Mainhardt 56
Marbach 26, 150
Mariäkappel 142
Markelsheim 17, 147
Marktbreit 84
Marktheidenfeld 12, 51
Marktlustenau 115, 131
Markt Nordheim 58
Massenbach 33
Meiningen 127
Meisenheim am Glan 69
Mellrichstadt 26, 44, 105
Memmingen 121
Merchingen 79, 80, 86, 87, 119, 120, 121, 127, 128, 129
Mergentheim 22, 26, 28, 31, 51, 62, 67, 130, 136, 149
Merklingen 143
Messelhausen 46, 52
Michelbach/Heide 138, 141
Michelbach/Lücke 114, 115, 134
Michelbach/Wald 117
Micheldorf 137
Michelfeld/Hall 131

Miltenberg 23, 40, 47, 71, 98, 106, 110, 117, 121
Mittelschefflenz 66
Möckmühl 32, 35, 36, 73, 78, 80, 108, 121, 128, 136
Mönchberg 98
Mönchsdeggingen 132
Mönchsondheim 56
Mörstadt/Hessen 109
Mörtelstein 70
Möttingen 58
Mombronn 118
Mostein 140
Mosbach 32, 36, 43, 48, 65, 76, 87, 88, 102, 103, 107, 117, 118, 120, 154
Mudau 25, 53, 93
Mühlen/Neckar 122
Mülhausen/Thüringen 44
München 54, 142
Münster/Weikersheim 60, 115
Münster/Westfalen 108
Mulfingen 17, 36, 38, 52, 74
Munningen 87
Murrhardt 146
Mußbach 109

Nassach 67
Nassau 28, 115
Nassig 98
Nattenhausen 125
Neckarburken 88
Neckarelz 66, 87
Neckargartach 67
Neckargerach 66
Neckarmühlbach 88
Neckarsteinach 97, 107
Neckarsulm 36
Neckarzimmern 23, 96, 105, 113, 114, 117, 122, 149
Neer/Roermond 144
Neibsheim 94
Nellingen/Filder 65
Neubronn 60
Neuburg/Donau 53
Neuburg/Heidelberg 65
Neuenstadt 35
Neuenstein 79, 95, 130
Neuhaus/Pegnitz 142
Neunkirchen/Leutershausen 115
Neunkirchen/Mergentheim 25, 61, 108, 114, 148, 149, 150, 151
Neunstetten 96, 101, 113, 114, 116, 117, 119, 120
Niedernhall 121
Niederstetten 59, 60, 77, 91, 119
Niklashausen 11, 39, 105
Nördlingen 13, 37, 68, 79, 92, 132, 135, 143
Nürnberg 53, 124, 130
Nürtingen 22
Nußbaum/Rheinland 139

Oberaspach 142
Oberbalbach 61, 68, 72, 73
Oberdachstetten 63
Obergriesheim 139
Oberhochstatt 136
Oberkessach 85, 120
Oberlaimbach 91
Obermoschel 118
Obernzenn 72
Oberpfalz 46, 53
Oberriexingen 145
Oberscheinfeld 130
Obersontheim 139, 146
Oberspeltach 146
Obersteinach 131
Oberstetten 116
Oberzell 104
Ochsenburg/Zaber 121
Ochsenfurt 50, 56, 148
Odenwald, Kanton 78, 135, 157
Öhringen 13, 25, 26, 41, 51, 98, 121, 124, 127, 130, 136, 147
Öllingen 55
Ölsnitz 87
Österreich 94, 133
Östheim 133
Ötigheim 94
Öttingen 45, 63, 87, 146
Ohrntal 120
Olnhausen 24, 114, 117, 118
Onolzheim 133, 137, 149
Oppenweiler 140
Orlach 69, 140, 141
Osterburken 17, 18, 23, 28, 34, 73, 74, 75
Ottenbach 89
Ottersheim 139

Pappenheim 144
Partenheim/Hunsrück 142
Passau 25, 104
Pfaffenhofen 37
Pfahlenheim 54, 55
Pfalz 64, 109
Pfalz-Neuburg 53
Pfalz-Zweibrücken 69, 118
Pfedelbach 130, 131, 133
Pferdsfeld 33
Pfitzingen 16, 24, 62
Pforzheim 43
Poppenhausen 48, 53
Posseck 143
Praunheim 33
Pülfringen 15, 24, 38, 40, 41, 42, 43, 44, 50, 71

Rathenow 36
Ravensburg 66
Rechenberg 133
Reichartshausen 89
Reichelsheim 33
Reichenweier 89

Reicholzheim 39, 40, 42
Reinsberg 139, 146
Reinsbronn 112, 113, 148, 150
Remlingen 45, 105, 133
Rengershausen 116, 125
Reubach 138
Reutlingen 94, 102, 113
Riedern 29, 47, 52, 124
Rienack 29, 31
Rinderfeld 24, 25, 55, 59, 62, 89, 136
Rinklingen 149
Ripperg 20
Rodach 89
Rodheim 54, 55, 56, 70
Römhild 108
Röthenbach/Nürnberg 138
Röttingen 34, 112, 114
Rohrbach am Gießhübel 109
Rohrbach/Sinsheim 139
Roigheim 25, 32, 33, 37, 38, 79
Rosenberg 73, 75, 76, 77, 78, 79, 80
Rosenfeld 69
Rossach 114, 118
Rothenberg/Odenwald 109
Rothenburg/Tauber 13, 26, 56, 59, 60, 63, 89, 130, 132, 133, 134, 135, 137, 138, 145, 147, 148
Rot/See 132
Ruchsen 24, 36, 90, 118, 128
Ruit 36
Ruppertshofen 134, 144, 147

Saargemünd 132
Sachsenhausen 40, 45
Sandbach 31, 79, 118
Satteldorf 24, 137
Schaffhausen 65
Schainbach 135, 136
Schalkhausen 45
Schechingen 145
Schefflenz 102, 128
Scheßlitz 136
Schillingstadt 65, 69, 70
Schleiz 25, 63
Schleusingen 149
Schlierstadt 39, 97
Schnaitheim/Heidenheim 41
Schöllbronn 122
Schömberg/Liebenzell 99
Schönbrunn 68
Schönfeld 148
Schönkirchen 133
Schönmattenwag 96
Schöntal 70, 83, 84, 101, 102, 123, 144, 154
Schornbach 116
Schorndorf 78
Schrozberg 24, 112, 114, 115, 117
Schüpf 59, 61, 62, 64, 72, 73, 75, 92, 134, 149

Schwabach 138
Schwabhausen 70
Schwaikheim 78
Schwarzach 56, 58
Schweigern 61, 62, 63, 64, 65, 66, 67, 126
Schweinberg 38, 39, 40, 47, 109
Schweiz 133
Schwetzingen 133
Seckach 84, 97
Seligenstadt 23, 26, 123
Seligental 66, 73, 97
Sennfeld 81, 105, 112, 113, 114, 117, 121, 122
Siegelsbach 88
Siglingen 37
Sindeldorf 83, 90, 101, 111
Sindelfingen 88, 122
Sindolsheim 81, 82, 86, 89, 92, 93, 98, 121
Sindringen 150
Sobernheim 69
Sommerhausen 66
Spachbrücken 33
Speyer 14, 94, 100, 118, 150
Spielbach 57
Stadecken/Mainz 145
Stebbach 122
Steinbach 26
Steinheim/Heidenheim 41
Steinkirchen 132
Stephansfeld 131
Stettberg 22
Stetten, Schloß 133
Stockheim/Sulzgau 104
Stöckenburg 143, 144, 145, 146
Stuttgart 33, 37, 53, 93, 94, 119, 120, 128, 138, 139
St.Georgen 124
Sülzbach 118, 146
Sugenheim 55
Sulzbach/Kocher 78
Sulzbach/Murr 150
Sulzburg/Baden 76
Sulzheim 133

Tauberbischofsheim 18, 23, 31, 43, 44, 50, 51, 62, 75
Taubergau 29, 50, 53
Tauberland 59
Tauberrettersheim 17
Tauberzell 115
Thannstein 63
Trient 154
Trier 97
Tübingen 134, 140

Uffenheim 55, 57
Uiffingen 24, 61, 62, 64, 70, 71, 91, 92, 100
Uissigheim 16, 17
Ulm 36, 129, 146

Ulmet 118
Ulsenheim 58, 85
Ummerstadt 148
Ungarn 58
Unteraltenbernheim 57
Unteraltertheim 91
Unterbalbach 22, 48, 53
Unterkessach 107, 114, 119, 120
Unterlimpurg 68
Untermünkheim 21
Unterregenbach 79
Unterringingen 87
Unterschefflenz 68
Unterschüpf 24, 25, 43, 61, 62, 64, 67, 70, 71, 78, 91, 92, 110, 119, 136, 145
Untersontheim 146
Untersteinbach 17
Unterwittighausen 47
Urach 98

Velten/Engadin 70
Vielbrunn 33, 47, 79, 124
Vilchband 25, 47, 52
Vilich/Bonn 68
Volkach 40
Vorbachzimmern 24, 31, 56, 59

Wachbach 24, 31, 62, 80, 92, 104, 112, 113, 121, 150
Wain 129
Waldeck, Grafschaft 93
Waldenbuch 122
Waldenburg 105, 116, 130, 142
Waldenhausen 12
Waldhausen 24, 81, 85, 93, 94, 95, 96, 97, 98, 101, 117
Waldmannshofen 54, 55, 57, 58, 77, 148
Waldmühlbach 25
Waldstetten 41, 71, 81, 100, 101, 103, 104, 108, 110
Waldtann 58, 149
Walldürn 17, 23, 41, 62, 106, 107, 109, 111
Wallhausen 57, 142
Walxheim 63
Wankheim 129
Wannweil 102
Weidenbach 135
Weikersheim 60
Weikerstetten 46
Weimar 151
Weingarten/Kurpfalz 70, 149
Weinheim/Alzey 69
Weinsberg 38, 69
Weißenburg/Bayern 137
Weldingsfelden 123
Wemding 144, 147
Wenkheim 43, 45, 53, 83
Werbach 41, 42, 47, 50, 53
Wermutshausen 60, 136

Wertheim 10, 18, 29, 31, 36, 38, 39, 40, 41, 42, 43, 44, 45, 51, 62, 76, 83, 100, 105, 106, 110, 128, 140, 147, 153
Wertherbruch/Wesel 67
Westernhausen 101, 102
Wettringen 89, 121
Widdern 19, 24, 25, 74, 102, 103, 104, 118, 119, 120, 121
Wiedersbach 45
Wien 104
Wiesenbach 136
Wieseth 131, 133
Wildenholz 139
Wilgartswiesen 118
Wimpfen 14, 37, 38, 79, 122, 129
Windisch-Eschenbach 49
Windsheim 127, 131
Winterhausen 26, 107, 135
Winzenhofen 101, 102
Winzingen 109
Wittstadt 113
Wölchingen 61, 62, 63, 64, 65, 68, 70, 71, 72
Wörnitz 133
Wörrstadt 133
Wolferstadt 76
Wolfsheim/Rheinhessen 142
Wolfsmünster 88
Worms 14
Wülzburg 138
Württemberg 10, 32, 33, 35, 36, 38, 41, 111, 119, 120, 121, 127, 128, 134, 146, 153
Würzburg 13, 18, 22, 25, 98, 100, 118, 125, 138
Zahna/Wittenberg 63
Zaisenhausen 33
Zeitz 84
Zellingen 67
Zimmern/Grünsfeld 47, 53
Züttlingen 37, 101, 106, 114, 117
Zürich 99
Zweibrücken 148

Nicht aufgenommen sind die Studienorte sowie Würzburg als Weihe-Ort.

Bitte, beachten Sie auch die folgenden Seiten!

Veröffentlichungen des Vereins für Kirchengeschichte
in der Evangelischen Landeskirche in Baden

Lieferbare Bände   Ladenpreis

1. Kobe, Fritz: Eine alte handschriftliche Agende mit der ältesten Kirchenordnung in badischen Landen. 1928. 40 S.   1,50

2. Liermann, Hans: Staat und evangelisch-protestantische Landeskirche in Baden während und nach der Staatsumwälzung von 1918. 1929. 87 S.   3,30

3. Fecht, Johannes: Magister Johannes Gebhard, Superintendent von Rötteln. Oratio in memoriam Joannis Gebhardi theologici, 1688. Aus d.Lat. übers.u.gek. von Albert Ludiwg. 1930. 52 S.   2,--

4. Winkler, L.: Präsident [Eduard] Uibel. 1930. 128 S.   4,80

5. Hauß, Fritz: Zuchtordnung der Stadt Konstanz 1531. 1931. 144 S.   5,80

6. Lang, Theophil: Welche Leistungen des Badischen Staates an die Vereinigte evang.-prot. Landeskirche Badens genießen den Schutz der Artikel 138, 173 der Reichsverfassung? 1931- 212 S.   6,30

7. Fehr, Otto: Das Verhältnis von Staat und Kirchein Baden-Durlach in protestantischer Zeit (1556-1807), vornehmlich im 19. Jahrhundert. 1931. 130 S.   3,80

8. Kobe, Fritz: Die erste lutherische Kirchenordnung in der Grafschaft Wertheim (aus der Zeit 1526-1530). 1933. 31 S.   1,50

9. Ludwig, Albert: Die evangelischen Pfarrer des badischen Oberlandes im 16. und 17. Jahrhundert. 1934. 212 S.   6,--

10. Schneider, Jörg: Die evangelischen Pfarrer der Markgrafschaft Baden-Durlach in der 2.Hälfte des 18.Jahrhunderts.1936. 293 S. 7,70

11. Kattermann, Gerhard: Die Kirchenpolitik Markgraf Philipps I. von Baden (1515-1533). 1936. 199 S.   3,--

15. Wesel-Roth, Ruth: Thomas Erastus. Ein Beitr. zur Geschichte der ref.Kirche u. zur Lehre von d.Staatssouveränität. 1954. 167 S.   9,80

16. Die Kirchenordnungen von 1556 in der Kurpfalz und in der Markgrafschaft Baden-Durlach, hrsg. von Fritz Hauß u. Hans Georg Zier. 1956. 162 S.   10,80

17. Steigelmann, Helmut: Des Herrn Wort bleibt in Ewigkeit. Die Reformation in der Grafschaft Eberstein im Murgtal. 1956. 95 S. 5,70

18. Erbacher, Hermann: Die Innere Mission in Baden. Ein Beitr. zur Geschichte des 19. u. 20. Jahrhunderts der Evang. Landeskirche in Baden. 1957. XVI, 157 S.   9,80

19. Zahn, Eberhard: Die Heilliggeistkirche zu Heidelberg. 1960. XII, 197 S., 53 Abb., 1 Faltbl.   13,80

20. Merkel, Friedemann: Geschichte des evangelischen Bekenntnisses in Baden von der Reformation bis zur Union. 1960. 189 S.   10,80

21. Erckenbrecht, August: Geschichte des kirchl. Unterrichts und s. Lehrbücher in d. Markgrafschaft Baden (1556-1821).1961. 88S. 7,80

22. Beiträge zur badischen Kirchengeschichte. Sammelband I.
    1962. 134 S.   9,80

23. Schulze, Wilhelm August: Zwei baden-durlachische Kirchenord-
    nungsentwürfe, 1728 und 1743. 1963. 132 S.   13,20

24. Scultetus, Abraham: Die Selbstbiographie des Heidelberger
    Theologen und Hofpredigers A. Scultetus (1566-1624), hrsg.
    von Gustav Adolf Benrath. 1966. 152 S.   16,50

25. Kohls, Ernst Wilhelm: Evangelische Bewegung und Kirchenord-
    nung. Studien u. Quellen zur Reformationsgeschichte der
    Reichsstadt Gengenbach. 1966. VI, 68 S.   9,60

26. Steigelmann, Helmut: Die Religionsgespräche zu Baden-Baden
    und Emmendingen 1589 und 1590. 1970. 116 S.   24,--

27. Rublack, Hans Christoph: Die Einführung der Reformation in
    Konstanz. 1971. X, 415 S. (zugl.: Quellen u. Forschungen zur
    Reformationsgeschichte, Bd. 40)   58,--

28. Schmidt, Martin: Kirchengeschichtliche Wissenschaft in Baden
    im frühen 19. Jahrhundert. 1975. 109 S.   15,60

29. Pfisterer, Hans: Carl Ullmann (1796-1865). Sein Weg zur Ver-
    mittlungstheologie. 1977. 269 S.   29,80

30. Baden-Württembergisches Pfarrerbuch. Band I: Cramer, Max-Adolf:
    Kraichgau-Odenwald. Teil 1. 1979. 252 S. Lw.   27,40

31. Erbacher, Hermann: 100 Jahre Landesverband evangelischer Kir-
    chenchöre in Baden. 1980. 155 S.   24,--

32. Mayer, Traugott: Kirche in der Schule. Evang. Religionsunter-
    richt in Baden zwischen 1918 und 1945. 1980. 397 S. Lw.   48,--

33. Rückleben, Hermann: Deportation und Tötung von Geisteskranken
    aus den badischen Anstalten der Inneren Mission Kork und Mos-
    bach. 1981. 104 S.   25,80

34. Erbacher, Hermann: Die Evangelische Landeskirche in Baden in
    d. Weimarer Zeit u. im Dritten Reich, 1919-1945. 1983. 104 S.   10,--

35. Erbacher, Hermann: Die Gesang- und Choralbücher der lutheri-
    schen Markgrafschaft Baden-Durlach 1556-1821. 1984. 324 S.   57,90

36. Heinsius, Wilhelm: Aloys Henhöfer und seine Zeit. Neu hrsg.
    von Gustav Adolf Benrath. 1987. 320 S., Abb., 1 Kt.   24,80

37. Baden-Württembergisches Pfarrerbuch. Band I: Cramer, Max-Adolf:
    Kraichgau-Odenwald. Teil 2. 1988. XVI, 981 S. Lw.   39,--

38. Rückleben, Hermann: Evangelische "Judenchristen" in Karlsruhe
    1715-1945. Die badische Landeskirche vor der Judenfrage. 1988.
    127 S.   24,90

39. Beiträge zur kirchlichen Zeitgeschichte der Evangelischen Lan-
    deskirche in Baden. Preisarbeiten anläßl. des Barmenjubiläums
    1984. Hrsg. von Hermann Erbacher. 1989. 375 S.   26,50

40. Schwinge, Gerhard: Katalog der Henhöfer-Bibliothek in der Lan-
    deskirchlichen Bibliothek Karlsruhe. 1989. 127 S., Abb.   24,60

Bestellungen an: Evang. Presseverband für Baden e.V., Postfach 22 80,
       Blumenstr. 7, 7500 Karlsruhe 1, Tel. (0721) 147-408